함께를 향한 아름다운 삶

– 한국 가족사회학의 선구자 고 이효재 추모집 –

함께를 향한 아름다운 삶

– 한국 가족사회학의 선구자 고 이효재 추모집 –

초판 1쇄 발행 2021년 11월 10일

엮은이	(사)한국가족문화원
펴낸이	윤관백
펴낸곳	도서출판 선인
등 록	제5-77호(1998.11.4)
주 소	서울시 마포구 마포대로 4다길 4 곳마루빌딩 1층
전 화	02)718-6252/6257
팩 스	02)718-6253
E-mail	sunin72@chol.com

정가 25,000원
ISBN 979-11-6068-630-2 93300

▶ 1990년 이화여대 정년퇴임식

▲ 1950년대 중반 미국 콜럼비아대 유학시절 동생과 함께
▼ 1954년 아버지 이학신 목사가 미국 방문했을 때 필라델피아에서 동생 효숙,
상숙과 함께

▲ 1970년 추정
▼ 1970년대 초반 화곡동 도시지역사회공동체에서 여성 교육 실천

▲ 1970년대 후반 선생님의 어머니 이옥경 여사 칠순때
▼ 1984년 여성한국사회연구회 창립 후 현판앞에서

▶ 1985년 '분단시대의 사회학'으로 제26회 한국출판문화상 저작상 수상

▲ 1988년 이화여대 사회학과 교수들과 동창들
▼ 1989년 이화여대 진관기숙사앞에서

▲ 1991년 제1차 '아시아의 평화와 여성의 역할' 동경회의 공동대표(남북일본여성의 첫만남)

▶ 1992년 제2차 '아시아의 평화와 여성의 역할' 서울회토론회(북한여성들의 첫 서울방문)

▼ 1992년 제3차 '아시아의 평화와 여성의 역할' 평양토론회 참여

▶ 1994년정신대활동기금모금

정신대 활동기금 모금의

주최 : 미주 한국 정신대 문제 대책 협의회

1994. 3

여성한국사회연구회 창립 15주년 및 「남성과 한국사회」출판기념회
일시 : 1997.4.11(금) 오후 6시~8시   장소 : 이화여자대학교 경영관

▲ 1997년 여성한국사회연구회 15주년
▼ 1997년 이화여대 제3회 자랑스런 이화인상 수상

▲ 1998년 여성한국사회연구소에서
▼ 2001년 백두산 북한측 천지에서

▲ 2001년 비추미 여성대상 해리상 수상
▼ 2003년 한국가족문화원 발족식

▲ 2004년 한가원 20주년 심포지움에서 선생님과 함께
▶ 2005년 제4회 유관순상 수상
▼ 2005년 제4회 유관순상 수상후 딸 이희경과 함께

▲ 2005년 한가원 청담동사무실로 이사 후 현판식
▶ 2014년 한가원 30주년 기념 및 심포지움
▼ 2014년 한가원 30주년 기념식에 진해에서 선생님이 보내신 화상축하메세지

▲ 2015년 제주에 계신 선생님을 뵈러간 한가원 임원들과 함께
▶ 2016년이화리더십개발원에서특강후
▼ 2017년 새로운 한가원 임원진의 구성

16   함께를 향한 아름다운 삶

이효재 선생님의 삶과 업적을 기리며

김 정 선

(사)한국가족문화원 이사장, 이화여자대학교 학사부총장

우리의 스승이신 이효재 선생님은 우리 곁을 떠나셨지만, 생전에 많은 사람들에게 다양한 방식으로 사랑과 감동과 가르침을 주셨기에 우리가 기억하는 선생님의 모습은 헤아릴 수 없이 다양합니다. (사)한국가족문화원에서는 선생님의 서거 1주기를 맞아 우리 각자의 삶 속에 다양하게 자리하는 선생님의 삶과 학문적 성과를 되돌아보는 추모집을 발간하게 되었습니다.

(사)한국가족문화원은 1984년 여성한국사회연구회로 시작하여 지난 37년여 동안 이효재 선생님의 삶과 학문의 궤적을 함께해온 분신과 같은 단체입니다. 당시의 시대적 상황 속에서 선생님의 연구 공간으로 마련되었던 여성한국사회연구회는 여성의 시각에서 한국사회의 가족, 여성과 남성, 노인, 통일 등을 연구하는 여성연구자들의 요람이었습니다. 이후 2003년 (사)한국가족문화원으로 계승하여 가족 연구와 실천에 집중함으로써 양성평등이 보장되는 가족과 사회 실현을 모색하는 단체로 성장해 왔습니다.

이번 추모집에는 이화여대 사회학과 1회 제자로부터 대학 시절 강의를 들었던 제자 이외에도 선생님의 가르침으로 삶이 바뀐 후학들에 이르기까지 (사)한국가족문화원에서 한마음으로 선생님의 뜻을 계승하고자 활동하고 있는 여러분들이 참여하였습니다. 작년 겨울부터 여러 차례의 기획회의를 통해 선생님의 삶과 학문적 업적을 정리하기로 하였습니다. 여기에 선생님의 가르침을 받은 제자들이 연구하고 있는 현대 한국사회의 가족문제에 대한 논문들을 함께 수록하여, 면면히 이어지는 사회학자 이효재의 학문적 성과를 보여주고자 하였습니다.

제1부 '이효재 선생님을 조명한다'에서는 학문과 실천이 일치했던 '선구자로서의 삶', 여성 및 가족 사회학을 정립해 온 '사회학자로서의 삶', 치열한 여성·사회운동가로서 실천에 매진했던 '운동가로서의 삶', 그리고 선생님의 개인사를 통해 '(사)한국가족문화원과의 인연'을 돌아보는 네 개의 글들을 담았습니다.

제2부의 연구논문들 중 첫 논문은 1990년 『한국가족론』(도서출판 까치)에 수록된 선생님의 "한국 가부장제의 확립과 변형"을 재수록하였습니다. 이 논문은 1990년에 발표된 논문이지만 30년이 지난 현재도 여전히 한국사회의 가부장제 본질은 변하지 않았기에, 한국 가부장제의 기원과 변화를 이론적으로 규명하는 이 논문이 현대의 후학들에게도 큰 학문적 의미가 있다고 판단하여 수록하였습니다. 다른 논문들은 선생님의 제자이자 가족 연구자들의 논문으로 구성되었습니다. "한국가족의 위기"에서는 현대사회의 급격한 가족 변화에 대한 대안을 모색하고 있으며, "노인 가족의 현황과 과제", "김정은 시대 어머니 위상에 나타난 양성평등정책과 가족보수화 정책"은 각각 노인가족과 북한가

족이라는 이 시대의 현실가족 문제에 대한 분석을 시도하였습니다.

이 책은 기획부터 출간에 이르기까지 오로지 참여하신 분들의 선생님에 대한 존경과 사랑의 마음이 있었기에 빛을 볼 수 있게 되었습니다. 본문에 앞서 선생님과의 오랜 인연으로 선생님에 대한 절절한 그리움을 추모사와 추모시로 남겨주신 (사)한국가족문화원의 고문님들은 물론이고, 선생님과의 개인적인 추억까지도 고스란히 공유해 주신 1부 저자들, 바쁘신 가운데 옥고를 써주신 2부 저자들께도 깊은 감사의 말씀을 드립니다. 특히 전 과정에 열일을 제치고 10여개월이 넘는 기간 동안 말없이 궂은일을 도맡아 수고해주신 박현선 원장님과 조윤주 사무국장님께도 이 자리를 빌어 특별한 감사를 드립니다. 또한 선생님과의 인연을 소중히 여겨 추모집 발간을 흔쾌히 허락해 주신 윤관백 선인출판사 대표님께 진심으로 감사드립니다.

이 책을 통해 우리가 늘 마음속 깊이 그리워하는 선생님과의 반가운 만남이 이루어지기를 기원합니다.

2021년 11월

우리의 큰 스승, 이효재 선생님

김 은 미

이화여자대학교 총장

선생님께서 우리 곁을 떠나신 지 벌써 1년이 흘렀습니다. 선생님께서 우리 사회에 남기신 크고 뚜렷한 발자취를 되돌아보며, 선생님과 함께 했던 저의 추억도 회상해 봅니다. 저는 1970년대 말 현대사회학 이론 수업을 통해 선생님을 처음 뵙게 되었습니다. 당시 선생님의 강의는 제게 매우 어려웠으나, 서양의 사회학 이론을 통해 한국 사회의 향후 변화 방향을 조망하셨던 선생님을 마주할 수 있었던 감사한 시간이었습니다.

선생님께서는 이화여자대학교 사회학과 교수로 재직하시는 동안 수많은 제자들을 길러내셨고, 우리 제자들은 언제 그리고 어떠한 상황에서 선생님을 만났는가에 따라, 각기 다른 주제를 평생의 연구 질문으로 안고 그 답을 찾기 위해 애쓰고 있습니다. 저는 선생님의 강의를 들으면서 자본주의와 민주주의의 선순환적 관계를 이론異論없이 이론理論으로 받아들이는데 문제의식을 느끼고, 왜 자본주의 경제발전이 급속하게 이루어지고 있던 70년대 한국에서 정치적 발전은 민주주의 발전을 가져오지 않는가라는 질문에 매달리면서 개발도상국의 경제발전, 정치발전에 대해 탐구를 시작하게 되었습니다.

선생님을 다른 시기와 현장에서 만났던 분들은 한반도 분단이 한국 사회 전반을 재단하고 있는 문제, 일제 강점기 위안부 문제, 한국의 가족제도를 비롯하여 한국 사회가 갖고 있는 기존의 서양이론으로 간단하게 설명할 수 없고 우리의 토착화된 경험과 사회이론으로만 풀어낼 수 있는 여러 문제들에 답하기 위해 부단히 애쓰고 있습니다.

이렇듯 선생님께서는 한 개인이 던지기에는 그 문제의 무게와 깊이가 너무나 중요하고 중대한 주제들을 우리들에게 남기고 떠나셨습니다. 이화여자대학교 사회학과만 아니라 여성학과, 북한학과 등 여러 분야의 후학들과 함께 한반도에 대해 고민하시고, 한국 가족의 변화에 대해 연구하셨던 선생님을 기억합니다. 또한 한국사회의 변화를 꿈꾸시며 학교 밖에서도 다양한 활동을 펼치셨던 선생님을 추억합니다.

선생님은 사회의 현장에서 끊임없이 비판적인 시각으로 문제제기를 하고, 그 문제를 해결하기 위해 행동하셨던 학자이자 운동가로서, 생각과 말씀과 행동이 일치하시는 삶을 사셨습니다. 선생님은 사회문제 해결에 참여하지 않고 연구자로만 머무르는 제자들을 가끔 책망하기도 하셨습니다. 연구자로서 밝혀낸 사실들을 널리 알리고, 또 알고 있는 것을 사회의 변화를 위해 직접 행동하기를 바라셨던 선생님이 참 그립습니다.

선생님께서는 (사)한국가족문화원의 전신인 여성한국사회연구회를 1984년 창립하시고 돌아가시기 전까지 37년 동안 함께 하셨습니다. 선생님의 1주기를 맞아 (사)한국가족문화원에서는 훌륭한 학자일 뿐 아니라, 사회의 문제를 파헤치고 고치기 위해 애쓰셨던 운동가로 선구자적인 삶을 사셨던 선생님을 기리고자 추모집을 발간했습니다. 이 추모집을 통해 선생님의 연구와 삶의 가르침, 따뜻한 시선으로 수많은 제자들과 후배들을 격려해 주시던 선생님의 생전 모습을 제자들의 이야기를 통해 다시 만날 수 있어 반갑고 감사합니다.

　하늘에서 빙긋 미소로 지긋이 우리를 보고 계실 선생님을 그리워하며 선생님의 제자이자 후배로서 선생님의 정신을 계승하며 하루 하루 부끄럼 없이 살기를 꿈꿔봅니다. 다시 한번 우리의 이효재 선생님께 사랑과 감사, 그리움의 마음을 전합니다.

2021년 11월

나의 은사
이효재 선생님의 서거를 애도하며

장 의 순
한국가족문화원 고문

선생님을 처음 뵌 것은 1958년 이화여자대학교 사회학과에 입학하면서였고, 그때부터 한껏 자랑스러운 사제의 인연으로 맺어졌습니다.

이색적인 모습과 선생님의 준수한 맵시, 그리고 품위는 우리들에게 내심 선망의 싹을 움트게 했습니다. 이렇게 은연 중 움튼 싹은 성목이 되고, 거목으로 컸으며 깊은 학문의 진수를 일깨우고 더더욱 학불득의 덕행을 분수에 넘치는 격려로 이끌어주셔서 평생의 은사가 되어주셨습니다. 그러니 오늘의 내가 있음은 오로지 선생님을 맞은 일 말고는 그밖에는 찾을 이유가 없습니다.

비단 연세가 숫자로 많다지만 어찌하여 가실 길이 그리 멀다고 그렇게 서둘러 가신 것이 가슴 아프고 애처로워 가눌 수가 없습니다. 그리워 뵙고 싶은 간절한 소원이 소원일 뿐 너무나 무기력하며 허망하기만 합니다.

이승에서도 선생님은 가까이 하기가 외람되고 힘들었습니다. 언젠가 덕적도 어촌 마을 현지답사를 떠났을 때, 뱃멀미를 몹시 심하게 하는 저를 보시고 안쓰러워하시며, 여기 저기 보살펴 주시던 선생님의 손길이 정다웠고, 그것을 기화로 하여 선생님의 깊은 마음을 살필 수가 있게 되었고, 한 발짝 가깝게 다가앉게 되었습니다.

역사상 어느 시대에나 보통의 감성적 직관과 달리 지적인 직관이라고도 하는 예지적 직관으로 한 시대를 이끌어간 선각자들이 있었습니다. 그러나 어느 날 우연히 이러한 선각자가 돌연이 출몰하는 것은 아닙니다. 전통의 가정환경에서 자주로 평생을 책임지고 자립하여 천부의 재능을 아낌없이 들어낼 수 있었던 사람만이 사계의 선각자로 한 시대를 주도함을 설파하는 것입니다. 우리 선생님은 바로 이러한 범주에 드는 이 시대의 선각자 중 한 분이셨습니다.

사회학의 주류가 되는 핵심부가 가족사회학이라는 학리를 내들고, 참신한 연구체계를 엮어낸 분은 선생님 말고 몇 분이 없습니다.

선생님의 남다른 학풍은 교실 안을 달구는 사제 간의 배움의 도가니로 일심동체가 되었고, 한편으로는 그 못지않게 교내외의 단체나 연구소를 조직하여 학교와 사회를 교차하는 연구 활동으로 산 배움을 일궈 냈습니다.

그러던 중 제가 사회학과 동창회장 직을 지내고 있을 무렵 학내외가 불안하여 뜻하지 않게 선생님께서 잠시나마 학교를 떠나셔야 하는 불운한 시절에 마침 회갑을 맞게 되었습니다.

당시의 풍속은 은사가 회갑을 맞으면 경하하는 행사로 제자들이 기념 논문집을 마련해서 증정하는 것으로 천복을 기리는 것이 관례였던 때인데 그마저 여의치 못한 시절이라 모두 생각다 못해 연구와 교류를 할 수 있는 공간으로 연구실을 마련해 드리는 것이 적합하겠다는 뜻이 모아져 제자들이 성금을 모아서 1984년 3월 3일 아현동 굴레방다리 근처에 〈여성한국사회연구회〉 여사연을 설립하여 초대 회장으로 취임하셨고, 오늘의 (사)한국가족문화원의 모체가 되었습니다.

하지만 선생님께서는 두루 시의가 여의치 않아 회장이신데도 출퇴근이 자유롭지 못했습니다. 마침 뜻있는 제자들이 단합하여 여사연에서 한국 정치, 경제, 서양철학 사서 등을 주제로 한 강론들을 진행하였습니다. 뿐만 아니라 『한국 가족론』, 『여성가족 한국사회』 등의 교재를 출간했으며 소식지도 발행했습니다.

1998년 선생님은 연구회를 〈여성한국사회연구소〉로 확대 개편하면서 분야별로 연구팀을 구성하여 합리적 업무체계를 구축했고, 능률과 의욕을 북돋우는 자율적 열정을 떨치어 일으키셨습니다.

한편, 연구소 밖에서 양성평등 교육과 새 시대의 현안인 청소년 문제에 대한 교육프로그램을 개설하고, 통일시대에 대비하는 탈북민 가족의 실체적인 심층구조를 분석하여 부정적인 문제점을 파헤쳐 대비하는 진지한 토론회를 운영하는 등 현실교육도 큰 몫을 차지해 온 것도 선생님을 되돌아보게 하는 대목입니다.

2003년에는 다양한 문화적 실천 사업을 해나가는 것이 좋겠다는 중의가 모아져서 사단법인 〈한국가족문화원〉이란 새로운 이름으로 바꾸고 그해 말에 법인등록 하면서 가족에 대한 당면한 과제의 창출과 담론을 넓게 펴 적극적으로 생동하는 실천하는 대중교육과 문화사업을 매월 가족에 대한 영상모임을 통하여 가족의 다변화 속에서 각자가 할 몫에 대한 논의와 평가를 통해 시대정신에 부합하는 가족 관계의 기틀을 엮었습니다.

그러는 가운데 바람직한 방법론도 도출되었고, 음악 감상을 통해 정서적 유연함을 수련하여 삶의 풍요로움을 학습함으로써 전인적인 인성을 갖추는 지름길도 찾았습니다.

또한 조촐한 학문의 산실인 〈한가원〉을 청담동에 2005년 개원하면서 나날이 급변하는 시대정신의 변화에 부합하는 교육계획으로 자라나는 청소년에게 다양한 직업체험 교육을 하고 미래형 가족문화를 토착화하면서, 한편으로 날로 더해가는 고령화 사회에 걸맞은 사회제도를 앞당기는 실천사업을 〈한가원〉이 하기를 제의하며 독려하셨습니다.

선생님이 혼인·가족의 민주화와 사회의 민주화를 실현하기 위해 평생을 바치신 것은 모두가 아는 사실입니다.

한편 〈한국가족문화원〉을 통해 선생님은 소소한 듯하지만 중요한 사회 변화를 꾀하시고자 하는 뜻을 관철시키기 위해 노력하셨습니다.

〈한가원〉의 회원들은 선생님에 대한 굳은 신뢰감으로 뭉쳤고, 해마다 연초에는 진해에 계시면 진해로, 제주도에 계시면 제주도로 세배차 내려가는 관례가 이루어졌고, 그때마다 〈한가원〉을 예찬하시면서 한결 같이 격려해주시던 선생님!

이제 새해에는 어디로 세배 드리러 가지요?

선생님께서는 만나 뵈올 때마다 "우리 사이가 이게 보통 사이냐." 하시던 말씀 잊지 못합니다.

선생님과의 사이는 보통 사이가 아니지요!

이승을 떠나셨으나 끝난 사이가 아닙니다.

선생님! 기리기리 명복을 빕니다.

세대의 강은 도도히 흐르고

조 성 남

한국가족문화원 이사, 이화여자대학교 명예교수

선생님 하늘나라 떠나신지 어느새 1주기를 맞게 됩니다.

지금 Lee Tzu Pheng의 "When I'm dead"라는 시를 읽고 있습니다.

"내가 죽으면,

네가 울겠지. 그러나 그때 나는 모를테니 지금 울렴.

내게 꽃을 보내겠지, 그러나 내가 보지 못 할테니 대신 지금 보내렴.

내게 대한 찬사를 늘어놓겠지. 그러나 내가 듣지 못 할테니 대신 지금 하렴.

네가 나를 그리워하겠지. 그러나 그때는 내가 느끼지 못 할테니 지금 하렴.

나와 함께 더 많은 시간을 보냈으면 할테지, 대신 지금 하렴.

내가 떠났다는 소릴 듣고 조문하러 달려오겠지. 그동안 우리가 오랫동안 얘기도 못 나누었잖아. 지금 나를 찾으렴~"

선생님 떠나신 지금에야 좀 더 자주 꽃이라도 보내드렸을 걸, 좀 더 자주 뵈러 갔었을 걸, 좀 더 일찍 선생님께 속마음을 드리며 깊은 대화를 나누었을걸... 이미 떠나시고 1년이나 지난 지금에야 이렇게 가슴 속 깊이에서 흘러나오는 눈물을 주체하지 못하고 있습니다. 많이 그리워하면서...

1990년은 선생님께서 이화를 정년퇴임하시고 제가 그 자리를 이어서 교수가 되었던 해였습니다. 저도 이제 이화에서의 30년을 마무리하고 정년퇴직을 하게 되니 그때 선생님께서 어떤 생각을 하셨을지, 어떤 마음이셨을지 더 잘 알게 되는 것 같습니다. 선생님은 아마도 기억도 못하시고 지나오신 일이었을 것이라고 지금은 이해됩니다만, 제가 선생님의 자리를 이어받은 사회학과 신임교수로 결정되었다는 소식을 전하며 인사시키려 데려간 학과 교수님과 지금 우리 한가원 이사장인 김정선 선생 당시 강사시절과 함께 엄청 야단을 맞고는 얼마나 당황하고, 마음이 아프고 서러웠던지요. 같이 기뻐하며 덕담이라도 한마디 해 주실 것이라 기대하며 인사드리려고 뵈러 간 자리였는데...

당시 선생님께서는 난청으로 조교가 신임교수 심사를 하는 주요 교수회의 안내를 드렸음에도 불구하고 못 알아들으셔서, 불참하게 된 것을 배제되신 것이라 오해하시고는 무척 서운하셨고, 그 불똥이 저희에게까지 튀어 야단을 맞게 된 사연이라는 것들을 그 후에 알게 되었습니다. 그리고 물론 그때 선생님께서는 제게 직접 야단하신 것은 아니라는 것도 잘 알고 이해를 하였지요. 그러나 제게는 그 이후 몇십 년을 두고 선생님 앞에만 서면 유난히 작아지게 되는 작은 '트라우마'와 같은 사건이었다는 것은 미처 모르셨지요?

그리고 그게 다가 아니었습니다. 선생님 떠나신 이후 연구실이 비워질 때까지 1년 반을 기다리다 겨우 들어갔지만, 여전히 선생님의 연구실을 빼앗아 들어와 앉아있는 가시방석 같은 느낌이었고, 더구나 선생님은 깊은 계곡을 이룬 높은 산이고 그늘을 사방에 펼치신 거목이시기에 선생님의 자리를 이어 들어온 제게로 향해진 많은 시선과 기대는 저를 더욱 조심스럽고 주눅 들게 만들었답니다. 선생님께서 가르치시다 남기고 가신 과목들을 열심히 새로 공부해 가면서 가르치기도 하였지만, 늘 목마름과 부족함으로 무늬로 흉내만 내는 꼴이니 혼자서 애태우고 많이 속상해하곤 하였지요.

여성계의 모임에서도, 동창들과의 모임에서도, 또 학계에서도, 선생님 주변에는 선생님의 학문 세계와 정신을 그대로 따르고 이어받은 많은 직계 제자들이 가까이 있던 터라, 저는 그런 자리에 항상 같이 있기는 하여도, 불길의 중심이 아니라 곁불만 쬐는 자리에 있었던 것 같았고, 때론 소외감까지 들 정도였습니다. 저는 선생님 수업을 한 두 과목 들었던 제자이긴 하여도 아마도 외국 유학기간 동안 소용돌이친 격변의 역사 현장에서는 떨어져 지냈고, 세대 또한 저희는 한 세대가 아래인 때문인 것 같습니다만, 선생님 주변에 계신 선배님들과 다른 선생님들은 제게는 대 선배님이셨고 또한 선생님들이셨으니 저는 원의 가장 먼 가장자리, 자연스레 한걸음 뒤로 물러나 지켜보는 자리를 제 자리로 여겼습니다.

그러나 제가 직접 이런 말씀을 한 번도 드린 적은 없었지만, 선생님께서는 그 모든 것을 꿰뚫어 아시고 제 미묘한 이런 감정도 느끼시고 계셨던 거지요? 선생님 뵈올 때마다 늘 따뜻하고 특별한 눈길로, 또 특별한 기대와 격려로 제게 깊은 마음의 대화를 건네 오셨다는 것을 느끼게 해 주셔서 감사합니다. 선생님께서 멋진 필체로 손수 쓰셔서 보내주신 카드를 읽고 또 읽으면서 그런 선생님의 깊은 사랑과 격려에 힘을 받고 기뻐하곤 하였습니다. 편지 얘기를 하니, 유학시절 선생님께서 해직되신 소식을 접하고 편지를 드렸는데 수취인 주소불명으로 되돌아온 적이 있었습니다. 그 후 귀국하여서도 결국은 선생님께는 전해지지 못하고 봉해진 체로 아직 남아있는 편지, 제가 하늘나라로 가서 뵈올 때 읽어드려야 할 것 같네요.

한가원의 30주년을 맞으면서도 초대 이사장이셨던 장의순 이사장님께서 또 다시 이사장직을 맡으시고 아래 세대로 내려가지 못하고 있는 안타까운 상황이 이어지고 있을 때입니다. 한가원의 고문 이사장직을 마치면 고문으로 위촉됨들께서 새로운 세대의 후학들이 이효재 명예이사장님의 뜻을 이어가야 한다고 몇 차례 설득하셨지만, 저는 자격이 없다고 한사코 고사하고 망설였었지요. 그러나 30여 년 전 이대 사회학과 교수로서 선생님의 자리를 이었다는 책임을 다해야 한다는 생각으로 결국은 새 세대 한가원 이사장도 맡아야 한다고 용기를 내었습니다. 2017년 한가원 이사장이 되었다고 선생님께 인사드리며 뵈었을 때, 손을 꼭 잡아 주시며 기뻐해 주셔서 감사합니다. 그 따뜻함이 사랑으로 흘러 그동안의 죄송함과 그 작은 트라우마까지도 치유되고 위로가 되었던 순간이었습니다.

선생님께서 제주도에서 사셨던 2015년, 이화 리더십개발원의 '이화-루스 이공계 차세대 여성지도자 프로그램'에 참가한 외국 학생들과 외국교수에게 여성의 역할과 모성성의 힘에 대해 1시간 동안이나 그것도 영어로 열강하시던 모습이 지금도 생생합니다. 그때가 선생님이 팔순이 넘으신 때인데 물 한 모금 드시지 않고 점심도 잊으신 채 질문을 받고 말씀 나누시던 그 에너지와 열정에, 젊은 외국 여학생들이 모두 압도되어 여성운동의 선구자를 만날 수 있었다는 것을 두고두고 얘기하였습니다. 그때 제가 선생님의 제자라고 콧대를 높이 세웠답니다. 얼마나 자랑스럽고 감사하였던지요.

선생님! 세대가 많이 변해서 선생님 성함도 잘 모른다는 학생이 대부분인 시대가 되었습니다. 그래도 선생님께 직접 가르침을 받던 마지막 세대인 제자들과 후학들이 그들 앞에 서서 가르치고 있고, 이대에서는 총장이 되고 부총장이 되어 후학들에게 지난 시대의 우리의 여성 지도자를 얘기하며 우리 선생님을 자랑스럽게 가르치고 있습니다. 한가원에서도 새 세대 이사장과 원장이 세워져 선생님과 선배님들의 정신을 이어받아 가고 있습니다.

저도 선생님께서 하셨던 여성운동이나 북한 사회학이나 민족공동체 등에 대한 내용은 제대로 잘 이어받지는 못하였지만, 선생님의 학문과 정신의 곁불이라도 쬐었던 덕분에, 정년퇴직을 하고도 모성성의 리더십을 강조하며 아시아의 여성 지도자들을 키우는 데 일조하고 있습니다. 며칠 전에는 유엔 세계평화의 날 기념식에서 기조강연을 하며, 만델라와 아프리카의 '우분투 Ubuntu'로 평화의 정신을 얘기하였습니다.

"우분투, 우리가 있기에 내가 있다." 문득 선생님이 계셨기에 저도 있었음을 새삼 깨닫게 됩니다. 선생님의 학문과 여성과 약자와 민족과 역사와 인류와 평화... 이 모든 것들에 대한 열정과 사랑과 헌신... 이런 것들이 정신으로 저희 안에 흐르도록 남겨주셨음을 느끼게 됩니다. 그리고 비록 겉모습과 형태는 바뀌더라도 그 정신은 저희들과 함께 남게 될 것이라는 것도, 그리하여 저희가 있기에 선생님도 계시게 된다는 깨달음도 생기게 됩니다. 비록 선생님께서는 떠나셨지만, 많은 지난 시간이 그리움과 사랑으로 점철된 추억과 함께 선생님과 연계되어 있음을 압니다. 세대의 강은 도도히 흐르고, 선생님의 정신과 사랑의 향기도 저희 안에 같이 흐르며~

제 삶의 중요한 장면마다 계셨던 스승님!

흐르는 세월의 굽이굽이마다 더욱 애틋한 그리움이 되어 가슴 저며

옵니다.

많이 보고 싶습니다.

선생님 떠나신 지금에야, 그리움과 사랑을 담아 꽃 한송이 바칩니다.

등 불

공 정 자
한국가족문화원 고문

품고 품고 한량없이
사람을 뜻을 품으셨습니다

열림과 넓음의
큰 그릇 본보기셨습니다

약자에게 여리시고
강자에게 강하시고

은사님을 따르기를
등불 삼아
정의를 찾는 이들에게
화합을 찾는 이들에게
지난의 험로가
답을 찾아가는 길임을
깨우쳐주셨습니다

천리도 작은 걸음으로 시작하자고
함께 더불어 사는 세상 만들어가자고

남기고 가신 깊은 말씀과
실천의 의미를

은사님 따르기를
등불 삼아
끊임없이 생각하고
깊이 성찰하겠습니다

고마우신 분
깨어있음의 견인
거목이셨습니다

은사님의 등불을 밝히며
은사님의 등불을 밝히며

| 목차 |

1부 이효재 선생님을 조명한다 / 41

2부 한반도 가족을 조망한다 / 117

1부 이효재 선생님을
조명한다

선구자로서의 삶

박 민 자

한국가족문화원 고문, 덕성여자대학교 명예교수

| 요약문

1. 이 글은 반백년이 넘는 세월 동안 선생님을 사적으로 뵙고 보고 듣고 또는 공적으로 강의나 글을 통해 내가 배우고 느꼈던 선구자적 삶을 학문적 측면과 일상생활 측면으로 나누어 살펴본 것이다.

2. 본론으로 들어가기 전에 선생님의 20대 이전의 삶을, 출생부터 1947년 12월 미군 수송함정을 타고 미국 유학길에 오르기까지를 간략하게 정리해 보았다.

3. 학문과 관련하여, 연구주제와 연구관점 및 접근방법 측면에서 선생님의 선구자적 학문 가치와 철학을 살펴보았고 학문과 실천이 일치된 선생님의 삶을 살펴보았다.

4. 마지막으로 선생님이 일생동안 연구주제로 삼으셨던 인간화와 민주화를 일상 속에서 실천하셨음을 밝혔다.

선생님은 열린 마음으로 모든 사람을 인간적으로 대하셨던 인도주의자이셨다. 심미성이 탁월한 감성을 생활에서 누리셨던 멋쟁이셨다. 동시에 삶을 즐기는 여유를 갖으신 낭만주의자이셨다. 권력이나 재물에 욕심이 없으셨던 분, 학자로서 교육자로서 청렴한 삶의 표본이 되는 삶을 사셨던 분임을 확인하였다.

1. 들어가며

선생님이 작고하시기 전해, 2019년 5월, 창원 경상대병원으로 찾아 뵈었을 때 병실에 들어선 내 손을 꼭 붙잡으시고 "너와 나의 인연이…"라고 말씀하시면서 남편과 딸, 손자의 안부까지 물으시던 선생님. 미소를 지으시던 모습과 그 말씀은 영원히 지울 수 없는 기억이 될 것이다. 아니 시간이 갈수록 더욱 또렷해 지는 듯하다.

정신이 오락가락 하신다는 전갈을 받고 한가원 식구들과 함께 뵈러 간 길이었는데 첫 말씀을 그렇게 하셨으니 내심 놀래면서도 건강하심에 안심하면서 크게 흐뭇했었다.

그렇다. 나와 선생님의 인연은 정확히 2년 모자라는 60년이란 세월이다. 1962년 2월 서울여대 입학면접 때 뵙기 시작한 인연이 60년이란 기간 동안 단절 한 번 된 일 없는, 자칫 단절될 수 있었던 6년여의 미국 유학시절에도 남부 테네시주에서 업스테이트 뉴욕까지 우리 집을 기차를 타고 방문해 주셨던 선생님과의 인연이다.

반백 년 또는 반세기가 넘는 세월 동안 선생님을 사적으로 뵙고 보고 듣고 또는 공적으로 강의나 선생님의 글을 통해서 내가 배우고 느꼈던 선생님의 선구자적 삶을 학문적인 측면과 일상적 생활 측면으로 나누어 보고자 한다.

본론으로 들어가기 전에 선생님의 일생을 대략 기술해 본다.

2. 선생님의 일대기: 20대 이전의 삶을 중심으로

선생님은 1924년 11월 14일 경남 마산에서 태어나셨다. 선생님이 태어날 당시에는 아버지는 마산 문창교회에서 장로 장립을 받으셨고 어머니는 서리 집사였던 기독교 신앙이 독실한 부모님 사이에서 둘째 딸 5년 1남 중로 태어나셨다.

선생님의 아버님은 평북 정주에서 출생 성장하시고 오산중학교를 졸업하신 후 경남으로 이주하시어 마산에서 자수성가한 이도사 李都事: 지방관직인 도사는 종 5품의 행정직으로 지방관리의 불법을 규찰한 직책 댁으로 장가 드셨다.

어머니는 선진적 문물에 관심이 많고 개화에 능동적이시고 진취적이셨던 친정 아버님의 성격 덕분에 마산의 의신여학교를 졸업하셨다 「아버지 이약신 목사」.

부모님은 마산에서 최초의 신식예식으로 혼례를 치루신 것으로 알려졌다.

아버지는 장인의 후원과 재정적 도움으로 동경유학을 하셨으나 장인이 기대하셨던 사업경영엔 적성이 맞지 않으셨음을 깨달으셨다.

이후 신앙생활에 확신을 갖고 신학 공부할 것을 결정하고 26세의 나이에 평양신학교에 입학하셨다. 졸업과 함께 진주에서 목회생활을 시작하셨다.

1910년 대 20세기 초, 마산을 비롯한 경남지역에는 호주 장로교의 남녀선교사들이 전도활동으로 교회를 세우며 교육사업을 폈다. 마산의 경우 개항 이후 상업과 산업이 활기를 띄우고 선교사들의 영향까지 있어 개화가 빨리 이루어졌다. 선생님은 이러한 지역적 특징과 함께 이미 선구적인 가정환경에서 자라셨다.

1910년대 후반 동경유학을 다녀오신 아버지, 세브란스 간호학과를 졸업하신 고모 1915년, 1920년대 초반 미국 유학을 한 외삼촌, 서울의 정신여학교를 졸업한 이모, 미국 콜럼비아 사범대학을 졸업한 이모부 등, 1920년대에 이미 일본, 미국 그리고 서울의 유학생활을 경험하는 인텔리겐차 집안에서 나시고 자라셨다. 선생님의 아버님은 1930년대 후반에 호주 장로교회의 초대로 6개월 동안 호주에 체류하시면서 해외문물을 직접 접하셨다.

선생님은 호주 선교사가 세운 유치원과 초등학교를 다니셨고 동래 일신학교를 2학년까지 다니셨다. 선교사들의 신사참배 반대로 폐교되어 원산에 있는 캐나다 여선교부에서 세운 여자고등학교인 루씨 여학교로 전학하셨다. 루씨 여학교 재학 시에는 '루씨 여학교 학생사건' 시 일기장에 써 놓은 '애국시'로 인하여 한 달간의 정학처분을 받기도 하였다.

아버지는 신사참배 반대운동, 호주교회 방문으로 인한 친영·미 인사로 간첩혐의까지 받아 구속, 고문까지 받으셨고, 건강이 악화되어 병 보석으로 가석방된 후 만주로 피신하셨다.

그때 어머니는 일경의 압박을 피하여 루씨 여학교를 졸업한 선생님과 여동생 한 명 그리고 남동생만을 데리고 아버지가 계신 만주로 도피하셨다. 그곳에는 이모, 외삼촌들이 살고 계셨다. 선생님은 이곳에서 약혼할 뻔하셨다. 당시 처녀 공출 위험과 딸이 많은 선생님 댁 사정을 고려하여 이모, 외숙모 등은 선생님이 빨리 혼인을 해야 된다고 생각하셨다. 어른들이 주선한 남성과 데이트도 두어 번 했었다.

그러나 선생님은 마음이 끌리지 않았다. "일찍부터 상급학교에 진학하여 공부를 더 하고 싶을 뿐 연애나 혼인에 관심이 없었던" 「아버지 이약신 목사」 선생님은 어른들이 약혼을 추진하는 것을 눈치채고 말없이 마산으로 돌아갔다.

해방을 맞고 아버님이 진해교회에서 시무하시게 되어 선생님 가족은 1946년부터 진해를 제2의 고향으로 삼게 되었다.

선생님은 이화여대 문과에 입학하여 학생생활을 즐기던 중 1947년 여름 미국 유학 초대를 받는다. 해방을 맞아 아버님이 마산 문창교회에서 1년간 시무하실 때 알게 된 미군중위 카우치 Jobe L. Couch란 사람이 미국 앨라배마대학의 입학허가서와 왕복여비를 포함한 재정담당 보증서를 보낸 것이다. 카우치 씨는 마산 미군정청에서 종교계를 포함한 문화부문을 담당한 사람이었다. 영어대화가 가능한 선생님 아버님과 가깝게 지내셨던 분이었다. 이분은 자녀가 많은 선생님 가족과 6~7명의 고아들을 돌보시는 선생님 어머님의 형편을 보면서 특히 여고 졸업반인 선생님 동생 효숙을 귀여워 하시면서 유학 제의를 하셨던 분이었다. 당시 마산에는 해방으로 일본이나 만주지역에서 귀환한 동포들 가운데 아버지를 잃고 어머니와 가난하게 사는 아이들, 혹은 부모를 모두 잃은 고아들이 많았는데 선생님 어머님은 그들을 집안으로 들여 보살피기 시작하셨다.

이대 음악과에 입학하여 피아노를 전공하는 효숙동생은 선생님과 함께 1947년 가을학기 등록을 마친 상태였다. 당시는 미군정하의 정치, 사회적 혼란으로 대학 교육이 실망스러웠던 시기였는데 주위에서도 미국으로 유학을 떠나는 학생들이 있다는 소식이 들리고 이대 의예과에 다니던 사촌동생도 미국 유학을 떠났다. 이런 상황에서 선생님도 한국대학에 머무는 게 허송세월이란 생각이 들었고 미국대학에 가서 배우고 돌아오는 것이 상책이란 생각이 들었다. 영어도 불충분한데 먼 이국 땅에 가서 공부 할 것이 두렵기도 했지만 동생과 함께 가는 것이기에 용기를 낼 수 있었다.

1947년 12월 17일 동생과 함께 미군 수송함정을 타고 인천항을 떠나 일본 오키나와, 요코하마를 거쳐 1948년 정월 초하루 아침 미국 샌프란시스코항에 도착했다.

이것으로 선생님의 선구자적 삶의 행보가 시작되었다. 신식혼례를 치르신 부모님, 1920년대 이전에 이미 해외유학을 한 부친과 친척들, 유치원 수학 등은 그 당시의 시대가 아닌 지금 현대사회에서 보아도 초선구적 환경이었다고 감히 말할 수 있다. 거기에 본인이 직접 미국 유학을 하게 된 것이다.

미국 앨라바마 대학에서 사회학을 전공했고 콜럼비아 대학원에서 사회학 석사학위를 받으셨다.

1957년 귀국 후 이화여대에 사회학과를 선배 사회학자인 고황경 박사와 함께 창설한 후 조교수로 재직하다 1961년 고황경 박사가 중심이 되어 신설 개교한 서울여대로 옮기시었다. 1965년말 다시 미국 버클리 대학으로 유학하시다 귀국하신 후에 이화여대 사회학과에서 재직하셨다. 1980년 민주화 운동으로 해직당하셨다가 1984년 복직하신 후 1990년 정년퇴임 하셨다.

제자양성은 물론 연구로 수많은 논문과 저서를 출간하셨고 한국 나이 80세에 전공저서 『조선조 사회와 가족』을, 83세에 부친 평전 『아버지 이약신 목사』를 출간하셨다. 퇴임 후 고향 진해에서도 쉼없이 지역사회를 위한 공적 활동을 하시다가 2020년 10월 96세로 생을 마감하셨다.

3. 학문과 관련된 삶

1) 연구주제와 관련하여: 여성, 가족, 국가

선생님에게 사회의 민주화는 일생 동안의 연구 주제였다. 사회민주화를 이루기 위해서는 혼인과 가족의 민주화가 기본 조건이 되어야 하고 그 속에서 여성의 인간화가 이루어져야 한다는 것이 선생님 연구의 궁극적 목표인 동시에 학문의 가치철학 이었다고 볼 수 있다.

선생님이 유학을 마치고 귀국하신 후 최초로 하신 연구도 〈서울시의 가족연구〉와 〈농촌가족연구〉였다. 가족과 가족제도의 실태를 파악하는 것이었지만 그 속엔 여성도 중요한 연구 주제로 포함되었다.

내가 선생님에게서 개인적으로 최초로 연구주제에 관한 말씀을 들었던 것도 '여성'이었다.

1965년, 대학 4학년 여름방학이 시작되기 전, 선생님께서 어느 일요일에 파주 용주골에 가자는 말씀을 하셨다. 펄벅재단으로 부터 연구용역을 받으셨는데 '기지촌 여성에 관한 연구'라는 것이다. 당시 파주시 파주읍 연풍리 '용주골'은 한국전쟁 때 가까운 미군부대에 주둔하는 미육군을 대상으로 영업하는 마을로 시작되었는데 미군이 지불한 돈이 마을의 유일한 재원이었다고 한다 위키백과.

따라서 그곳에는 미군을 상대로 매춘을 하는 여성들, 소위 '양공주'들이 많았던 곳이었다. 그들을 연구하기 위해 파일럿 스터디로 그 곳을 방문하시는데 내가 동행할 것을 권하셨다. 여자들만 가는 것이 조금은 불안하시다고 지금은 고인이 되신 오갑환 선생님께 동행을 청하셔서 셋이서 신설동에서 마이크로버스로 갔던 기억이 생생하다.

그 여성들을 선도하기 위해 결성된 선도위원회의 회장이 그곳 교회

목사님이어서 목사님이 시무하는 교회에 가서 주일예배를 드린 뒤 콜드 드링크를 마시기 위해 록큰롤 음악이 쾅쾅 울리는 바에 들어갔던 기억도 있다. 그때 나는 난생 처음으로 미군을 직접 보았다. 대낮에 미군들과 한국 여성들이 희희낙락 팔짱을 끼고 거닐고 그 길 위에서 방치된 채 놀고 있는 어린이들을 보면서 어린이들의 교육이 걱정이 되어 큰 충격을 받았던 기억이 생생하다.

그 당시에 그러한 특수직 여성들을 연구한다는 것은 선생님만이 가질 수 있었던 문제의식이었음이 틀림없다. 선생님은 이때 이미 여성의 삶이 사회와 국가에 의해 영향 받는 것에 착안하셨던 것 같다.

선생님은 또한 일반 여성들의 가정 밖 활동에 대해서도 주목을 하셨다.

1960년대 당시에는 여성의 취업율이 20% 정도에 불과하였고 그것도 대다수가 농업이었다 센서스 자료. 그러나 도시 부녀자들 사이에선 '계契'라는 조직활동이 활발하게 이루어졌다. 당시 은행의 여신與信 기능이 활성화되지 못한 시절, 서민들에게 목돈을 마련하는 역할을 했던 것이 계였다.

여성들이 자발적으로 조직하여 운영하는 계가 가정경제에 도움이 되는 경제적 기능 외에도 매달 한번씩 만남으로써 친목은 물론 다양한 정보를 교환하는 사회활동의 한 부분이기도 하였다.

한편 계가 투기적 목적에 잘못 사용되어 경제적 피해는 물론 가정불화를 야기하는 사례가 종종 있어 사회적 물의를 일으키기도 하였다.

부작용도 있었지만 분명한 것은 당시 가부장제라는 엄격한 남성지배의 일상생활에서 직장생활은 물론 가정 밖 생활을 하기 어려웠던 여성들이 주체적으로 상부상조의 협동조합 방식으로 경제활동을 하고 사회생활을 경험하는 현상에 선생님은 선구자적 관심으로 주목하셨던 것이다.

나는 선생님의 권고로 "도시 부녀자의 계契에 대한 연구"로 석사논문을 쓰기도 하였다. 여담이지만 주제의 시의성時宜性 때문에 두 개의 서울 일간지로부터 인터뷰 요청을 받기까지 하였다.

선생님의 여성에 대한 지속적 관심은 1976년에 김주숙 교수와 함께 펴낸『한국여성의 지위』로 출간되기도 하였다.

여성에 대한 관심은 가족과 연관될 수밖에 없었고 따라서 보다 심층적인 가족연구를 시작하셨다.

1959년의 가족연구에 대해서 선생님은 스스로 반성을 하셨다. 가족의 형태나 결혼관 자녀관이 전통적 관습에서 어느 정도로 근대화되었는가를 파악하는 문제의식만 있었다는 것이다. 분단이나 이산으로 인한 사회이동이 가족생활에 미친 영향, 도시화로 인해 농민의 도시정착 과정에서 겪는 가족과 개인적 삶을 파악하지 못했음을 스스로 비판하셨다「분단 시대의 사회학」.

결국 선생님의 연구주제는 여성, 가족을 국가의 정치, 경제, 권력구조와 연관시켜 분석하는 것이었다.

2) 연구관점 및 접근방법: 여성의 인간화, 가족과 사회의 민주화

1950~60년대 우리 한국학계는 50년대 미국의 사회학계를 지배했던 근대화 이론이나 가치중립, 객관성을 주장하는 실증주의와 구조 기능론적 관점을 비판 없이 받아들였던게 사실이다. 가족이 사회에 의해 규제 당하는 것이기에 산업화 도시화로 인해 가족은 핵가족화 되고 그러는 과정에서 전근대적인 가부장제 가족은 근대화된 사회에 적합한

기능을 하는 핵구조로 변화된다는 관점이 지배적이었다.

그러나 선생님은 가족이 사회의 영향을 받기만 하는 것이 아닌, 사회를 변화시킬 수 있는 자율적 주체가 될 수 있다는 선구자적 신념을 갖고 계셨다. 따라서 새로운 "이론적 문제인식과 분석의 시각"을 갖고 연구를 해야 한다고 주장하셨다. 즉 가족연구의 이론적 인식으로 여성들의 인간화를 포함한 가족의 민주화에 대한 인식의 필요성을 주장하셨다. 여성이 삶의 주체가 되어 스스로를 해방할 뿐 아니라 가족을 민주화하고 사회를 민주화하여 모든 사람이 자유롭고 평등하게 살 수 있는 삶의 공동체 실현이 여성가족 연구의 목적이라는 인식이다.

여성과 가족이 주체가 되어 사회를 변화시킬 수 있다는 선생님의 신념은 1970년 이화여대에 〈여성자원개발연구소〉를 개설하게 했다. 여성자원을 개발하고 육성해야 한다는 선생님의 열망을 투사한 '여성자원개발'이라는 명칭은 당시 시대상황으로 보아 얼마나 혁신적이고 방가드 vanguard 적인가!

한편 분석적 시각으로 지배층의 관점에서 벗어나서 정치, 경제의 구조적 요인과 관련하여 분석해야 함을 강조하셨다. 예컨대 자본주의 성장이나 분단사회 구조가 가족에 미친 영향을 분석해야 한다는 것이다.

이러한 이론적 인식과 분석적 시각을 실현하기 위해 선생님은 제자들과 함께 〈여성한국사회연구회 여사연〉라는 모임을 1984년 발족하셨다. 한국사회를 연구함에 있어 한국사회를 지배하는 남성이 아닌, 여성이, 여성의 시각으로 연구하기 위한 것이었다. 현 사단법인 〈한국가족문화원 한가원〉의 전신이다.

이 연구회에서는 당시까지 가족이론의 주류를 이루었던 파슨스의 구조기능론의 핵가족론으로 한국가족을 연구하는 것이 제한적이라는 인식을 갖고 갈등론적 시각, 마르크스학파를 포함한 비판학파적, 여성학적 입장까지 다양한 이론들을 공부하기 시작했고 그 결과로 나온 책이 『가족연구의 관점과 쟁점』이다.

3) 학문과 실천이 일치된 삶: 공동체적 삶 모색

선생님은 일찍이 한국여성들이 남성들의 가부장제적 권력에 의해 억압받고 분단과 종속적 경제성장 과정에서 국내적으로 억눌림 받고 국제적으로 착취당한 과정들을 정치, 경제적 구조 요인과 관련하여 분석할 것을 주장하셨다.

특히 한국사회의 "졸속적" 산업화, 도시화가 결과한 경쟁위주의 교육과 "공리적 효율주의"만을 중시하는 조직사회 운영방식은 비인간화를 초래했다고 비판하셨다. 이러한 비인간화를 극복하기 위해 '민주적 인간 공동체'의 가능성을 모색하셨다. 구체적으로 삶의 공동체 또는 공동체적 삶을 실현할 수 있는 방법으로 지역사회 협동조합운동을 시도하셨다. "여성이 지역사회의 주인이다"라는 캐치프레이즈를 내걸고 여성이 민주시민의 책임과 권리를 행사할 것을 요구하면서 가정에서부터 실천할 것을 주장하셨다. 내 자손의 물질적 성공, 내 자손을 통한 혈통계승과 같은 "원시적" 욕구를 넘어서 전체사회를 위한 공동체적 삶이 중요함을 주장하셨다. 1980년대 이후부터는 통일 이후의 국가적 공동체까지도 관심을 두셨다.

이러한 운동을 보다 성공적으로 전개하기 위해 이스라엘 키부츠 공동체를 방문하여 체류하셨고 스페인의 꼬뮨 몬드라곤 협동조합을 방문하셔서 탐험하는 기회를 갖기도 하였다.

결과적으로는 그 운동이 완성되지는 못했지만 우리 제자들에게는 공동체적 삶의 가능성에 눈을 뜨고 노후에라도 그러한 삶을 계획하기도 하는 효과가 나타나고 있다.

이외에도 여성권리의 신장과 사회 민주화에 기여하는 단체의 활동에 일일이 언급할 필요가 없을 만큼 적극적으로 참여하신 것은 모두가 아는 사실이다.

인간은 누구나 자신이 믿는 바대로 살지 않는다. 그러나 선생님은 자신의 학문철학을 생활기준으로 삼아 삶을 산 학자였다. 갈 길을 아는 것과 그 길을 걷는다는 것은 다르다는 서양의 격언이 있듯이 선생님은 단순히 인식하고 말하는 것에 그치지 않고 인식한 것을 실천하는 삶을 사셨다. 학문과 실천이 일치되는 삶을 사신 것이다.

이와 같이 인간화를 실현하기 위해 공동체적 삶을 모색하셨던 것은 어쩌면 유년기부터 가족생활에서 경험한 것이 내면화되었기 때문일 수도 있다.

선생님 아버님은 기독교인으로 그리스도 사랑의 실천을 강조하셨다. 목회생활과 함께 고아원이나 의료사업에 관심을 가지셨다.

마산에는 해방과 함께 일본과 만주 등지로 살길을 찾아갔다가 돌아온 "귀환동포"들이 집 없이 거리를 헤매거나 귀환도중 부모와 가족을 잃고 먹을 것이 없어 구걸하는 아이들이 많았는데 어머님은 이들을 집으로 맞아들여 비혈연의 가족생활을 일찍이 하셨다. 6.25 이후에는 늘어나는 고아들로 인해 고아원을 본격적으로 시작하셨다.

부모님들의 이러한 삶을 보고 배우면서 공동체 생활에 익숙해 지셨고 당연하게까지 생각할 수 있게 내면화된 것일 수도 있다. 백문불여일견 百問不如一見이 효과적인 학습, 가장 효력이 큰 내면화의 기제임은 우리 모두가 알고 있는 사실이다.

4. 일상생활 속의 선생님

선생님은 일생 동안 연구주제로 삼으셨던 인간화와 민주화를 일상의 삶 속에서도 실천하셨다.

선생님은 모든 사람에게 구별이나 차별 없이 인간적으로 대하셨다. 오랜만에 찾아오는 제자들, 해외에서 또는 다른 학교에서 선생님 명성을 듣고 찾아오는 사람들, 젊은 학부학생들, 성별, 나이, 국적 가리지 않고 그들의 방문목적이 무엇이든 반갑게 맞아 진지하게 대화하는 모습은 나에게 교훈이 되었다.

현직에 계실 때 선생님 연구실을 찾는 학생들에게 아무리 하시는 일이 바쁘더라도 우선 자리에 앉게 하고 대화를 하신다. 그 모습이 너무 인간적이어서 나도 교수시절 실천해 보려 했지만 지속적이지 못했다. 강의준비, 논문쓰기, 특강준비, 잡글쓰기, 거기에 행정업무 등으로 바쁜 일상 때문에 불쑥 찾아온 학생을 모두 그렇게 대하기가 힘들었던 것 같다.

이쯤에서 한 후배의 말이 생각난다. 수학여행 중에 사찰을 방문했을 때 사찰 경내에서 스치는 스님과 합장하며 인사하는 모습이 그렇게 좋았단다. 기독교 집안에 태어나서 자라신 목사님의 딸이 종교의 벽을 허물고 상대종교를 존중하는 마음을 들어내신 모습에 갖게 된 느낌일 것이다.

선생님의 이런 마음을 가장 잘 나타내는 말이 태산泰山과 하해河海가 아닐까 하는 생각을 해본다. 보잘것 없는 한줌의 흙이라도 사양하지 않아 泰山不辭土壤 거대한 모습이 되고, 보잘것없이 가늘게 흐르는 시냇물일지라도 가리지 않고 받아들여 河海不擇細流 깊음을 이룬 것과 같이 모든 사람을 넓은 아량으로 품으셨다는 생각이 든다.

선생님은 편협하지 않은 활짝 열린 마음으로 모든 사람을 인간적으로 대하신 인도주의자 humanist이셨다.

선생님은 심미성이 탁월하신 감성을 생활에서 누리셨던 분이셨다.

1967년 가을 어느 날이었던 것으로 기억된다. 다음 해에 대학원 졸업과 도미유학 준비를 하고 있던 때 선생님 댁을 방문한 일이 있다. 한옥의 마루에 우리나라 고가구인 머릿장이 놓여 있었다. 그 당시만 해도 조선시대의 목재가구인 농, 반닫이, 머릿장 등은 신소재 호마이카 가구에 밀려 내버려지거나 골방이나 다락방에 처박아 두던 시대였다. 그런데 선생님 댁에는 요즈음의 거실과 같은 마루에 고가구가 자랑스럽게 나와 있던 것이다.

1970년대 초반부터 우리나라에서도 고가구 수집이 유행되었던 것을 생각하면 선생님의 심미적 안목은 선구자적이셨던 것 같다.

그때 자극을 받아 난 미국 유학을 가면서 내 친정어머니께 우리집 목가구 하나를 내가 갖고 싶다 했고 그 말을 기억하신 어머님은 내가 귀국한 후에 나에게 물려 주셨다. 지금도 침실에 놓고 유용하게 사용하고 있다.

선생님은 아무리 작은 선물이라도 받으시면 감사카드 thank you note를 보내신다. 선생님이 보내시는 카드는 예술성이 넘치고 예쁜 것이 특징이다. 예컨대 UNICEF에서 제작하는 것이라든지 유명화가들의 그림이라든지, 나는 살면서 '쓰는 물건의 의미와 가치를 심미안으로 전환할 수 있는' 안목을 선생님에게서 배웠다.

선생님은 삶을 즐기는 여유를 갖으신 낭만주의자 Romanticist이셨다. 맛있는 음식을 즐기시고 미술 전시회를 찾아 감상하시고 연극도 관람하시던 낭만적이신 분.

1960년대 말, 대학원 재학 시 우리나라에 처음으로 멕시칸 음식점이 생겼다면서 데리고 가셨고 70년대 말, 천재화가로 알려진 최욱경 화가 생존 시 열렸던 그녀의 전시회를 간 일, 군독재로 감시를 받으시던 시절 김명곤의 '아리랑' 연극을 신촌 어느 작은 공간에서 관람했던 일, 이대 사회학과 제자가 어린 두 아들을 남기고 세상을 떠났을 때 문상하시던 일, 제자들을 부부동반으로 초대하여 댁에서 식사했던 일, 선생님의 극히 인간적이셨던 삶의 기억들이 주마등처럼 뇌리를 스치고 지나간다.

선생님은 권력이나 금전에 대한 욕심이 없으셨던 분이다. 학문연구와 민주화 운동으로 신망이 높으셨기에 소위 감투자리를 권유 받는 일도 있었지만 삶을 끝낼 때까지 한번도 권력의 자리를 차지하지 않으신 분도 우리 한국 사회운동가의 역사상 보기 드문 일일 것이다.

선생님은 정책수립을 돕기 위한 정부참여나 특정 단체로부터 연구비 받는 것까지도 부정적이셨다. 그 조직에 종속될 수밖에 없어 전문성이 훼손되고 전문가의 연구 목적이 온전히 달성될 수 없다고 보는 것이다. 연구비를 받아 연구 외에 사적인 용도로 유용하는 세태와는 차이가 있는 것이다.

선생님은 실제로 진해로 이사하실 때 서울 집을 처분하여 진해 거처를 사고 남은 돈은 모두 제자들이 운영하는 연구단체나 사회운동단체에 기부하셨다. 청렴한 삶의 표본이셨다.

선생님은 가족사랑도 남달리 돈독하셨다. 보통 공부에 바쁜 유명인사들일수록, 특히 많은 시간을 연구에 집중해야 하는 학자들의 경우 사적인 가족일에는 소홀하는 경우가 많은 게 사실이다. 그러나 선생님은 미국에 있는 어린 조카들의 생일엔 카드를 직접 고르시고 보내시는 등 사랑을 전하셨다.

미국 L.A.에 사는 유일한 남동생 이성웅 선생이 병환으로 고생할 때는 선생님은 80대 고령이심에도 딸 희경씨와 함께 미국에 가서서 간호하시고 동생의 댁 올케이 운영하는 비지니스를 도우실 만큼 배려와 희생 정신으로 가족을 사랑하셨던 분이시다.

이 모든 삶은 선생님의 학문적 가치, 철학이었던 인간화와 인도주의적 삶을 일상생활에서도 실천하셨음을 보여준다.

5. 나가며

일찍이 부모자녀 관계를 포함한 가족의 민주화와 사회의 민주화를 위해 인간화를 연구의 화두로 삼으시고 공동체적 삶을 지향하셨던 선생님의 연구와 교육이 얼마나 중요한가를 새삼 느끼는 요즈음이다.

오늘날 일어나고 있는 젊은 부부들의 자녀학대, 폭행, 잔소리 한다고 누나 살해하고 재산문제로 부모를 살해하는 등 가족 간의 폭력, 어린이집 교사의 아동폭행, 묻지마 범죄 등 인명경시의 비인간적 사회문제는 더욱 심각해지고 있다. 이러한 비인간적 끔찍한 범죄를 저지르는 사람들이 대부분 40~50대 이하의 젊은 층인 것을 보면서 그들이 경험했던 교육환경을 생각하게 된다.

그 세대들이 학령기에 접어 들었던 80년대 이후 한국사회를 돌이켜 보면, 초등학교 때부터 공부는 좋은 대학을 가기 위한 것이었다. 대학에 가서는 돈 잘 벌고 권력을 누리는 직업을 갖기 위해 스펙 쌓기에 올인했던 세대들이다. 가정에서도 학교에서도 사회적으로도 공유하는 목표와 교육 신념에 가까운 것이 좋은 대학가서 좋은 직장 갖는 것이었다 해도 과언이 아니었다.

공부를 잘하기 위해 시험을 보는 것이 아닌, 시험 잘 보기 위해 공부하고 능력을 발휘하기 위해 경쟁하는 것이 아닌, 경쟁을 위한 경쟁을 부추기고 그 속에서 인간화를 위한 인성교육은 매몰되었던 것이다.

　그러한 교육의 악영향이 지금 성인이 된 그들에게 나타나는 것이 아닌가 하는 생각이다.

　인간의 존엄성, 생명의 가치, 타인에 대한 배려 등 보다는 물질적 성공, 일신의 출세를 위한 그릇된 경쟁으로 내 몰리던 그들에게, 성인이 된 오늘날 더욱 공고해진 양극화, 양질의 일자리 부족, 상향이동 사다리의 실종, 기술혁신으로 인한 파편화된 개별적 삶 등으로 경쟁에서 뒤처진 삶을 살아야 하는 사회적 환경은 상승작용하여 범죄를 촉진하는 원인이 된 것이 아닌가 하는 생각이다.

　경제성장도 기술발달도 인간의 행복을 위한 것일 진데 그 행복을 위해서는 인간성 회복과 인성교육이 선행되어야 한다.

　인간화와 공동체적 삶을 지향하시던 선생님의 외침은 아직도 유효하다. 선생님의 학문적 가치와 철학을 더욱 강화하고 실현시켜야 할 책임과 의무는 교육을 담당하는 제자들과 후학들의 몫으로 남아있다.

참고문헌

이효재. 1985. 『분단시대의 사회학』. 서울: 한길사.
_____ 편. 1988. 『가족연구의 관점과 쟁점』. 서울: 도서출판 까치.
_____. 2003. 『조선조 사회와 가족』. 서울: 한울.
_____. 2006. 『아버지 이약신 목사』. 서울: 정우사.

이효재의 여성·가족사회학

이 재 경

이화여자대학교 명예교수

❙ 요약문

　이 글은 2005년 한국가족문화원 20주년 기념으로 개최된 〈이효재 가족사회학의 재조명과 21세기 한국가족〉 심포지엄 발표문이다. 이후 15년이 지났지만, 한국 여성·가족사회학을 정립하고자 했던 선생님의 학문적 노력은 지금 시점에서도 많은 후학에게 이론적 통찰과 가르침을 줄 수 있다. 선생님께서는 한국 사회학을 연구하면서 평생에 걸쳐 민주화와 통일, 그리고 사회발전을 위한 이론 및 실천 방법을 꾸준히 모색해 오셨다. 일찍이 미국의 대학과 대학원에서 공부한 유학파이지만 서구의 관점이 아닌 우리의 역사적·사회적 맥락에 근거한 경험적 연구와 이를 토대로 한 정치적 실천을 사회학의 의제로 삼으셨다. 특히 선생님께서는 한국사회의 구조적 성격을 '분단'으로 규정하고, 분단사회의 특성이 가족이나 여성의 삶에 끼치는 영향을 체계적으로 분석하셨다. 선생님께 분단사회학은 '우리 이론'의 출발점이며, 토대이었다.

　이 글에서는 선생님께서 이루어낸 여성과 가족에 관한 연구들이 한국 사회학과 여성학에서 어떤 의미가 있는지 논의하고, 후학들이 선생님의 이론적 입장과 실천 방법을 계승·발전시키기 위해 고민해야 할 과제들을 제안하였다. 2005년 발표된 원문과 크게 다르지 않으며, 현재 시점에 준하여 표현만 약간 수정하였음을 밝힌다.

가부장제는 나의 한국가족연구의 화두가 되어 왔다...

또한 가부장제와 함께 분단 현실과 민주화는 지속적인 나의 사회학적 연구의 화두였다...

나에게 한국 사회학은 민주화를 통한 통일에의 역사발전을 이룩하기 위한 사회발전의 이론과 실천 방법을 모색하는 학문이었다...

한국사회의 민주화는 여성들의 자주적인 사회참여 없이는 이룩될 수 없는 것이다. 여성이 가족과 사회 그리고 국가와 민족과의 관계에서 자주적 존재로 거듭나서 평등한 시민으로 사회에 참여해야만 한국사회의 민주화가 가능한 것이다. 이러한 이념에서 식민지 시대를 살아오면서부터 내가 경험한 여성들의 삶, 즉 가부장제 아래에서 압박당하며 예속된 삶을 살아온 여성들의 문제를 가족과의 관계에서 먼저 연구하고자 하였다.

위의 인용글은 2003년 가을 고故이효재 교수 팔순에 즈음하여 출판된『조선조 사회와 가족』에서 한국의 여성이면서 사회학자인 저자가 밝힌 과거 40여 년간 추구해 온 이론적 입장과 연구 여정에 관한 이야기이다(이효재, 2003: 9-10).

이 교수의 가족사회학은 '서구'의 관점이 아닌[1] 우리 사회의 역사적 맥락에서 여성과 가족에 대한 경험적 연구와 이를 토대로 한 실천을 학문적 의제로 설정하였다. 즉 실증주의에 근거한 가치중립의 과학적 사회학이 아닌 과학적 탐구와 정치적 결단을 강조하는 가치개입의 사회학 또는 진보적 사회학의 지형에서 한국 여성과 가족을 위치시킨다. 이 교수는 유교적 가부장제에 기초한 국가권력, 일제에 의한 식민통치

---

1) 이 교수는 다수의 논문과 저서에서 서구의 근대화 이론, 기능주의 가족이론, 실증적 조사방법에 대한 비판을 제기하면서 한국가족 연구의 이론적 입장과 연구 방법의 필요성을 강조하였다.

의 역사, 그리고 강대국 주도의 국제정치의 산물인 분단의 현실에 대한 도전을 통해 한국 사회가 민주화될 수 있다고 확신하였다. 또한 가부장적 국가권력, 식민통치, 분단의 현실은 오랫동안 여성과 가족의 희생을 강요했으며, 이로 인해 여성들은 이중, 삼중으로 억압당하고 있음을 강조하면서 여성과 가족의 문제를 구조적 맥락에서 분석하였다. 여성해방, 가족의 민주화, 사회의 민주화는 평등과 주체라는 공통된 이념적 토대를 가지며, 따라서 함께 해결해야 할 역사적 과제이다(이효재, 1985). 이 교수가 이루어낸 여성과 가족에 관한 많은 연구는 한국의 여성학과 가족사회학의 지식생산에서 선구적이며 중요한 역할을 하였다. 또한 가족법 개정, 정대협 정신대문제 대책협의회 활동,[2] 그리고 소외된 가족과 여성에 대한 실천적 관심과 적극적 개입은 이후 우리사회 여성운동과 가족변화의 방향을 설정하고 확산시키는데 핵심적인 기여를 한 것으로 평가할 수 있다.

이 글에서는 이 교수가 이루어낸 여성과 가족에 관한 연구들이 한국 사회학과 여성학에서 어떤 의미가 있는지 간략히 논의하고, 앞으로 후학들이 그의 이론적 입장과 실천 방법을 계승·발전시키기 위해 고민해야 할 과제들을 제안하고자 한다.

---

[2] 1990년 37개 여성단체가 함께 만든 〈한국정신대문제대책협의회〉는 전범국가 일본의 법적 역사적 책임을 지우는 한편, 한국의 가부장적 문화의 폐해까지 개선했다는 평가를 받는다. 이효재 교수는 윤정옥 교수와 함께 정대협 창설과 활동에 주도적 역할을 하였다.

1. 여성과 가족에 관한 사회학적 통찰: 주제의 확장

1940년대 말부터 제도화된 한국 사회학에서 여성에 관한 연구가 본 격화된 것은 1970년대 이후이며, 그 이전의 사회학 연구에서 여성은 중요한 학문적 주제로 다루어지지 않았다.[3] 단지 1960년대 연구가 활 발했던 인구학, 가족사회학, 농촌사회학 분야에서 여성은 조사연구의 대상으로 포함되곤 했는데, 이들 분야는 주제의 성격이 개인의 사 private적 생활과 연결되어 있어 여성을 배제하고 논의하기 어려운 연 구영역이었다. 한편 1960년대 시작된 국가주도의 경제개발과 산업화 과정에서 여성의 경제활동참여의 증가는 공 public적 영역에서의 여성 에 대한 학문적 관심을 불러 왔다. 이러한 과정에서 이 교수는 여성과 가족에 관한 다양한 연구들을 진행하였으며, 학문적 주제로서 여성과 가족의 영역을 확장시켰다.

1959년에 발표된 "서울시 가족의 사회학적 고찰"에서 이 교수는 근 대화 이론에 근거한 문제의식을 가지고 실증적 조사 방법을 사용하여

---

3) 사회학은 사회현상을 과학적으로 이해하고 설명하는 학문이며, 인간의 사회적 삶, 집단, 그리고 사회에 관한 연구이다. 사회학적 관심은 인간의 자아 발달 및 퍼스낼리티 형성 등 미시적 수준부터 다양한 사회제도 및 전 지구적인 사회변동 등 거시적 수준에 이르기까지 광범위하며, 사회적 현실에 대한 분석을 토대로 더 나은 사회에 대한 전망을 모색하는 데 있다. 그러나 전통적 사회학 이론과 분석 개념들을 보면 '여성'은 보이지 않는(invisible) 존재임을 알 수 있다. 사회학 연 구는 여성의 삶 보다 남성의 삶이나 경험에 관련된 주제에 집중했으며, 주로 남 성이 연구의 대상이 되며 여성은 연구 대상에서 제외되거나 과소 대표 (underrepresent)되어 왔다. 그 결과 사회학에서는 남성의 삶을 보다 잘 드러낼 수 있는 개념, 방법, 이론들이 발전되었으나, 이들은 성 중립적(gender neutral) 인 것으로 간주하여 인간 행위에 대한 보편적 설명으로 수용됐다. 이런 점에서 사회학은 남성에 의한, 남성에 관한, 남성을 위한 남성의 학문이라는 지적이 있 다(이재경, 2004).

서울에 거주하는 가족의 구성형태, 결혼관, 자녀관을 분석하였다. 연구결과를 토대로 서울시 가족이 비교적 전통적이라는 결론을 내리고 이는 한국인의 보수성에 기인한 것으로 보았다(이효재, 1959). 이후 이 교수는 이 연구가 미국사회학의 이론적 틀을 한국사회에 단순히 적용한 것에 불과하며, 한국의 역사적 맥락과 사회구조적 특성을 간과하였음을 자성하였다(이효재, 2003; 이효재, 1985).

이 교수는 가족과 여성에 관한 학문적 관심이 일천하던 1960, 70년대 다수의 연구논문을 발표하였는데, 이들 연구에서 논의된 이론적 쟁점들은 반세기가 지난 현재의 여성학이나 가족사회학 연구에서 중요하게 논의되고 있는 주제들이다. 이 시기 연구에서 다루고 있는 주제나 이 교수의 이론적 지향은 몇 가지 특징을 보였다. 첫째, 성별분업이 체계화된 핵가족에서의 여성 역할에 대한 문제제기이다. 1970년 정충량과 공동으로 발표한 "도시주부생활에 관한 실태조사: 중류가정을 중심으로"와 1972년 김주숙과 공동으로 발표한 "도시가족문제 및 지역적 협동에 관한 연구"에서 전업주부의 사회참여를 강조하고 있으며, 주체적인 시민으로서의 여성 역할의 중요성을 강조하였다.[4] 이러한 주장은 이후 사회민주화를 위한 공동체 운동에서 여성의 주도적 역할에 관한 논의로 발전하였다.

둘째, 농촌여성의 이중노동의 경험을 규명함으로써 서구 중산층 가

---

4) 구체적인 주장과 내용은 다음과 같다. "도시생활에서 주부역할은 신혼기에서부터 그들의 지역사회와 깊은 연관을 맺게 되며, 소비자로서 또는 시민으로서 사회활동에 참여하지 않을 수 없는 것이다. 그러므로 도시화에 따르는 사회적 요청이 주부생활과의 관련성 속에서 어떤 것이 있으며 그리고 가족생활주기에 따라 그들의 사회생활을 어떻게 적응시켜 나가야 할 것인가에 대한 고려와 계획이 있어야 한다. 즉 여성은 그의 일생을 주부생활만을 중심으로 계획할 것이 아니라 사회인으로서의 역할을 함께 수행하기 위한 단계적인 적응을 위해 계획하며 실천하기에 노력해야 한다."(이효재·정충량, 1970)

족을 기반으로 한 기능주의적 성역할 이론의 한계를 보여 주고 가부장
적 편견으로 인해 가치 평가되고 있지 않았던 여성들의 사회적 기여를
드러내었다. 즉 가사노동과 농업생산을 담당하고 지역사회 활동에 동
원되는 농촌여성의 과중한 노동에 대한 비판과 동시에 가족과 지역사
회에 대한 이들의 실질적 기여를 부각시킨 것이다(이효재·김주숙,
1978). 성별분업 이데올로기가 여성의 노동을 비가시화 시키고 가치
절하하고 있음은 오늘날 여성학 논의에서 핵심적이면서 상식적인 주
장이지만 이 당시 이 교수의 지적은 선구적이면서도 뛰어난 학문적 통
찰을 보여준 것이라고 할 수 있다. 마지막으로 일제하 여성노동사와
산업사회 여성의 경제활동 및 취업 실태 등을 분석함으로써 생산영역
에서의 여성의 역할을 가시화하였다(이효재·정충량, 1973; 이효재·조형,
1976). 여성을 가족 내에 위치시키는 가부장적 시각을 탈피하여 한국
여성의 다양한 역할과 활동을 적극적으로 드러내고 사회적 기여를 평
가하고 재해석함으로써 여성사회학의 학문적 쟁점을 도출하였다.

2. 이론적 토대: 가부장적 가족의 보편성과 특수성

지금껏 연구의 대상가족들은 연구가들이 접근하기 쉬운 일부 계층에 국
한되었으며, 분석은 적은 가구를 단위로 그 내적인 인적 구성이나 관계에
집중되어 미시적일 뿐 아니라 연구의 관심도 통계적으로 처리되기 쉬운
생활경험에 한정된 데서 결과들이 극히 단면적이며 피상적임을 면할 수
없다. 특히 한국 가족이 발전해 가야 할 방향의 비전이나 가능한 여러 가
지 모델의 이론적 연구가 전혀 없는 상태이다(이효재, 1985: 204).

한국가족의 변화가 이러한 면(핵가족화: 글쓴이 주)이 없는 것이 아니라 가

족 연구의 이론적 인식과 접근 방법이 이 입장에서 벗어나지 못한 데서 이 분단 시대를 살아가는 우리 가족의 다양하고도 특이한 인간적 삶의 양상을 광범위하게 파악하며 깊이 이해할 수 없는 것이다(이효재, 1985: 207).

여성과 가족에 관한 이 교수의 연구에서 지속해서 제기했던 질문들은 한국가족을 어떠한 이론적 관점에서 연구해야 할 것인가? 또는 한국 사회의 역사적 맥락과 구조적 변동은 여성억압 및 가족변화와 어떻게 관련되고 있는가?이다. 이러한 문제제기는 산업화와 핵가족의 정합성을 강조하는 근대화 이론은 가족을 사회구조의 종속적인 것으로 보며, 여성을 가족에 위치시키는 기능주의적 성역할 이론은 서구 중산층 중심의 논의이며, 설문지 조사 방법은 가족의 구체적 현실을 보지 못하고 피상적인 논의에 그치고 있다는 비판에서 출발한 것이다. 이 교수의 이러한 인식은 핵가족 이론에 대한 여성학적 논의들과 일치하지만, 가족의 소멸을 주장하는 제2의 물결 페미니즘the second-wave feminism 당시 급진적 페미니즘이나 가족을 사회구조에 종속적이며 계급 재생산의 단위로 보는 마르크스주의 페미니즘과는 거리를 둔다. 사회의 여성억압은 대부분 사회에서 보편적으로 나타나지만, 억압 기제와 여성의 행위성은 역사적 또는 사회문화적 맥락에 따라 다르게 나타난다. 즉 인류사회 여성의 삶과 가족생활을 설명할 수 있는 보편적 이론은 가능하지도 바람직하지도 않으며, 따라서 서구의 가족 이론이나 여성학 이론으로는 한국의 현실을 설명해 내기 어렵다고 주장하였다.

이처럼 이 교수의 여성·가족 사회학은 가부장제의 보편성과 특수성에 이론적 토대를 두었다. 즉 가부장제의 형성과 발전, 강화 과정에 대한 이해는 국가간 사회문화적 차이를 고려할 때 가능하다. 또한 한 사회에서도 사회경제적 위치 즉 계급적 위치에 따라 여성과 가족의 삶은 상이하게 나타난다. 따라서 한국 가부장제 가족의 성격을 규명하기 위해서는 기존의 가족 연구에서 보이는 미시적 접근보다는 가족과 사회구조를 연결하는 거시적 접근이 필요함을 강조하면서, 그는 가족과 여성의 문제를 한국사회의 구조적 특성과 연결해 분석하였다.

이 교수는 주요 저서인 『분단시대의 사회학』(1985; 2021), 『한국의 여성운동』(1997), 『조선조 사회와 가족』에서 한국 여성의 존재와 삶이 뿌리 깊은 가부장제 전통을 유지하는 계급구조 또는 신분제도와 분단의 현실에서 이중, 삼중으로 규정당하고 억압되고 있음을 분명하게 그리고 체계적으로 설명하여야 함을 강조하였다. 이러한 이론적 인식은 민족국가의 경계를 초월하는 보편적 성차별을 인지함과 동시에 각 민족의 역사적 국가체제나 권력의 성격에 따라 여성 억압이 특수성을 지니며, 다양한 형태로 나타날 수 있음을 전제하는 것이다. 특히 우리 사회 분단의 현실을 주목하여, 민족 분단이 일반 가족에 미친 영향을 역사적 및 사회구조적 인식에서 접근해야 함이 가족사회학의 일차적 과제임을 주장하였다. 민족 분단과 분열로 강요당한 가족들의 대이동은 여러 가지 형태로 그들의 생존을 위협하였으며, 공동체적 삶의 기반을 흔들어 놓았다. 핵가족화로 나타나는 인구이동, 소위 '정상'가족의 틀에서 벗어난 다양한 형태의 가족이 증가하는 것은 단순히 도시화, 산업화의 결과라기보다는 식민지, 해방, 한국전쟁 등 정치적 변화의 영향이기도 하다. 이 교수는 한국가족의 보수성은 급격한 정치변화의 혼란 속에서 가족의 분산과 파괴를 극복하는데 전통적인 가족주의가 중요한 역할을 한데서 기인한다고 보았다(이효재, 1985).

한편 가족연구의 거시적 또는 구조적 접근을 역설하는 이 교수는 가족을 사회구조의 종속적인 단위로 보는 관점을 경계하였다. 기능주의 이론에서 가족의 변화 핵가족화를 사회 변화 산업화에 수동적으로 대응하는 것으로 설명하는 것은 오류라고 지적하면서 가족의 공동체적 본질과 자율성, 능동성을 강조하였다(이효재, 1999). 이는 여성의 인간화와 가족의 민주화가 사회발전과 민주화에 기초가 될 수 있음을 설명하는 이 교수의 이론적 입장에서 중요한 의미가 있는 것이다. 민주화가 인간의 자유와 권리가 보장되는 것이라면 여성 또는 가족의 독립성과 자율성에 대한 이론적 인식에서는 미래가족과 사회변화에 여성들의 적극적 참여는 필수적인 것이 된다. 이 교수는 사회·역사적 맥락에 의한 여성들 간의 차이를 강조함으로써 '한국여성 정체성'을 도출하였는데, 한국여성이라는 정체성은 민족적 동질성을 갖는 남북한 여성 모두를 포함한다. 분단시대를 살고 있는 남북한 여성들은 고조되는 전쟁의 위험이나 강압적인 가부장적 권력의 불안 속에서 살아온 피해자들이다. 따라서 남북한 여성들은 일본군위안부 문제뿐 아니라 조국의 통일과 민주화를 실현하기 위한 민주통일운동에 함께 참여하고 해결해야 하는 주체적 역할을 담당해야 한다. 이 교수는 한국 여성의 희생이 구조적으로 강요되고 있음을 주장하기는 하지만 여성의 주체적 역할을 강조함으로써 여성을 단순히 구조의 수동적 피해자로서만 위치시키지는 않았다.

3. 실천과 도전: 여성의 인간화와 가족의 민주화

여성의 입장에서는 성차별·세대차별·인간차별을 조장해 온 가부장제와 권위주의 가족이 극복되기 위해서는 앞으로도 이러한 가족은 더 해체되어야 하므로, 이런 경향은 가부장제 이데올로기가 강화되는 것으로 간주하여 비판과 경계해야 한다. 자율적이며 평등한, 진정한 인간가족의 실현은 이 시대의 요구이기 때문이다(이효재, 1999: 1).

　　가족은 사회구조와의 관계에서 종속적인 동시에 자율적인 인간 공동체
이다. 스스로 변화를 추구하며 사회변화에 주체적으로 대응하며 새롭고
다양한 삶의 형태를 창조할 수 있는 살아 있는 기초 공동체이다(이효재,
1995: 12).

　　평생에 걸쳐 이 교수의 학문적 탐구와 실천적 행동은 민주적이고 평
등한 사회를 위한 만드는 노력에 집중되어 있었다. 이러한 사회를 만
들어 가기 위해서는 평등의 이념과 공동체적 삶의 방식이 전제되어야
한다. 한국사회의 공동체적 특성은 온정적 가족주의에 토대를 둔다.
이 교수는 가부장적 가족은 해체해야 하지만 온정적 가족주의를 가족
밖으로 확산시킴으로써 가능해지는 새로운 공동체적 사고와 삶의 방
식은 한국사회 민주화에 중요한 역할을 할 것으로 기대하였다. 즉 혈
연에 기반한 가족주의가 아니라 더불어 사는 지역사회 공동체의 형성
과 전통적 가족공동체 의식의 친화성을 강조하였다. 또한 공동체적 삶
의 방식을 핵심으로 한 미래 가족과 사회변화를 위해서는 여성과 가족
의 실천적 행동을 지속해서 촉구하였다.
　　이 교수는 가족 문제의 해결, 또는 여성의 인간화를 실현하는 방법론
으로 '평등사회구현의 주체로서의 여성'을 제안하였다(이효재, 1996b).
여성이 민족과 사회에 대한 민주적 주인의식이 심화할 때, 각 영역에
서 피해당하고 있는 여성과 가족 문제에 더욱 민감해지며 그 구조적
모순과 원인을 더 예리하게 파악할 수 있다고 보았다. 그동안 여성운
동이 추진해 온 가족법 개정운동, 지역사회 시민운동, 여성노동운동,
여성농민운동, 성폭력의 문제 및 여성교육문제 해결을 위한 실천적 전

략 등은 사회의 민주화라는 거시적인 변화와 직결되어 있다. 예컨대, 이 교수는 가족법개정 운동을 분단사회의 보수성을 유지하기 위해 여성에게 강요되는 제도적 장치로 이해하였다. 호주제 폐지를 포함한 가족법 개정운동[5]은 가족의 민주화와 동시에 한국사회 전반의 민주화를 위한 운동이다. 가부장 제도가 민주화를 억압하는 권위주의적 권력의 이데올로기적 기반이 되고 있음을 인식할 때, 가족법 개정은 민주화운동의 일환으로 일차적 과제가 될 수 있는 것이다.

또한 이 교수는 여성들이 여성운동에서 뿐 아니라 통일운동, 환경운동, 소비자 운동, 노동운동 등 사회운동에 적극적으로 참여함으로써 민주적 공동체의 주체가 될 수 있음을 주장하였다. 우리 사회 산업자본주의의 발달로 여성의 노동시장 참여 증가에 따른 지위 향상을 부정할 수는 없지만 왜곡된 경제발전으로 인해 여성은 수동적 소비자로, 저임금 노동자로, 성문화산업의 피해자로 전락하고 있다. 이러한 문제의 해결을 위해서는 여성들 특히 중산층 여성들이 자신의 자녀와 가족에 대한 돌봄을 넘어서 사회적 약자들을 배려하는 공동체 의식을 바탕으로 한 주체적 역할이 필수적임을 강조하였다. 즉 이들이 공동체적 삶을 위한 새로운 가족문화[6]를 만드는 데 주도적인 역할을 할 때만 열

---

5) 호주제는 가부장권과 부계혈통주의를 법 제도로 표상한 것이다. 1958년 민법 제정 이후 3차례의 개정을 거쳐 폐지되었다. 2005년 3월 2일 국회 본회의에서 호주제 폐지를 골자로 한 민법 개정안이 통과되고, 2008년 1월 1일에 호주제와 가(家)와 관련된 조항(입적, 분가 등)은 모두 폐지되었다.

6) 이 교수는 미래 열린가족·평등가족의 실현을 위한 구체적 방안을 제시하였다(이효재, 1999). 첫째, 가사노동 인정, 내 아이만 아닌 우리 아이들의 어머니라는 인식, 환경운동, 모성보호를 국가가 부담하는 원칙의 새로운 가족문화 만들기; 둘째, 홀로 설수 있어야 함께 설 수 있다는 평등부부, 평등가족 운동의 원칙; 셋째, 이웃사촌이 대가족이 되는 다양한 형태의 가족생활 수용, 생산과 재생산을 함께 하는 총체적 공동체, 여성 생협 운동을 포함한 열린 가족을 위한 공동체 운동이다.

린가족·평등가족의 실현이 가능해지는 것이다.

4. 남겨진 과제들

이 교수의 학문적 영향력은 가족사회학 분야에 한정되었다기보다는 우리 사회 여성연구와 여성운동 전반에 막대한 영향을 준 것으로 평가되어야 한다. 그의 이론적 분석과 실천적 전략들을 밑그림으로 두고 한국가족 이론으로 발전시키기 위해 후학들이 해결해야 할 과제를 생각해 보고자 한다. 첫째는 여성·가족문제의 구조적 맥락에 대한 이론적 정교화의 과제이다. 가부장제의 보편성과 특수성에 관한 이 교수의 이론적 인식은 민족국가를 경계로 하는 여성들 간의 차이를 보여 준 점에서 보편적 여성을 상정하는 1960, 70년대 서구의 가족이론이나 페미니즘 논의와 차별화된다. 그러나 후기 근대사회에서 민족국가의 경계가 모호해질 뿐 아니라 한 민족국가 내에서도 여성들 간에 차이가 나타나고 있다. '여성'이라는 정체성은 단일하다기보다는 다중적이며 유동적이다. 여성들 긴의 차이와 다중적 정체성을 고려한다면 이 교수가 제시한 미시와 거시의 연결은 이론적으로나 실천적으로 쉽지 않다. 남북한 여성과 가족, 중산층 여성과 가족, 빈민층 여성과 가족, 또는 여성노동자와 이주여성노동자들이 처한 억압의 문제는 그들의 사회·경제적 위치와 이념적 지향의 차이를 고려한 본격적인 연구가 진행되어야만 이들이 같이 또 따로 해결해야 할 목표와 전략을 구체화할 수 있다.

둘째는 공동체적 삶의 방식을 미래의 대안으로 보고 있는 이 교수의 논의는 아직도 뿌리 깊은 가부장적 전통이 지속되는 한국사회에서 과

연 가능할 수 있는가? 만일 가능하다면, 이에 관한 구체적인 연구와 논의가 필요할 것으로 본다. 사교육의 열풍으로 나타나는 가족이기주의는 자신의 자녀만의 성공과 안락을 추구하며 이웃의 아이는 경쟁의 대상으로 보게 되고 빈곤층의 자녀들은 경쟁에서 탈락하게 된다. 한편 '기러기 아빠'로 나타나는 별거 가족의 증가는 전통적 가부장의 위치를 흔들고 있지만, 혈연가족의 번영이라는 측면에서 부계가족 원리와 맞닿아 있다. 온정주의적 가족주의를 혈연을 초월한 공동체 의식으로 발전시키기 위한 구체적 노력은 어떻게 해야 하는가? 가족주의의 공동체적 본질을 수용하되 혈연의식을 해체하고자 하는 노력이 오히려 혈연 중심의 가족이 지속시키게 될 위험은 없는가? 또는 한국인의 무의식과 정서, 또는 정체성을 구성해 온 혈연의식은 어떻게 해체할 수 있는가? 이러한 질문들을 구체화하는 후속 연구는 우리에게 남겨진 과제일 것이다.

마지막으로 여성들이 구조의 수동적 피해자가 아닌 가부장적 사회 재생산에 기여하는 행위자라는 점이다. 개인 여성은 자신이 처한 구조적 제약 안에서 전략과 협상을 구사함으로써 자신의 삶을 향상시키고자 하며 적극적 도전은 피하려는 경향이 있다. 이 교수가 비판하는 '맹목적 모성'이 그 예이다. 다른 예로 소비의 주체를 강조하는 매스컴과 상품광고의 영향으로 중산층 여성들이 자신들이 주체적 삶을 살고 있다는 허위의식을 갖게 됨을 볼 수 있다. 한편 호주제나 군 가산점제 폐지[7]에 대한 아들을 둔 어머니들의 저항은 어디에서 비롯되며, 이 어머니들을 호주제 폐지 운동에 주체로 참여하도록 하는 운동의 전략은 무엇인가? 가부장적 가족제도에 저항하는 젊은 여성들의 저출산 행위와

---

7) 호주제나 군가산점제 폐지는 이 글이 쓰여진 2000년대 초반에는 중요한 쟁점이었다.

만혼의 경향은 성형과 다이어트 열풍으로 나타나는 외모 가꾸기의 행위와 어떻게 공존할 수 있는가? 이러한 여성들을 주변이 배려하는 공동체 의식을 가지고 통일·평화 운동에 주체가 되도록 하는 방안을 구체화할 수 있는 이론적 탐구와 실천적 전략 모색이 후학들이 해야 할 과제일 것이다.

참고문헌

저서

이효재. 1963. 『한국농촌가족연구』. 서울: 서울대출판부.
_____. 1968. 『가족과 사회』. 서울: 민조사.
_____. 1971. 『도시인의 친족관계』. 서울: 한국연구원.
_____. 1976. 『한국 여성의 지위』(공저). 서울: 이대출판부.
_____. 1983. 『가족과 사회』. 서울: 경문사.
_____. 1985. 『분단시대의 사회학』. 서울: 한길사; 저자. 2021(재발간). 서울: 이화여자대학교 출판문화원.
_____. 1988. 『가족연구의 관점과 쟁점』(편저). 서울: 도서출판 까치.
_____. 1996a. 『한국의 여성운동—어제와 오늘』. 서울: 정우사.
_____. 2003. 『조선조 사회와 가족』. 서울: 한울아카데미.

논문

이효재. 1959. "서울시 가족의 사회학적 고찰." 『논총』. 이화여자대학교 한국문화연구원. 제1집.
_____. 1970. "도시주부생활에 관한 실태조사: 중류가정을 중심으로."(공동연구) 『논총』. 이화여자대학교 한국문화연구원. 제16집.
_____. 1973. "한국인의 아들에 대한 태도와 가족계획." 『논총』 제21집. 이화여대 한국문화연구원.
_____. 1974. "남녀 대학생의 가족계획에 대한 태도." 『논총』 제23집. 이화여대 한국문화연구원.
_____. 1975. "가외활동 여성의 출산행위 및 태도에 관한 연구."(공동연구) 『논총』 제25집.
_____. 1976. "여성능력 개발을 위한 여성학 과정 실시의 제안."(공동연구) 『논총』 제28집. 이화여대 한국문화연구원.
_____. 1977.3.31. "현대 가족사회학의 이론적 기본문제." 『효강 최문환 박사 추념논문집』. 효강 최문환선생 기념사업추진위원회.
_____. 1977. "여성과 사회구조." 『여성학신론』. 이화여대 여성연구소.
_____. 1979. "한국 저소득층 노인생활에 관한 사회, 경제 및 공간문제 연구."(공

동연구)『논총』제34집. 이화여대 한국문화연구원.

_____. 1988. "한국 노동자계급·가족의 생활실태."(공동연구)『한국사회학』제 22집 겨울호. 서울: 한국사회학회.

_____. 1990. "한국가부장제의 확립과 변형."『한국가족론』. 여성한국사회연구 회편. 서울: 도서출판 까치.

_____. 1994. "이데올로기와 가족."『현대가족과 사회』. 한국가족학회편.

_____. 1995. "한국사회의 민주화와 가족."『한국가족문화의 오늘과 내일』. 여 성한국사회연구회편.

_____. 1996b. "한국가부장제와 여성."『여성과 사회』제7호. 한국여성연구회 편. 서울: 창비사.

_____. 1999.10.2. "21세기 미래가족: 열린가족·평등한 가족을 위하여."「세기 전환기 여성운동과 여성이론」. 한국여성사회연구소 10주년기념 심포지 움에서 발표.

이효재·김주숙. 1972. "도시가족문제 및 지역적 협동에 관한 연구."『논총』제 20집. 이화여자대학교 한국문화연구원.

_____. 1977. "농촌지역사회 발전을 위한 여성의 역할."『논총』제30집. 이화여자대학교 한국문화연구원.

이효재·이동원. 1975. "가외활동 여성의 출산 행위 및 태도에 관한 연구."『논 총』제25집. 이화여자대학교 한국문화연구원.

이효재·정충량. 1969. "여성단체 활동에 관한 연구."『논총』제14집. 이화여자 대학교 한국문화연구원.

_____. 1970. "도시주부생활에 관한 실태조사: 중류가정을 중심으로." 『논총』제16집. 이화여자대학교 한국문화연구원.

_____. 1973. "일제하 여성노동자 취업실태와 노동운동에 관한 연구." 『논총』제22집. 이화여자대학교 한국문화연구원.

이효재·조형. 1976. "여성 경제활동 및 취업에 관한 연구: 1960-70의 추이." 『논총』제27집. 이화여자대학교 한국문화연구원.

기타

이재경. 2004. "한국 사회학에서 '여성' 연구의 성장과 도전: 1964~2002." 이 화여자대학교 한국문화연구원 편. 『사회학 연구 50년』. 서울: 도서출판 혜안.

이효재,
여성·사회운동가로서의 기여

김 정 수

평화를만드는여성회 상임대표

▌요약문

　여성·사회운동가로서 이효재의 기여를 서술하는 것은 커다란 도전이다. 논문이 아닌 수필 형식의 글이라 그래도 무거운 부담을 조금이라도 덜어 놓고 감히 적어 보았다. 이 글은 이효재의 수많은 글을 읽고 정리하지는 못했다. 이효재 평전이라 할 수 있는 박정희 작가의 『대한민국 여성 운동의 살아 있는 역사 이이효재』(박정희, 다산초당, 2019)에 가장 크게 빚졌음을 미리 밝히고 동시에 감사의 마음을 전한다. 이 평전은 이효재의 많은 글, 제자들과의 인터뷰, 무엇보다 이효재와의 인터뷰를 기반으로 하여 서술되었고, 필자의 작업은 여성운동, 평화운동의 경험을 통해 이효재의 여성운동, 사회운동, 평화통일운동에 대한 나름의 해석과 평가를 시도한 것이라 할 수 있다.

　여성운동가, 사회운동가는 홀로 존재하지 않는다. 이효재는 이른바 운동의 요소들이라 할 수 있는 여성·사회운동단체, 여성·사회운동가들, 여성·사회운동 의제를 자신의 생의 전 과정을 통해 만났고, 만들었고, 또 주도했다 할 수 있다. 그의 삶을 구성한 시대는 그가 태어나기 이전의 세대와는 전혀 다른 시대로 이른바 운동을 부르는 시대와 시간이었다. 일제 식민지의 독립운동, 한국전쟁 후 권위주의 독재와 산업화 시대의 민주화·인권운동, 여성운동, 분단극복을 위한 평화와 통일운동, 일본군 '위안부' 문제 해결을 위한 운동, 그리고 정년 후 지역에서 만난 작은도서관 운동까지, 이효재의 주변에는 운동이 가득했고, 이효재는 그 운동에 발을 들여 놓았다. 한 번도 자신의 앞으로 다가오는 운동을 그대로 지나치지 않았다.

이렇게 일생을 통해 필연적으로 등장하는 운동에 대해 이효재는 학문적 작업으로 대응하고 현장의 실천에 참여하며 또 관심 있는 이들, 헌신적인 이들, 그리고 머뭇거리는 이들을 변화의 주체로서 견인한 전략적인 운동가였다. 그의 비판사회학은 민주화운동의 참여로 나아갔고, 분단시대의 사회학은 여성평화운동의 이론적 기반을 제시하였으며 방향을 제안하였다. 그가 필생에 거쳐 수립한 가족사회학은 여성인권운동의 이론적 토대가 되었다. 그리하여, "오늘을 살아가는 여성 가운데 단 한명도 이이효재에게 빚지지 않는 사람이 없다."

이효재는 한편, 시대를 앞서간 인물이다. 그는 여성운동가, 여성단체가 필연적으로 직면해야 할 책무성, 특별히 정치권력과의 관계에 대해서도 이른바 정치적 중립성, 비정부성의 유지 혹은 견제에 대해서도 강조하여, 시민사회와 정부의 협력이나 거버넌스의 기준을 세웠다. 동시에 작은 도서관 운동을 통해, 미래세대에 대한 책임을 구체화하고, 지방균형발전의 의미를 실질적으로 실현하기도 했다.

이효재는 한국전쟁이 종식되어 평화통일이 이뤄지는 것을 생전에 경험하지는 못했다. 그러나 그는 1991년 분단 이후 최초의 민간교류라 할 수 있는 남북여성교류의 문을 여는 데 동참하여, 이 땅의 여성들이 한반도 평화 과정에 참여할 길을 마련하였다. 남북여성교류가 시작된 지 30년이 되는 2021년 올해 이효재와 이우정, 윤정옥 등 선배들의 기여는 그런 의미에서 더 특별하다. 그들이 연 길을 후배들은 계속 넓히고 확장하고 끝까지 걸어가기 바란다.

1. 이효재 선생님...

나에게 개인적 인연이 거의 없었던 이효재, 그는 선생님으로 불리는 것이 가장 적합하지 않을까. 내 주변의 여성운동가들은 그분을 늘 이효재 선생님이라 불렀다.

내가 기독교여성평화연구원 기여평에서 1989년 6월에 일을 시작했을 때, 이효재 선생님은 기여평의 이사 중 한 분이었다. 기여평을 세운 김윤옥 원장도 '이효재 선생님'이라 불렀다. 이효재 선생님이 세우셨던 '여성사회교육원'의 부원장이었던 김희은 선생님도 늘 '이효재 선생님'에 대해 이야기했다. 그래서인지 이효재 선생님은 나에게도 선생님이었다. 여성운동을 통해 만난 이들이 가장 편안하게 부를 수 있는 '선생님'. 이효재는 여성운동가들에게 선생님이었다.

이효재 선생님이 기여평 시절 이사님이었지만, 자주 뵌 적은 없다. 오히려 나는 이효재 선생님을 『분단시대의 사회학』 책을 통해 더 많이 접할 수 있었다. 분단시대의 가부장적 권위주의에 대한 분석을 읽고 이 분석틀을 분단한국의 가부장적 군사주로 적용하여 분석하는 글을 쓰는 과정을 통해 나는 이효재 선생님의 영향 아래 놓이게 되었다.

이효재 선생님께서 돌아가시고 제자분들이 추모집을 발간 계획을 하면서, 나에게 "이효재, 여성·사회운동가로서 기여" 부분을 집필해 달라고 요청하셨다. 내가? 과연 이효재 선생님의 기여를 제대로 잘 정리할 수 있을까? 그런 생각으로 원고 집필을 덜컥 수락한 자신을 한참 원망했다.

그러나, 이효재 선생님에 대한 글들을 읽으면서, 여성평화운동가로 살아온 자신을 들여다 보게 되었다. 아, 이효재 선생님은 이렇게 생각하고 실천하셨구나... 이효재 선생님의 실천과 운동의 어떤 지점들을 읽어내고 그것이 나에게, 우리에게 어떤 의미를 주는지 생각해 보고 싶었다. 나아가 앞으로 활동할 이들에게도 조금이라도 전달하는 것이

이 글을 쓰게 된 이의 과제가 아닐까 생각되었다.

그렇다면, 여성평화운동가로 살아온 내가 여성·사회운동가로서의 이효재의 기여에 대해 기록할 부분은 무엇이 있을까? 학자였던 이효재가 어떻게 여성·사회운동에 기여하고 종국에는 여성·사회·평화·통일운동가로 자리매김 될 수 있었는가? 이효재는 여성운동단체에 참여했는데, 그것은 그의 학문적 성과와 어떻게 연결되는가? 이효재의 제자들은 어떤 이들이고 그들은 이효재의 운동에 어떻게 영향을 미쳤고, 어떻게 연관되는가? 이효재가 만난 사람들의 현실이나 문제 상황을 통해 어떻게 운동으로 전환시켰는가? 이러한 질문들을 가지고 운동가 이효재를 만나 보려 한다.

2. 이효재는 학자인 동시에 운동가였다

"부조리한 세상, 특히 여성들에게 억압적인 한국사회의 해법을 찾기 위한 노력이 그녀의 학문이었다. 그 길에서 이효재는 수많은 동지들을 만났고 그들의 연대와 사랑이 그녀의 삶을 풍요롭게 하였다"(박성희, 2019: 150).

"이효재에 있어서 학문과 실천은 한 몸이었다"(강인순, 2016: 21). 이효재는 학자였던 동시에 운동가였다. 어떤 정체성이 먼저일까? 물론 학자로 평생을 살아오셨기 때문에, 운동가보다는 학자로서의 이효재의 성취와 업적에 대해 논하는 것이 마땅할 것이다. 그러나 다른 한편, 그가 이 땅의 여성들의 권리 향상, 사회문제 해결을 위한 관심과 실천, 조직화된 여성운동에 참여했던 것을 고려한다면, 그는 운동가였다. 그러므로 우리는 학문과 운동으로 분리할 수 없었던 두 영역 속의 탁월한, 독보적 존재로서 이효재라 부를 수 있다. 어쩌면 무엇이 먼저 였는지 질문하는 것이 불필요할 정도이니 말이다.

그의 삶을 구성한 시대는 그가 태어나기 이전의 세대와는 전혀 다른 시대로 이른바 운동을 부르는 시대와 시간이었다. 일제 식민지의 독립운동, 한국전쟁 후 권위주의 독재와 산업화 시대의 민주화·인권운동, 여성운동, 분단극복을 위한 평화와 통일운동, 일본군 '위안부' 문제 해결을 위한 운동, 그리고 정년 후 지역에서 만난 작은도서관 운동까지, 이효재의 주변에는 운동이 가득했고, 이효재는 그 운동에 발을 들여놓았다. 한 번도 자신의 앞으로 다가오는 운동을 그대로 지나치지 않았다.

이렇게 일생을 통해 필연적으로 등장하는 운동에 대해 이효재는 학문적 작업으로 대응하고 현장의 실천에 대응하고 또 관심은 있으나 주저하는 이들을 변화의 주체로서 견인하였다. 그의 비판사회학은 민주화운동의 참여로 나아갔고, 분단시대의 사회학은 분단극복을 위한 여성평화운동의 이론적 기반을 제시하였고 방향을 제안하였다. 또 그가 필생에 거쳐 수립한 가족사회학은 여성인권운동의 이론적 토대가 되었다.

3. 이효재의 주변은 운동가였다

학자이자 운동가였던 이효재의 삶의 기원은 어떠했을까? 이효재의 주변은 운동가였다, 라고 말하는 것이 적절하지 않을까...

이효재의 아버지 이약신 목사는 독립운동에 직접 참여는 하지 않았지만, 신사참배를 거부하고 만주로 피신을 갈 정도로 철저한 신앙인이었다. 그의 고모 이시애 역시 3.1운동 이후 만주로 건너가 신흥군관학교 간호장교로 일했고, 귀국해서는 독립운동과 사회봉사에 매진했다. 고모 이시애의 기독교 신앙, 민족의식, 여성의식은 이효재에게 큰 영향을 미친 것으로 알려져 있다.

이효재의 제자들은 한국의 여성운동을 연 장본인들이다. 의식있는 교수 이효재 주변으로 질문을 품은 제자들이 몰려왔고, 선생님은 그들이 학생운동을 하며 어려움을 당할 때 물심양면으로 지지하고 공적 활동을 할 수 있도록 지원했다. 그의 여성학 세례를 받은 제자들은 1990년대와 2000년대 남녀평등 실현을 위해 기여한 여성운동가, 여성학자, 여성정치인들로 성장했다. 또한 선생님과 제자들이 모두 여성운동가로, 여성단체 설립자이자 멤버로 동료로 발전했다. 또 해방 후 입학한 이화여대에서 만난 친구 윤정옥을 일본군 '위안부'문제 해결을 위한 선구적 운동가로 참여하도록 이끌었다.

이렇게 일생을 통해 이효재는 운동가들을 만났고, 운동가로 키워냈고, 또 함께 운동적 인식을 축적하였고 이를 통해 여성운동, 인권운동, 평화운동, 통일운동으로 나아갈 수 있었다.

4. 이효재는 사람들의 문제 의식을 사회 운동으로 전환시킨 전략가였다

1) 부모성(姓) 함께 쓰기 운동의 경우

박정희 작가가 쓴 『대한민국 여성운동의 살아 있는 역사 이이효재』 평전을 보면 이효재는 "사람들의 문제의식을 접하면서 적극적 운동으로 전환시켰다"는 것을 확인할 수 있다.

이효재는 "부모성 함께 쓰기 운동"을 처음으로 시작한 사람들에 속한다. 그는 1997년 3월 9일 3.8 세계여성의 날 기념 한국여성대회 선언문을 통해 부모성을 함께 쓸 것을 제안했다. 이것은 '지금껏 세상 어디에도 없던 아주 특별한 선언문'이었다(박정희, 2019: 18). 그 날부터 이효재는 스스로를 '이이' 효재로 부모성을 함께 붙여 자신의 이름으로 사용했다.

이 특별한 선언은 대표 선언자 이효재 외 170명이 함께 했는데, 이효재가 대표선언자로 나서게 된 데는 그의 제자이자 한의사인 고은광순의 경험, 즉 매우 특별한 것 같으나 사실은 보편적이면서도 감춰지고 말해지지 않던 경험에서 비롯된다. 한의사 고은광순은 자신에게 '아들 낳는 약'을 지어달라고 찾아온 여성들로 인해 난감해 하던 차, 전국 200명의 한의사를 상대로 한 설문조사를 통해 남아 선호 사상으로 인해 자행되는 여아 태아 살해의 현실을 접하게 되었다.

이효재를 비롯한 여성학자와 여성운동가들은 이 문제를 해결하기 위해서는 근본적으로 호주제 폐지가 이뤄지지 않으면 해결하기 어렵다는 결론에 도달한다. 이효재는 그가 참여하던 한국여성단체연합을 통해 호주제 폐지라는 거대한 과제를 풀기 위한 전략으로, 우선 남아 선호 고정관념을 깨뜨리기 위해 "부모성 함께 쓰기"를 제안하는 문화운동으로부터 시작한다. 1997년 2월에 한국여성단체연합에서 호주제에 대한 문제 제기 치원에서 개최한 "성비 불균형에 대한 토론회"에서 발표된 "부모성 함께 쓰기 제안" 글을 이효재가 접하게 되었는데, 이를 보고 남아 선호 고정 관념을 깨뜨리기 위해서는 사람들이 당연하게 생각하는 부계중심의 성姓씨만 쓰는 것에 대한 문제를 제기하는 운동을 펼침으로써 문화운동 차원에서 이를 전개하는 제안을 하게 된 것이다.

그의 제안으로 3.8 여성대회에서 공론화하기로 정하고 이에 동의하는 사람들을 모아 발표함으로써 여론의 관심을 이끄는 데 성공하고, 호주제에 대한 관심이 높아진다. 이에 1999년 5월 한국여성단체연합에서 전국 50개 단체들과 연대하여 "호주제 폐지 운동 본부"를 발족시키고 다양한 캠페인을 전개하게 된 것이다.

이렇게 이효재의 제안으로 문화운동 방식으로 우회적으로 시작한 호주제 폐지 운동은 2005년 3월 2일 국회에서 호주제 폐지를 주요 내용으로 하는 민법 개정안이 국회 본회의를 통과함으로써 거의 20년에 걸친 운동의 성과를 얻게 되었다. 할아버지, 아버지, 아들, 손자 순서로 부계로만 호주를 승계하는 이 법은 일제 강점기에 도입되어 정작 일본에서는 1947년 폐지되었지만, 한국에서는 거의 60년이나 지나 폐지된 것이다.

2) 일본군 '위안부' 문제 해결 운동의 경우

식민지 조선 여성이 경험한 가장 참혹한 전시 성폭력은 바로 아직도 그 정의로운 해결의 길을 찾지 못하는 일본군 '위안부' 문제다. 일본군 '위안부' 문제는 너무 오래 묻혀지고 감춰진 여성의 고통 그 자체라 할 수 있다.

이효재가 일본군 '위안부' 문제 혹은 정신대 문제에 대해 처음부터 관심이 있었던 것은 아니었다. 오히려 그것은 이효재가 해방 후 입학한 이화여대에서 만난 친구 윤정옥 교수의 평생의 과제였다. 윤정옥은 해방이 되고 나서도 정신대라는 이름으로 끌려간 여성들이 돌아오지 못하는 데 대한 질문과 이 문제를 파헤쳐야한다는 책임감으로 1980년 겨울 이후 방학 때 마다 자비를 들여 오키나와와 홋카이도, 태국, 미얀마, 파푸아 뉴기니 등지를 방문하여 그들의 생사를 찾고 그들이 겪은 참혹한 실상을 우리 사회에 알리는 작업을 했다.

윤정옥이 파헤친 정신대의 실상을 여성인권 운동으로, 더 나아가 세계적 여성인권 운동으로 전환시키는 데 바로 이효재의 역할이 결정적으로 중요했다. 일본군 '위안부' 문제 해결을 위한 이효재의 움직임은 하나의 이슈나 의제를 어떻게 사회적 관심으로 공론화시키고 또 이를 국제적 의제로 만들어 세계여성운동의 과제로 만들었는지 들여다 볼 수 있는 하나의 모범 사례처럼 보이기도 한다.

윤정옥이 파악한 정신대에 대한 기록을 『한국일보』에 연재1981년해도 사람들을 별 관심을 보이지 않았는데, 이효재는 자신이 평화통일위원으로 활동하던 한국교회여성연합회에서 주최하는 국제세미나에서 윤정옥이 그동안 조사해온 정신대문제에 대해 발표할 것을 권유했다. 이효재는 "기생관광은 현대판 정신대"(박정희, 2019: 18)라고 하며 친구 윤정옥을 설득했다.

이렇게 이효재는 윤정옥을 교회여성연합회에 소개하여 1988년 2월 보름 동안 윤정옥, 김신실, 김혜원이 오키나와, 규슈, 홋카이도, 도쿄, 사이타마현까지 정신대의 발자취를 찾아 나서게 되었고, 이 조사 내용을 1988년 4월 한국교회여성연합회가 제주도에서 개최한 국제 세미나에서 윤정옥이 발표하게 된 것이다.

일본군 성노예문제가 거론된 최초의 공식적인 국제세미나는 10개국에서 130여명이 참석했는데, 윤정옥의 보고는 충격과 놀라움 그 자체였다. 세미나 이후 교회여성연합회 내에 정신대연구위원회가 설치되었고 윤정옥은 『한겨레신문』에 "정신대 원혼 서린 발자취 취재기"를 연재하여 사회적으로 커다란 반향을 일으켰다.

이렇게 윤정옥의 정신대 연구를 한국교회여성연합회에 연결시킨 것은 일본군 성노예 문제를 해결해 나가는 운동의 출발점이 되었다. 국내적으로는 1991년 11월 16일 한국정신대 문제 대책협의회가 설립되어 37개 여성운동단체가 참여하였고, 이효재는 윤정옥, 조화순과 함께 공동대표로 참여하여 본격적 운동으로 발전시키게 된다.

아울러 일본군 '위안부' 문제를 국제화시키는 데 역시 이효재의 역할이 컸다. 정신대로 끌려간 조선여성의 숫자가 20만 명으로 추산되고, 1991년 한국교회여성연합회의 "정신대 신고 전화" 개설 이후 일본군 피해자로 239명의 할머니가 정부에 등록하고, 일본정부의 무성의한 태도에 항의하기 위한 수요집회가 1992년 1월 8일부터 시작되어 매주 진행되었지만, 여전히 일본정부의 완강한 태도로 문제 해결에 어려움이 지속되었다.

이효재는 1992년 2월 개인 일정으로 미국에 방문할 일이 있었는데, 그는 뉴욕에서 유학 중인 제자 신혜수를 만나 그의 지도교수 샬론 번치 교수의 소개로 유엔여성위원회를 찾아갈 수 있었다. 여기서 이효재는 이 문제는 유엔인권위원회에 호소해야 한다는 것을 알게 되어 1992년 8월 신혜수, 정진성, 황금주 할머니와 제네바에서 열린 유엔인권위원회에 참석하는 데 이른다.

할머니들의 증언, 신혜수의 국제운동화, 정진성의 연구, 정대협의 수요시위를 통해 일본군 '위안부' 문제는 국제여성인권 의제로 전환될 수 있었다. 개인적 책임감 혹은 학문의 영역에 머무르던 윤정옥, 신혜수, 정진성을 정대협 운동에 참여시켰고, 이 운동을 통해 정신대 할머니들은 침묵의 피해자에서 생존자로, 또 여성인권운동가로 변모할 수 있었다. 애벌레가 찬란하게 빛나는 나비로 탈바꿈하듯 할머니들은 평화나비로, 평화운동가로 전환되고, 한국의 정대협 운동은 세계여성인권운동의 주요 의제의 하나로 확산되었다.

이효재가 이 과정에 담당했던 역할을 보노라면, 그는 매우 전략적으로 사고하는 것을 확인하게 된다. 학자였지만, 그는 개별적인 관심이나 실존적 문제를 사회적 요구 demand와 국제적 주창 advocacy으로 전환시키는 탁월함을 발휘했다.

일본군 '위안부' 문제는 인도 人道에 반한 죄 Crime against Humanity라 규정된 전시 성폭력의 원형으로, 1990년대 유고연방이나 아프리카의 민족분쟁과 인종분쟁에서 자행된 분쟁하 성폭력 문제의 심각성에 대한 인식을 확산시키는 매개 역할을 하여, 2000년 유엔안보리에서 '여성, 평화, 안보에 관한 결의안 1325호'가 채택되는 데까지 영향을 미쳤다. 이로써 일본군 '위안부' 문제의 국제화 노력은 분쟁하 성폭력을 예방하고 피해자를 보호하는 여성인권운동이 국제평화와 안보의 중요한 의제로 확장되는 데 기여하였고, 그 출발점에 이 문제를 한일관계를 넘어 국제적 차원에서 해결을 모색한 이효재의 집요한 노력, 동료와 제자들에 대한 지지, 할머니들의 각성과 여성들의 연대하는 임파워먼트가 있었다.

5. 이효재는 여성단체를 통해 여성운동에 참여했다

이효재가 학자로서 학회에 참여하여 회장이나 대표를 맡는 것 외에도 그가 참여했던 여성운동·사회운동단체들은 매우 많고 다양하다. 어쩌면 그는 참여했던 운동단체들을 통해 이효재라는 그 이름이 지니는 의미를 더 확실하게 우리 사회에 각인시켰는지도 모르겠다.

그는 1983년 민주화운동에 참여하는 여성지식인들의 모임인 '여성평우회' 창설에 앞장섰다. 1984년에는 제자들과 '여성한국사회연구회'

를 창립했다. 1987년 여성평우회가 '여성민우회'로 개편될 때 제자들과 함께 주도적 역할을 하고 초대회장으로 선임되면서 본격적인 여성운동가로 활동하게 된다(정수복, 2020: 43). 같은 해 이우정, 조화순과 함께 '한국여성단체연합' 여성연합을 창립했다. 1990년에는 여성연합의 회장이 되어 진보적 여성단체 활동을 조직화하여 여성인권 증진과 양성평등 확대, 가부장제의 근거가 되는 호주제 폐지 등 가족법 개정운동, 한반도 평화정착을 위한 여성평화운동을 적극적으로 이끌었다. 또 1991년에는 '한국정신대대책협의회' 정대협의 공동대표가 되어 일본군 '위안부' 문제를 사회적 의제로 만들었다.

1992년 이효재는 동료, 제자들과 함께 '일본군 위안부 문제 해결 아시아 연대회의'를 구성하여 이를 통해 일본군 위안부 문제를 유엔인권위원회, 여성차별위원회 등의 국제기구를 통해 민족의 문제를 넘어 '전쟁과 여성 인권'이라는 세계적 의미를 갖는 보편적 의제로 만들었다. 또 1990년 이화여대 정년 퇴임 후 풀뿌리 여성들의 리더십 양성을 위해 '여성사회교육원'을 창립해 여성운동의 지역화와 대중화를 위한 여성교육에 힘썼다. 1994년 서울을 떠나 고향 진해로 내려가 지역 수준의 여성운동, 자원봉사활동, 진해 어린이들을 위한 '기적의 도서관' 설립운동을 전개했다. 그 외에도 많은 여성단체 활동에 참여했다.

그렇다면, 이효재는 어떻게 여성운동의 전개와 함께 자연스럽게 여성단체를 창립하고 초대회장이나 공동대표로 참여한 것일까? 흥미로운 것은 이효재가 이미 1960년대 후반부터 여성단체에 대해 관심을 가지고 조사연구를 진행했다는 것이다.

1966년 초 이효재는 3개월 동안 이스라엘을 방문하여 여러 형태의 공동체와 그곳 여성들을 만났다. 국가통합이라는 과제를 지녔던 이스라엘, 이효재는 서유럽에서 평등사상의 세례를 받은 여성개척자들이 남성들과 함께 조국 재건을 위해 민족적 과제를 평등하게 분담하는 것을 보았다. 그는 또한 도시에서는 협동조합과 노동조합이 서로 협력하여 사회경제적 민주화를 이끌어 가는 것을, 정착민들의 협동촌에서는 완벽한 노후의 사회보장이 이뤄지는 것을 확인했다. 여기서 그는 또한 사회 제도가 여성들을 위하여 해결해야 할 과제는 여성들이 가정생활과 직업 생활을 조화롭게 양립시킬 수 있게 하는 것임을 깨달았다.

한국에 돌아온 이효재는 당시 한국사회의 한국사회 여성단체들의 성격, 교육프로그램, 조직상황 차원에서 연구하여 여성단체들의 역할과 교육에 대한 새로운 방향을 모색했다. 1969년 당시의 조사를 통해 이효재는 여성단체가 유명인사들 중심의 친목활동, 정부에 인정받기 위한 활동 중심으로 이뤄지는 것을 확인하였고, 여성단체로서의 위상을 거의 유일하게 지니고 있던 한국YWCA연합회 총회에 강사로 초대되어 '지역사회 개발과 여성의 사회 참여 방향'에 대한 의견을 피력했다.

이렇게, 이효재의 여성단체에 대한 관심과 인식은 1970년대 이전부터 형성되었던 것으로 1970년대 민주화운동, 인권운동, 1980년대의 반독재 투쟁 속에 축적된 여성운동 역량과 함께 여성들이 주체적으로 평등과 발전을 위한 집단적 노력으로서 여성운동단체를 창립했을 때 특별히 함께 고민하고 지혜를 모으고 민주화, 인권 운동에 참여했던 제자들과 함께 여성운동단체를 창립하고 선배로서, 어른으로서 그 역할을 감당했던 것이다.

이효재는 1980년대 중반 독재정권에 저항하는 민주화 운동이 강화되는 과정에서 여성운동단체가 민주적으로 운영되어야 한다고 주장했다.

"민족사적 의식에서 앞으로의 여성운동의 단체조직에 있어서나 활동의 과제에 있어서 새롭고 활기 있는 방법을 창조하며 개발해야 할 것이다. 여성운동 단체는 민주적이어야 한다. 단체 활동의 민주성은 회원의 수가 많고 적음에 있지 않다. 한두 사람의 지배적 역량이나 재정적 후원에 달려있지 않다. 여성단체는 권력지향적인 지도자의 개인 출세를 위한 발판이 될 수 없다. 명실공히 회원에 의한, 회원을 위한, 회원의 단체들이 되어야 한다. 소수로서 조직될 수도 있으며 작은 집단들의 연합조직으로 구성될 수도 있다. 어디까지나 지도자 중심이 아닌 회원 중심의 조직이 되어야 한다. 우리의 정치가 앞으로 민주정치로 발전하여 우리 사회에 민주제도의 뿌리를 내리게 하는 데는 여성단체와 같은 모든 민간단체, 즉 시민단체와 이익집단들이 지배 권력에 의존하여 아부하는 어용단체의 고질성에서 탈피해야 한다. 권력의 개입을 거부하는 자율적 민간단체로 책임있는 조직 활동의 역량을 갖추어야 한다. 독립적이며 자치적 입장에서 압력단체의 역할을 하며 공명정대하게 협동할 수 있는 역량을 길러야 한다"(이이효재, 2021: 387-8).

이효재는 여성운동, 여성단체들의 정치적 중립성, 독립성, 자율성을 강조했다. 오늘날 여성단체를 비롯하여 시민단체들은 NGO 비정부기구로서 징치권력에 대한 감시와 동시에 성평등, 법치, 인권, 정의가 보장되는 법과 제도의 수립을 위해 정치권력과 협력하는 이른바 거버넌스 구축이라는 동시적 과제를 지닌다. 이효재는 무엇보다 권력의 개입을 거부하는 자율적이고 책임 있는 압력단체로서의 역할을 할 시민단체로서 여성단체의 역량강화를 주장했고, 이러한 주장은 여성단체가 NGO로서 오늘날에도 여전히 경청해야 할 원칙이기도 하다. 2000년대 들어 시민단체 출신으로 국회나 정부 등 정치권에 참여하는 사례가 증가하고 또 거버넌스의 이름으로 시민단체와 정치권의 협력이 양적·질적으로 증가되어 이효재가 이미 35년 전에 제시한 원칙을 오늘날 실천하는 것이 필요하기 때문이다.

6. 이효재는 시대의 흐름을 앞서 선취했다

이효재 인생의 마지막 운동은 진해 기적의 도서관 설립운동이라 해도 과언이 아니다. 그가 이화여대를 정년퇴직한 후 고향 진해에 내려와서 시작한 운동이 기적의 도서관 설립운동인데, 이 운동은 지역의 어린이들 뿐 아니라 학부모 특히 엄마들의 도서관 활동 참여를 통한 지역사회의 문화를 바꾸려는 노력의 일환이라 할 수 있다.

그는 진해시가 적극 후원하고 지역 인사들이 참여한 기적의 도서관 유치추진위원회 위원장을 맡아 적극적으로 활동한 결과 MBC의 '느낌표'와 책 읽는 문화재단이 전개한 기적의 도서관 설립을 진해에 유치하는 데 성공했다. 도서관이 설립된 후 이효재는 직접 도서관 운영위원장을 맡고 도서관이 개관된 후에는 매일 출근하여 자원봉사자 엄마들 교육, 아이들에게 도서 안내, 도서대여 등 요즘 말로 '열일'을 다 했다. 그러면서 아이들은 자연스럽게 이효재를 '할머니'라 부르기 시작했다. 그는 책 빌려주고 도와주는 도서관 할머니가 되었다.

이 운동의 의미와 가치, 성과를 날로 심화되어가는 수도권과 그 외 지역의 격차를 생각해 보면 확연히 이해할 수 있을 것이다. 역대 정부가 지방분권을 이야기하고 각종 선거에서 공약公約으로 내세웠지만, 그 결과는 공약空約으로 드러난 경우가 허다하다. 자조적인 표현으로 "벚꽃 피는 순서로 대학이 문을 닫는다."라는 말이 있을 정도이니 말이다.

이렇게 절망스런 현실을 생각하면, 이효재의 기적의 도서관 운동은 단순한 책읽기나 문화운동이 아니었다. 그것은 국가균형발전이라는 큰 틀에서 가장 구체적이고 실천적으로 지역의 사람들, 특별히 미래세대를 책임지는 학부모, 엄마들의 자발성, 지역인들의 참여를 통해 만들어 낸 성취와 성과, 그리고 지역의 성취이며 이런 사례들이 쌓일 때 지역의 주민들, 지역의 교육적·자율적 역량이 축적될 수 있는 바람직한 사례가 될 수 있다.

특별히 그는 지역의 아이들이 지역에서 터를 잡고 살아갈 수 있는 미래를 소망했다. 지역의 자부심을 살리고 지방문화를 살려야 그것이 가능하다고 보았고, 도서관을 통해 삶의 질을 높여 모두가 고루 기회의 평등을 기르는 보편적 가치를 나누고자 했다. 그런 의미에서 이효재가 기적의 도서관 활동을 통한 공공적 가치의 실천이 공공적 마음을 가진 사람으로 성장시킬 것이라는 말은 정말로, 너무나도 소중한, 우리가 꼭 새겨야 할 가르침이다.

> "이곳에서 자란 아이들이 이곳에 터를 잡고 살게 해줘야 합니다. 지역의 자부심을 느끼고 지방 문화를 살려야 애들이 서울로 탈출하겠다는 생각을 인 하지요. 삶의 질을 높여 모두가 고루 기회의 평등을 누리면서 사는 것, 책을 섬기고 나누는 심성을 기르는 일은 보편적 가치를 일러주는 일입니다. 인간에게 뿌리박힌 이기적인 생각을 쉽게 넘어서기는 어렵겠지만 공공의 이익과 혜택을 누린 세대는 저절로 사회를 위하는 공익적 마음이 길러질 것이라 믿습니다(박정희, 2019: 236).

참고문헌

강인순. 2016. "이효재와 분단시대의 사회학." 『한국사회학』 50집 4호.

박정희. 2019. 『대한민국 여성 운동이 살아 있는 역사 이이효재』. 파주: 다산
　　초당.

이이효재. 2021. 『분단시대의 사회학』. 서울: 이화여자대학교 출판문화원.

정수복. 2020. "이효재의 삶과 분단시대의 비판사회학." 한국여성연구원 학술
　　회의.

이효재 선생님의
아름다운 삶과 한가원

강 득 희

한국가족문화원 고문

┃ 요약문

이효재 선생님 이하 '선생님'이라 약칭의 삶의 발자취를 따라가다 보면 평생 중요한 두 가지 핵심 원칙을 잃지 않고 살아오신 흔적을 곳곳에서 발견하게 된다. 하나는 학문의 장과 실천의 장 모두에서 당신의 의지를 외부적 상황에 굴하지 않고 올곧게 지키고 펼치셨다는 점, 다른 하나는 연구 및 실천을 통합한 선생님의 삶에서 우리 함께라는 공동체를 향한 염원이 담겨져 있다는 것이다. 이 글은 한가원의 전신인 여성한국사회연구회가 창립된 1984년을 기점으로 이후 전개된 한가원사를 선생님의 활동과 연구, 개인사를 함께 포함하여 전개하고 있다.

첫째, 1984년 '여성한국사회연구회'가 창립된다. 여성한구사회연구회는 선생님의 가르침을 받들어 여성의 눈으로 한국사회를 연구하기 시작한다. 여성의 시각으로 분단시대 고착화를 극복하고 공동체를 지향하는 선생님의 학문적 관심과 실천 의지에 부응하여 함께 연구할 수 있는 공간을 제자들이 십시일반으로 마련하여 사제간 연구공동체로 출발한 것이다.

둘째, 여성학의 대두와 민주화 실천방식의 다양화로 인한 여성 및 가족

연구의 분화가 시작된다. 이 속에서 여성한국사회연구회는 선생님을 중심으로 가족의 의미, 가족공동체가 주체적 생활공동체로서 생명살림이 되어야 함을 지속적으로 연구한다. 보다 심도 있는 연구를 위해 1998년 '여성한국사회연구소'로 개칭한다.

셋째, 진해로 거처를 옮기신 선생님의 가족학 연구의 심화발전 필요성을 강조하신다. 이러한 선생님의 뜻을 받들어 여성한국사회연구소는 가족학 연구에 집중하기 위해 2003년 '한국가족문화원'으로 개칭하고, 같은 해 사단법인 인가를 받아 (사)한국가족문화원으로 확립된다.

넷째, (사)한국가족문화원은 사단법인화를 계기로 교육방식과 연구주제의 다변화를 모색한다. 사회과학과 문화예술의 융합이라는 새로운 교육방식을 시도하고, 다문화, 북한이탈주민, 북한 및 북한 가족, 통일 및 통일교육 등의 영역으로 연구주제가 확장되었다.

다섯째, 연구공동체 형성에 중요한 요소들인 안정된 공간마련, 연구업적과 활동에 대한 지속적인 기록들을 축적해가는 등의 작업은 회원들의 헌신적인 공동체의식의 발로가 아니었다면 불가능했다.

여섯째, 공동체를 향한 선생님의 개인적 염원을 사제 간 연구공동체로 실현한 (사)한국가족문화원의 의미를 찾아본다. 지금까지 한가원의 역사에서 그 맥을 이어온 창립세대의 뜻을 후배 연구자들이 이어가는 의미도 되새긴다.

1. 들어가며

이효재 선생님의 삶의 발자취를 따라가다 보면 평생 중요한 핵심 원칙을 잃지 않고 살아오신 흔적을 곳곳에서 발견하게 된다. (사)한국가족문화원과의 연관성 속에서도 예외는 아니시다. (사)한국가족문화원의 전신 여성한국사회연구회가 발족될 때 선생님께서 하신 말씀을 통해 알 수 있다.

이 연구회에서 활동을 하는 연구자들은 사회과학분야에서 배우고 가르치며 연구를 하는 여성들로서 이 시대의 사회발전을 위한 변혁의 요구에 부응하는 연구 활동의 뜻을 펴보려는 노력의 일환으로 같이 모였어요. 이 연구회의 구성원들은 이 분야의 전문 직업인으로 극히 한정된 소수 여성들이지만 모래알처럼 개별화된 상태를 극복하고 함께 힘을 모아 그 뜻을 펴보려는 것입니다. 개별화된 상태에서 전문직업인의 경쟁질서에 적응하며 개인적 업적을 성취하여 남보다 앞서가려는 개인주의적 연구풍토를 극복하려는 입장이라고 할 수 있겠습니다. 이것은 사회과학도로서, 또한 사회의 민주발전을 주도해가려는 의식을 가진 사람들로서 함께 배우고 연구하며, 연구활동의 새 지평을 열어 나가려는데 뜻을 둔 것입니다.

선생님은 평생 두 가지 원칙으로 사셨다. 하나는 개발시대에 소외된 이들이나 재조명되어야 할 사회적 이슈들을 위해 학문적이든 실천의 장이든 당신의 의지를 외부적 상황에 굴하지 않고 올곧게 펼치셨으며, 다른 하나는 연구든 실천이든 삶이든 우리 함께라는 공동체를 향한 염원을 지키셨다.

이 글은 (사)한국가족문화원의 전신인 여성한국사회연구회가 설립된 1984년을 기점으로 이후 전개된 (사)한국가족문화원사를 선생님의 활동과 연구, 개인사를 함께 포함하여 전개해 보고자 한다.

2. 1984년 여성한국사회연구회의 창립

1980년대 전반기는 광주민주화항쟁을 볼모로 쿠데타에 의해 집권한 군부정권이 한국사회를 무력으로 제압하는 암울한 시기였다. 당시 선생님은 그 역사의 소용돌이 속에서 대학 밖으로 내몰리실 수밖에 없는 상황에 처하셨다. 이에 사회적 이슈에 항상 올곧게 당당하게 참여하시는 선생님을 평소에 존경하며 따르는 제자들이 중심이 되어서 상대적으로 진보적 여성 독지가들의 십시일반의 협조를 받아 선생님의 연구 공간을 마련하였다.

이렇게 1984년 3월 3일 여성한국사회연구회가 창립된 것이다. 선생님이 초대 회장으로 취임하셨다. 여성한국사회연구회는 여성의 시각에서 한국사회를 다시 보자는 것이다. 그래서 분단시대의 모순을 파헤치고 공동체로의 염원을 지향하는 여성의 연구를 시작하였다.

이러한 여성한국사회연구회의 설립은 당시로서는 획기적인 일이었다. 전반적으로 가부장제적 요소가 여전히 남아있는 학계에서 여성들이 함께 공동으로 한국사회를 연구하는 여성한국사회연구회의 설립은 당시 주위를 놀라게 했다.

다음날 한국일보의 장명숙칼럼은 "굴레방학파를 기대하며…"라고 극찬을 했다. 우리 사회에서 스승과 제자들의 동인 연구기관을 설립, 더욱이 해직교수가 제자들의 모금으로 연구실을 가지게 된 것은 특기할만한 일이었다. 미국의 묵인 아래 군부구테타의 집권은 우리에게 분단을 극복하지 않으면 민주화는 공허하다는 현실을 뼈저리게 느끼게 하였던 시기에 선생님을 중심으로 우리 제자들이 모였다. 그때 1985년 선생님의 저서 '분단시대의 사회학'이 출판되었다. 선생님은 이 책에서

"이 분단시대에 살고 있는 우리 (민족)공동체의 요구에 절실하게 부응하며 연관성 있는 진정한 지식을 제공하는 사회학이 되기 위해서는 분단의 사실을 인식한 입장에서 이 분단이 우리 사회에 미치는 영향을 파악해야 한다."고 강조하신다.

한편 굴레방다리 인근 김정희소아과 2층 여성한국사회연구회 공간에 강단에서 강제로 내몰리셨던 해직교수들의 강연 자리도 만들었다. '정윤형경제학', '이명현철학', '정태현한서강독' 등의 명강의가 이어져 당시 상주하는 정보요원이 소아과 일층 로비에 앉아 여성한국사회연구회 출입 인사들을 감시하는 기현상도 벌어졌다.

그런 상황에서도 선생님의 주요 연구 관심사 중의 하나인 여성노동운동사 자료를 김숙연 연구원을 중심으로 1984년에서 1986년 말까지만 2년간 수집하였다. 이 작업은 해방 직후부터의 신문자료, 시사통신자료, 도서 등을 국회도서관 및 관련연구소를 방문해 복사하거나 필름을 연람하는 방법 등으로 이뤄졌다. 당시 수집한 원본이 분실된 채 몇 편의 논문에 기초자료로 활용되었을 뿐이라는 점에서 아쉬움이 남는다. 이 연구비는 한 독지가가 선생님께 개인적으로 기부하신 기금에서 사용된 것이다. 이 외에도 선생님의 공적 연구나 활동들이 많은 부분 개인적 부담으로 이뤄졌다.

학교 활동이 제약된 상황은 오히려 선생님에게 지금까지 열정적으로 연구해온 여성·가족문제를 실천적 사회운동에 적용하여 적극적으로 참여하시게 한 셈이다. 여성평우회, 여성민우회, 정신대문제대책협의회, 호주제 폐지운동에 직·간접적으로 관여하셨던 선생님이시기에 연관된 활동가들이 선생님을 방문하곤 하였다. 이러한 실천적 일로 사무실이 북적였던 분위기는 선생님이 이대 사회학과로 복직되시면서부터 달라지기 시작했다.

여성한국사회연구회는 본격적으로 국내에서 학위를 마치거나 외국에서 학위를 마치고 귀국한 제자들과 동료 내지 후배교수들이 여성한국사회연구회를 활성화시켰다. 그 결과 1988년『가족이론의 관점과 쟁점』, 1989년『소비에트여성은 말한다』두 권의 번역서가 출판되었다. 이와 때를 같이하여 1988년 4월 22일 '여성한국사회연구회소식' 제하의 뉴스레터 창간호가 발간되었다.

이어서 1990년대 정기 연구모임과 그 성과를 책으로 출판했던『한국가족론』을 필두로, 연구모임과 이를 체계적으로 정리하여 제1회 심포지엄 "자본주의 시장경제와 혼인"을 이화여자대학교에서 열었으며 이를 같은 제목의 책으로 출판되는 등 일련의 연구사업이 진행되었다. 이어 제2회 심포지엄 "한국가족의 부모 자녀관계", 제3회 심포지엄 "한국가족의 부부관계", 1995년 제4회 심포지엄 "한국가족문화의 오늘과 내일" 등으로 이어갔다. 정기연구모임–심포지엄–책 출판으로 이어진 매년 행사는 네 번째 심포지엄까지 진행되었다. 또한 외부 지원을 받아 프로젝트를 진행하고 연구보고서를 출판하는 등 소장파 학자들이 모여 소모임 연구와 책 출판으로 이어지는 연구활동도 열정적으로 지속되었다.

1993년 '여성, 가족, 한국사회' 소모임 연구를 바탕으로 출판된『여성과 한국사회』는 마침 당시 대학가에 여성학 개설 붐이 일어 재판을 거듭하여 1995년 출판된『가족과 한국사회』와 함께 스테디셀러로 자리 잡았다. 심포지엄 대신 1997년 연구 소모임들은 가족사, 노인, 여성운동사, 가족복지정책, 〈새로 쓰는 여성과 한국사회〉 발간팀 등으로 늘어난다. 이처럼 연구와 토론을 바탕으로 책을 계속 출판하여 여성한국사회연구회가 발간한 출판도서는 1999년 당시 16권에 달했다.

3. 1988년 여성한국사회연구소로 개명

여성한국사회연구회는 한국사회가 군부통제라는 과도기적 시대에 선생님과 함께 민주화에 대한 정치, 사회, 문화적 가치와 학문적 지향을 같이하는 여성들이 연구하는 단체로 출발하였다. 하지만 급격히 다원화되기 시작했던 사회변화 특히 여성학의 대두 속에서 회원들 사이에서 기존의 연구회의 방향과 대상, 방식 등에 있어 이견이 생기면서 입장의 분화가 일어나기 시작했다.

1989년 12월 여성한국사회연구회 뉴스레터 3호에 '한국가족연구의 과제: 가족사회학과 여성학의 대담'에서 가족학적 입장을 대변하는 선생님과 여성학적 입장을 대변하는 조형선생님의 대담 내용이 소개되었다. 두 학자 간에 연구과제가 일치하는 공통 과제가 있음에도 불구하고 이러한 분화 가능성을 예측할 수 있게 하는 대담이었다. 우선 두 분의 공통된 입장은 다음과 같다.

> 우리의 성장은 그동안 사회과학의 방향전환과 여성학의 대두 및 새로운 학술운동의 흐름에 자극받아 이론적 연구의 기반을 다지며 우리 사회를 연구하는 문제의식과 방향을 모색해온 것이 사실이다. ...중략... 더우기 엄격한 가부장제의 전통으로 공적 분야와 지적 역사知的 歷史에서 배제되어온 여성으로서 우리가 요구하는 사회변혁은 계급혁명이나 구조적 변화만으로 이룩될 수 없는 더 심층적인 분야에까지 미치지 않을 수 없다. 우리는 궁극적으로 인간해방을 갈망하는 것이다. 이것은 우리에게 있어서 분단을 극복하고 민족의 공동체를 진정한 민주사회를 창조하는 과정에 참여하는 것으로 시작되는 것이며 이것은 남녀 함께 참여하여 이룩해야 할 과제이다([여성한국사회연구회소식] 제3호, 1989년 12월: 3).

하지만 가족학적 관점과 여성학적 관점은 다음과 같은 입장차를 보였다.

가족학은 가족의 적극적·긍정적 측면을 인간의 본질로서의 공동체적 욕구의 충족으로 규정하면서, 모든 종류의 노동이 공동체적 삶을 영위하기 위한 생산적인 노동으로 규정되어야 한다고 보고, 핵가족화 사회에서의 가족의 자율성과 민주성 회복을 위해 적극적인 공동체적 이념에 비추어 현실 가족의 소가족 중심주의와 가족위기 등 왜곡상을 분석하고 그 원인을 밝혀야 한다고 보았다. 또한 생활공동체로서의 가족회복과 함께 여성의 자율성 성취를 위해 여성은 자본주의 유통구조의 노예로 부터 공동체적 삶의 주체, 주체적인 생활자로 변모해야 한다고 보았으며, 하나의 대안으로 핵가족적 울타리를 넘어서 여성이 주체가 되는 공동체로의 재생산 영역 확대를 제시했다. 이를 위해 인간화된 가족을 위한 생활자운동이 제안되었고 동시에, 이러한 대안들의 모색을 위해 사회주의 가족에 대한 관심이 요청된다([여성한국사회연구회소식] 제3호, 1989년 12월: 3).

여성학은 인간의 본질로시의 인간적인 공동체적 삶에 대해선 인식을 같이 했으나 그 단위가 현재 상태의 가족일 경우 단순한 재생산영역 확대가 여성의 예속적 위치를 타개하는데 과연 효과적일까에 대해서 약간의 의문점이 제기되었다. 따라서 가족연구의 관점 전환을 요구하여, 가족을 하나의 집합체가 아닌 성위계에 따라 분화된 단위로, 특히 여성은 단순한 가족구성원이 아닌 독특한 역할과 느낌을 지닌 개인으로 간주할 필요를 촉구한다. 동시에 여성을 항상 가족과 연결된 존재로서만 파악하지 않고 가족 외 역할까지 염두에 둠으로써 각 계급의 여성들이 가족의 안과 밖에서 처한 위치와 생활 경험을 탐구할 때만이 여성의 사회적 위치를 총체적 구조

속에서 파악할 수 있다『여성한국사회연구회소식』 제3호, 1989년 12월: 4)

그러면서 두 학자의 대담은 "이번 발표회에서 앞으로의 한국가족연구는 이 양자의 지속적인 대화가 있을 때 더욱 발전 되리라 보았다."는 결론을 내렸다. 이후 가족 및 여성연구는 발전적 분화과정을 거친다.

여성한국사회연구회는 연구에 더욱 집중하여 그간의 저서출간과 심포지엄 개최 등의 연구 성과를 바탕으로 1998년 여성한국사회연구회를 '여성한국사회연구소'로 이름을 바꾸어 발전시켰다. 여성한국사회연구소에서 이사장은 선생님이, 초대 소장은 공정자가 선임되었다. 그리고 다음해 1999년 "세계인의 해 기념 심포지엄: 여성노인의 삶과 복지" 주제로 제5회 심포지엄을 세종문화회관 별관에서 개최한다.

마침 김대중 정부가 들어서면서 제도나 정책적 민주화와 관련하여 여성과 가족에 대한 정부 및 지자체의 적극적 지원이 추진되었다. 서울시 비영리 민간단체로서 우리 여성한국사회연구소는 2000년 서울시 여성정책실의 보조금 지원을 받아 유아기 학부모를 위한 성평등교육, 대학생을 위한 성평등교육 등의 프로젝트를 진행한 것을 시작으로 매년 실천적 과제를 열정적으로 진행하였다. 『북한여성의 삶과 꿈』연구와 책 출판을 기반으로 2대 박민자 소장은 2002년 통일교육협의회 지원을 받아 "통일시대 대비 탈북가족 연구 및 토론회"를 개최하는 등 한반도 통일과 평화 지향 가족 프로젝트를 포함하여 연구와 실천의 양축을 균형감 있게 운영하기에 이르렀다.

선생님의 아름다운 삶과 연관하여 현재의 (사)한국가족문화원은 기록이라는 측면에서도 특기할 만한 역할을 지속적으로 담당해 오고 있다. 1988년 4월 22일에 창간호를 시작으로 "여성한국사회연구회소식"

으로 출발한 뉴스레터가 그 역사의 변화를 기록하여 왔고 현재까지 이어오고 있는 셈이다. 뉴스레터 "여성한국사회연구회소식" 이름으로 1991년 3월에 5호까지 발행하다 휴간되었으나, 1997년 제6호부터 "여사연 소식" 이라는 이름으로 변경하여 발행을 이어갔다. 그러다 2004년 제13호부터 "20년 전통의 여사연, (사)한가원 시대 도래"라는 제목하에 "한가원"으로 명칭을 바꾸고 컬러판으로 매년 발간되었으며 2018년 3월 현재 제27호가 발간되었다.

4. 2003년 (사)한국가족문화원으로 계승

1) 선생님의 가족학 연구심화 뜻을 이어 2003년 (사)한국가족문화원으로 발전

선생님이 서울에 계실 때에는 일 년에 두 번 생신날과 설 세배를 드리기 위해 여성한국사회연구소 회원들이 함께 선생님을 찾아뵈었다. 선생님이 진해로 내려가신 뒤에는 이사회와 총회가 끝나면 일 년 동안 연구소 살림살이 보고도 드리고 음력 설 세배도 드릴 겸 임원진들과 선생님을 뵙고 싶어 하는 일반회원들도 함께 진해로 내려가곤 하였다. 그때마다 선생님과 함께 펼쳐지는 대화는 서울에서의 활동 보고를 넘어 구체적이고 생생한 선생님의 진해 생활 이야기로 언제나 흥미진진하여 시간 가는 줄 모르곤 하였다. 선생님이 70년대 초반 이화여자대학교 '여성자원개발연구소' 시절에 화곡동 도시지역사회 공동체 프로그램에 관심을 갖고 진행하셨는데, 이를 당시 시대와 진해라는 지역에 맞게 다시 활성화 시키고 계신다는 생각이 들어 더 반가웠던 게 아닌가 싶었다. 그리고 마무리는 추천하실 책이나 특기할 만한 자료들을 공유해 주시는 다정다감하면서도 의연한 학자이신 노 스승을 뵙고 돌아오는 제자들의 마음은 언제나 존경심으로 뿌듯하기만 했다.

선생님은 진해로 내려오신 후 드러나지 않는 곳에서 여성과 가족, 아동·청소년에 관심을 가지며 지역사회 문제에 관심이 많았다. 기적의 도서관 설립 준비위원회 위원장을 맡아 설립을 적극적으로 도우시는 것으로 출발하여, 설립목적이나 운영방침에 관여하신 것을 보더라도 그러하다. 지역도서관을 거점으로 태어나면서부터 책과 함께 도서관에서 자랄 수 있는 성장환경 마련, 세대 간 연결이 자연스럽게 이어지는 도서관, 가정과 지역사회가 함께하는 한울타리 도서관 활동 등의 내용이 선생님의 지역공동체에 대한 염원의 일환이라고 느낄 수 있었다. 인간의 본질로서의 공동체적 욕구 충족을 위한 생활공동체로서의 가족 회복, 즉 가족공동체의 본질인 생명 살림과 돌봄을 지역사회로 확대하는 활동이라고 해도 과언이 아니다.

선생님이 진해에서 우리에게 다음과 같은 당부와 제안을 하셨다. 즉, 선생님은 우리 사회가 급격한 이혼율의 증가와 가족해체를 겪는 시대적 상황에서 가족학을 특화하여 여성이 가족 안의 독립적인 존재인 동시에 생명 돌봄과 생활공동체로서 가족 회복에 중요한 주체이기 때문에 이러한 여성 주체들이 가족공동체에서는 물론 그 너머 돌봄과 생명 살림이라는 본질적 요소들을 더 큰 공동체로 확대하는 연구와 실천이 우리 연구소가 발전적으로 변화하는 방향이 될 것이라는 제안을 하셨다. 그 자리에 함께 참석했던 임원진 및 운영위원들은 이구동성으로 시대변화에 적합한 선생님의 뜻을 받아들이기로 했다. 이렇듯 선생님은 시대를 앞서는 통찰적 비전을 제자들에게 제시해 주셨다.

이를 받아들여 보다 가족학 특화 발전을 위해 여성한국사회연구소는 2003년 '한국가족문화원'으로 개칭한다. 2003년 9월 27일 프레스센터에서 한국가족문화원 발족식을 개최한다. 장의순 이사장, 박민자 원장이 취임하고, 선생님은 명예이사장으로 추대되었다. 2003년 12월 31일 보건복지부 산하 사단법인으로 인가받으면서 가족학 연구와 실천에 집중하는 (사)한국가족문화원의 정체성이 확립된다.

2004년 5월 14일 스승의 날을 하루 앞두고 "(사)한국가족문화원 20주년기념 심포지엄 및 기념식"은 (사)한국가족문화원 시대 개막을 알리는 의미 있는 행사였다. 회원들은 물론 후배 연구자와 교수들, 가족사회학이나 가족법, 청소년 문제, 소비자문제 분야의 전문가 및 젊은 학자들을 포함하여 20여 명에 이르는 발표자와 토론자로 구성된 규모 있는 심포지엄이었다. 이어진 20주년 기념식에 참여한 선후배와 구회원들은 물론 관련 단체 인사들을 포함하여 50여 명이 참여한 성대한 기념행사였다.

선생님은 그보다 1년 전에 정년퇴직을 하시자 서울 집을 정리하고 진해로 거처를 옮기실 결단을 내리시면서 감사하게도 우리 여성한국사회연구소에 연구비를 주셨다. 당시 전세로 입주해 있던 마포 풍림오피스텔 사무실은 주인이 계약 시 여성한국사회연구소가 선생님과 제자들의 연구공간임을 알자 이후 이리저리 이사 다닐 필요 없이 배려해주어 사무실 공간이 안정되어 있었고, 책 판매 인세와 회원들의 왕성한 활동으로 재정적인 기반이 어느 정도 갖춰 있었다. 선생님이 주신 연구비는 당시 우리 회원들에게 금액 너머에 선생님의 제자들 연구와 활동에 대한 폭넓은 이해심과 동시에 세심한 배려의 마음이 느껴진 희사금으로 여겨져 큰 감동을 주었다. 선생님이 주신 기금은 정기적금을 들어 저축해 두었다가 나중에 사무실 마련할 때 쓰였다.

장의순 이사장을 중심으로 회원들이 한마음으로 기금모집에 힘을 쓴

결과 강남구 청담동에 15평 오피스텔 사무실을 매입하게 되었고 2005년 6월 18일 진해에서 올라오신 선생님을 모시고 현판식을 올린다.

2) 사단법인화 계기로 교육방식과 연구주제의 다양화

김대중 정부에 이어 노무현 정부의 국가정책과 제도 발전으로 전반적인 민주화가 이루어졌는데 여성과 가족 분야도 예외가 아니었다. 양성평등적 민주적 정책 등에 힘입어 진해에서 선생님이 기적의 도서관을 중심으로 진행하신 지역사회 활동도 탄력을 받는다. 한편 우리 한국가족문화원도 사단법인으로 공신력이 부여되어 기존의 서울시 여성정책과, 통일교육협의회 후원 이외에 2006년부터 행정자치부, 보건복지부 후에 여성가족부 등의 프로젝트 지원을 받아서 프로그램 후원기관의 다변화 양상을 보인다.

또한 강남구로 사무실을 옮긴 후에는 지역사회와 연계하여 2006년 강남구청 여성센터에서 주부대상 가족 강좌 '부부–나와 너, 우리'라는 제목으로 공동교육 프로그램을 실시했고, 2008년에는 강남구청 산하 초등학교와 중학교 학생을 대상으로 실시하는 청소년 직업문화체험 안보교실을 130회 진행하였다. 그뿐만 아니라 제주지부는 당시 서울 본원 원장 겸 제주지부 대표로 일하던 필자의 책임하에 지부를 포함한 전국단위 프로젝트를 행정자치부와 여성가족부의 지원을 받아 지역사회 연계 활동으로 2013년까지 서울과 제주에서 동시에 청소년, 학부모, 대학생, 주부 등 다양한 대상에게 교육을 진행해 나갔다.

우리 일상 속에서도 21세기의 새로운 시대를 맞아 (사)한국가족문화원은 시대에 맞는 교육방식을 과감히 도입하여 프로그램을 실천해 나갔다. 문화 예술, 특히 영상예술을 교육 도구로 활용하여 일방적 강의 중심의 이성적 가르침보다 감성이 함께 감동하며 체화되는 예술교육 방식을 적용하였다. 이른바 사회과학과 문화예술의 융합을 실천한 셈이다. 2004년 "중딩과 함께하는 그림 있는 성교육" 프로젝트는 청소년보호위원회가 후원하여 진행된 것인데, 예술작품인 그림들을 건강한 성교육에 활용한 사례가 된다. 이 프로그램은 다음 해인 2005년 서울시 여성발전기금 후원으로 이어져 "밝고 건강한 청소년의 힘으로 평등하고 민주적인 미래 만들기"에도 예술작품인 그림이 활용되었다. 2006년 행정자치부 후원 프로젝트인 "새로운 가족문화 확립을 위한 영상아카데미"는 영화를 활용하여 가족문화를 변화시키려는 교육방식이었는데, 이는 하나의 리딩엣지 방식이었다. 특히 책 서문에 영상물이 어떻게 비교문화적 소통방식으로 유용한지 가족 치유에 유용한지에 대한 필자의 이론적 소개도 포함된 의미 있는 작업이었기에 교재로 판매되기도 했다.

이러한 새로운 교육방식은 (사)한국가족문화원의 자체 문화활동인 문화예술을 통한 감성치유 프로그램으로 이어진다. 예컨대 서울의 예술의전당 아르코예술정보관에서 월1회 진행된 영상모임은 2007년 2월부터 시작하여 코로나 팬데믹으로 모임이 불가능하기 전까지 매년 11회 지속되었고, 경기도 양평군 문화체육센터에서 매달 열리던 양평영상모임은 2009년부터 2013년까지 개최되었다. 예술의전당 챔버실에서 매달 열리는 클래식음악 감상회는 2009년도 3월에 그림과 함께하는 클래식 감상회로 시작한 후, 클래식음악 감상 중심으로 전환하여 영상모임과 함께 코로나 사태 전까지 진행된 장수 프로그램이다. 같은 해에는 권희완 회원 주도로 '한가원 북클럽'도 생겨 1년여 독서모임이 진행되었고, 선정 도서가 수준이 높아 소수지만 열정적인 정예 회원들로 모임이 진행되었다.

우리나라의 기술산업발전, 경제 발전, 세계화의 확산과 동시에 노동계의 3D 직업 기피 현상, 아울러 젊은 여성들의 농촌 남성과의 결혼 기피 현상 등이 생기면서 동남아지역에서 노동 인력의 대거 유입과 결혼이민자의 급속한 증가 추세로 한국 사회에 다문화적 이슈가 사회통합과 관련하여 제기되기 시작했다.

이에 (사)한국가족문화원은 다문화가족의 문화적 갈등과 적응, 자녀 문제 등에 관심을 가지기 시작했다. 구체적으로 2012년 여성가족부 지원을 받아 다문화 인식개선을 위한 전국 프로그램으로 서울과 제주지부에서 "다문화가족 청소년 자녀를 위한 주말 아카데미"를 진행시켰다. 이어 2013년 서울과 제주지부에서 진행한 "다문화 인식개선과 감성 치유를 통한 청소년 자존감 리더십 키우기"를 기획하면서 연구팀들이 제기하며 함께 고민했던 이슈는 문화적 상호이해, 인식개선을 넘어 문화적 행동 변화를 시도해야 한다는 것인데 이는 결코 쉬운 일이 아니라는 점이다. 그래서 연구진은 이전에 실제로 몸이 체험한 기억을 교육방식에 활용한 현장 체험과 더불어 학부모와 자녀들의 각자 경험에 대한 스토리텔링과 자녀가 그린 그림을 보고 부모자녀 함께 스토리텔링을 하며 이해와 소통, 요가 명상 등의 프로그램을 통해 머리와 가슴과 몸^{행동}이 통합되도록 그동안 시도해 보았던 방식을 적용해 봤다. 그래서 우선 몸부터 풀고 다음 단계로 가슴을 열도록 하며 마지막 단계에 의식을 깨우는 인식 전환 방식으로 접근하는 프로그램을 진행하였다.

2014년에 "멘토와 함께하는 다문화 청소년 문화리더십 양성 프로그램"을 서울과 경기도 지역에서 진행하였다. 북한이탈주민 청소년과 다문화 청소년들이 문화예술적 관심과 자질을 향상시켜 '문화리더십'을 양성시킨다면 이들이 공부를 잘하지 않더라도 자존감을 높일 수 있다는 취지 아래 프로그램을 진행하였다. 클래식 음악을 듣고 지휘자와 대화를 하고, 연극을 보고 연출감독과 연극소감을 나누고, 방송국을 방문하여 PD와 대중매체에 대해 토론을 하는 등 문화예술 분야의 멘토와 북한이탈주민 및 다문화 청소년들이 멘토링을 받는 프로그램이었다.

또한 통일교육 분야도 연구영역으로 확장되었다. 2005년 대학생을 위한 통일교육 워크숍: '남북이 하나되기 위해 나는 지금 무엇을 하고 있나?', 2006년 '북한의 대학생활 이해하기 남북한 거리 좁히기', 2007년 주부들을 위한 통일교육 워크숍: '북한의 가족문화 이해와 남북한 거리 좁히기', 2008년 '통일시대를 대비한 청소년 평화통일문화체험', 2009년 일반사회인을 위한 통일교육워크숍, 2014년 대학생과 일반인을 위한 통일교육워크숍: '남북한가족의 어제와 오늘', 2015년 일반인을 위한 통일교육워크숍: '여성·통일·우리의 삶 워크샵' 프로그램 등을 수행했다.

이처럼 다문화, 북한이탈주민, 북한 및 북한 가족, 통일 및 통일교육 등의 영역으로 연구주제가 확장되고 연구방법이 다변화되었다.

3) 한가원의 연구활동과 기금모금행사 진행

앞서 언급한 것처럼 (사)한국가족문화원은 내 집 사무실도 마련했고 사단법인 승인으로 공신력 확보도 이루어져 정부나 지자체 후원기관의 지원을 받아 다양한 실천 프로그램을 안정적으로 진행하게 되었다.

그러나 연구 영역에서는 여성한국사회연구소 시절 다양한 연구모임과 저서 출판으로 이어져 오던 방식은 더 이상 가능하지 않았다. 그 원인은 사회적 변화, 연구소 활동의 의미 변화 등 여러 요인이 있지만 적극적으로 담당할 회원들이 점차 대학교수나 전문연구소 정규 연구원이나 전문직 직업을 갖게 되어 함께 모여 연구하고 토론하여 그 결과를 책으로 발간하는 기존방식은 쉽지 않았던 요인도 작용했다.

단지 매달 한 번씩 한가원포럼에서 만나 발표와 토론하는 것은 지속되었고 교수나 연구원 등 전문직 회원들도 가능한 한 참석하려고 했다. 이런 가운데 2007년 덕성여자대학교 사회학과와 공동주최로 창립 23주년 기념 심포지엄 "무엇이 가족을 행복하게 하는가"를 진행했다. 2009년에는 한국사회학회에서 "행복사회와 문화정책의 방향: 행복가족 확산을 위하여"라는 주제로 (사)한국가족문화원이 발표했다.

또한 (사)한국가족문화원은 2005년 『21세기 한국가족』을, 2009년에는 『새로 본 가족과 한국사회』 개정판을 출간하였다. 프로젝트 교재로는 2004년에 '중딩과 함께하는 그림 있는 성교육'을, 2005년에는 '밝고 건강한 청소년들의 힘으로 평등하고 민주적인 미래만들기', 2006년에 '새로운 가족문화 확립을 위한 영상 아카데미' 등을 출판하였다.

그런데 다양한 프로젝트에 필요한 연구비는 프로젝트 지원비에서 지출되지만 오피스텔 관리비와 사무국 직원의 인건비는 한가원 고정 운영비용이 필요했다. 장의순 이사장, 박민자 원장, 필자를 포함 운영위원들은 연말에 만찬과 음악회를 겸한 후원의 밤 행사를 치르기로 결정했다. 2005년 11월 17일에 "한가원의 밤" 첫 번째 행사 때 300장의 티켓을 모두 판매해서 치러진 후원의 밤 행사를 성황리에 치뤘던 것을 비롯하여 후원행사를 지속하여 자생력을 키워갔다.

4) 공동체를 향한 선생님의 개인적 염원을 이은 사제 간 연구공동체로서 한가원

2009년 6월 "합리적이고 양성평등적 혼례문화 모형개발 및 확산을 위한 영상아카데미" 사전 워크숍을 위해 (사)한국가족문화원 회원들과 선생님이 제주에 오신 날, 우리들과 함께 맨발로 함덕해수욕장 해변을 걸으시면서 그리도 기뻐하실 수가 없었다. "한가원이 벌써 사반세기 25주년이 되었구나. 게다가 이곳 제주에서 1회 졸업생 당신들도 여전히 함께..."라며 정말 감격스러워하셨다.

아마도 선생님은 제자들 중심으로 (사)한국가족문화원이 마련되어 스승과 제자 사이의 연구공동체가 생긴지 25년이 지나서도 여전히 한결같이 당신의 학문적 지향과 실천을 따르며 곁을 지켜온 1회 졸업생과 친숙한 제자들이 의식되시면서 그것도 생태적 환경이 수려하고 아름다운 제주에서 만나게 되니 어떤 뭉클함이 선생님을 감동케 하셨으리라 짐작이 갔다.

선생님 평생의 화두, 공동체! 한가원 임원진이 2013년 2월 매년 행사로 세배 드리러 진해 선생님 댁을 방문했을 때 반갑게 우리들을 맞이해주신 선생님은 평소 가지고 계신 역사의식과 통일에 관련한 이야기와 새로운 가족공동체에 대한 말씀을 들려 주셨다. 선생님 개인적인 노후에 대한 말씀은 직접 안 하셨지만 통일에 대한 염원이 남다르신 선생님께 필자가 삶의예술마을 교육공동체에 함께 모시고 있는 이남순 할머니에 대한 최근 근황을 알렸더니 특별히 관심을 가지시며 좋아하셨다. 필자가 그분의 '나는 이렇게 평화가 되었다: 북으로 간 아름다운 부자 이종만의 딸 이남순 영혼의 회고록'이라는 책을 2010년에 출판되자마자 선생님께 선물했다. 선생님은 남북분단의 가족사에 대한 이남순 할머니 글에 감명을 받으셨기에 그 책의 재판이 발행될 때 서문을 써주시기도 했다. 민족공동체가 이데올로기로 분단된 상태에서 몸으로 삶으로 아픔을 경험한 가족사의 생생한 기록에 선생님은 감동하셨기에 근황을 항상 궁금해 하셨다.

이남순 할머니가 돌아가시고 한 달여 지나 선생님은 제주를 방문하셨고 제주거주 제자들과 선생님을 존경하는 인사들이 환영하는 가운데 제주로 2013년 가을에 필자의 교육공동체에서 가까운 공기 맑고 경관이 아름다운 선흘리로 이사 오셨다.

마침 2014년 총회에서 창립세대 임원진이 후배교수들에게 운영을 이양하는 세대교체가 시작되어 김정선 원장과 박현선 부원장이 선임되었다. 이때 연례행사인 운영보고와 세배가 그 해 2월 제주 선흘리 선생님 댁 방문으로 자연스럽게 이루어졌다. 가까이 필자가 속해있던 삶의 예술마을 교육공동체 카페로 이동해서 두 권의 책『이것이 제주다』와 『나는 이렇게 평화가 되었다』를 추천해 주셨다. 특히 선생님의 평생 관심사이신 민족공동체와 연관하여 박현선교수와 통일과 북한에 대한 대화를 진지하게 나누시는 선생님과 제자의 상기된 모습을 2017년에 이사장으로 취임한 조성남교수가 사진으로 기록하였다. 필자 눈에는 40년의 스승과 제자들로 대물림되는 (사)한국가족문화원 사제간 연구공동체의 아름다운 모습으로 보였다. 2015년 2월에도 한가원 임원진이 제주로 세배를 드리러 내려왔을 때도 선생님은 여전히 정정하시고, 고령에도 학문하는 이로서의 정신과 얼을 올곧게 지키고 계신 모습을 보이셨다. 제주에서 선생님은 평생 최선을 다해 책임지고 살아오신 충만함으로 영혼이 평화롭고 안정된 행복한 노후를 만끽하고 계셨다.

매일 아침에 천부경을 외시며 명상을 하시고, 건강에 도움이 되는 간단한 운동을 꾸준히 하시는 자기관리를 끊임없이 하셨다. 하지만 선생님의 제주살이는 수양딸 희경님이 제주에 쉽게 적응하지 못해 2년여 만에 위기를 맞으셨다. 제주지역의 제자들이나 선생님을 존경하는 제주거주 인사들도 육지로 가지 못하시도록 극구 말렸으나 40년 넘게 함께 살며 당신께 헌신했던 수양딸이 제주에 적응을 못하니 안타깝게도 그렇게 좋아하시던 제주를 뒤로 하시고 수양딸을 위한 사랑으로 육지행을 결정하셨다.

진해로 이사를 가신 후 선생님이 실천적 활동을 함께 했던 제자들과 통일시대를 대비해 남북경계 지역인 경기북부지역에 생활공동체를 이루어 사실 가능성도 제자들을 중심으로 검토를 하였으나 이루어지지는 않았다.

5. 선생님과 한가원

한가원의 전신인 여성한국사회연구회 출범할 때 선생님이 천명하셨듯이 "사회과학도로 사회의 민주발전을 주도해가려는 의식을 가진 사람들로서 함께 배우고 연구하며, 연구활동의 새 지평을 열어 나가려는 데 뜻을 둔 한정된 소수 여성들이지만 개별화된 상태에서 전문직업인의 경쟁질서에 적응하며 개인적 업적을 성취하여 남보다 앞서가려는 개인주의적 연구풍토를 극복하려는 사람들" 입장을 지켜온 창립회원들은 "사제 간에 연구공동체"로 선생님의 염원을 드러내고자 노력하여 왔다. 우리 여성 제자들이 한국사회를 분석하고 공동체를 지향하는 작업을 쉼 없이 진행해 온 것이다.

가족공동체가 그렇듯이 물질적 기반은 공동체 생존을 위한 기반인

데 그 조성에 선생님과 창립 임원진과 회원들이 전적으로 기여했다. 여타의 다른 비영리단체들과 다른 점은 (사)한국가족문화원은 연구공동체 형성에 중요한 요소들인 안정된 공간마련, 연구업적과 활동에 대한 지속적인 기록들을 축적해 올 수 있었다. 이러한 연구공동체 틀의 마련은 헌신한 회원들의 공동체의식의 발로가 아니었다면 불가능했다.

그동안 한국사회의 급격한 변화 속에서 자연스럽게 창립회원들은 이미 연구, 저서출판, 실천 교육 등의 현장에서 모두 은퇴한 상태이므로 연구 업적이나 저서 출판이 미흡한 것은 무척 아쉽다. 그러나 이를 창립세대 임원진이 후배 연구진에게 운영을 이양하는 세대교체가 2014년에 시작되어 점차 바람직한 방향으로 나아가고 있다. 사제간의 연구공동체의 세대간 대물림이다. 그 대물림의 한 작업이 바로 '이효재선생님 1주기 추모집' 발간이다. 창립세대와 후배세대의 공동작업의 결과물이다.

선생님의 학문적 연구와 실천적 활동이 발전적으로 전개되기 위해서 (사)한국가족문화원이 그동안 사제 간 연구공동체로 현재 미흡한 부분을 보완하는 과제가 제기된다. 선생님의 가르침을 직접 받은 제자뿐 아니라 책으로 말씀으로 간접적으로 가르침을 받은 후배 연구자들까지 함께 연구공동체를 발전시켜가야 할 것이다. 선생님 삶에서 가장 염원하셨던 사제간 연구공동체 일원으로 (사)한국가족문화원에서 함께 대를 잇는 연구들이 이루어진다는 것의 의미는 참으로 중요하다. 이는 어디에서도 선례를 찾기 어려운 아름다운 "사제간 연구공동체"로의 도약이다.

| 참고문헌

(사)한국가족문화원. 2013. 『다문화인식개선과 감성치유를 통한 청소년 자존감
    과 리더쉽키우기』.
이효재. 1985. 『분단시대의 사회학』, 서울: 한길사.
(사)한국가족문화원. 2006. 『새로운 가족문화 확립을 위한 영상아카데미』.
여성한국사회연구회. 1989.6. 『여성한국사회소식』 제2호.
여성한국사회연구회. 1989.12. 『여성한국사회소식』 제3호.
(사)한국가족문화원. 2004. 『중딩과 함께하는 그림있는 성교육』.
(사)한국가족문화원. 2008. 『통일시대를 대비한 청소년 평화통일 문화체험』.
(사)한국가족문화원. 2005. 『평등하고 민주적인 미래 만들기』.
(사)한국가족문화원. 2005.11. 『한가원의 밤』.
(사)한국가족문화원. 『한가원』, 통권 제13호-27호.

2부

한반도 가족을 조망한다

한국 가부장제의 확립과 변형*

이 효 재

이화여자대학교 명예교수

그동안 우리 사회에서는 자본주의 성장에 따라 임금노동자 계층이 크게 증대하였다. 그리고 젊은층의 민주화 요구에 따라 혼인이 당사자들의 선택과 합의에 의해 결정되며 부모의 승락을 필요로 하지 않는 혼인법으로 개정되어 실시되고 있다. 이러한 사회구조적 및 이념적 변화는 가족관계 및 가족구조의 변화를 의미하며 농촌과 도시에서 핵가족이 지배적 형태로 나타난 데서 뒷받침되고 있다(공세권 외, 1987). 이것은 자본 중심의 경제성장을 뒷받침하는 정부의 지원정책들, 즉 이농을 촉진하는 저농산물가격정책, 저임금노동정책, 아파트 중심의 주택정책, 인구억제정책들에 의해 증진된 것이다. 이러한 정책들은 근본적으로 가족의 유지와 안정을 목표로 한 사회정책이기보다 개인을 단위로 한 것이므로 가족의 해체와 개인주의화를 조장하는 것이다. 더욱이 계급화에 따른 부의 편재와 빈부의 격차로 심화되는 노동자, 농민, 빈민계층의 가족문제를 방지하거나 가족기능을 보완하는 복지정책의 뒷

* 이효재, "한국 가부장제의 확립과 변경." 『한국가족론』, 여성한국사회연구회 편, 도서출판 까치, 1990.

받침이 없는 상태에서 가족에게 전통적인 복지적 기능을 기대하며 그 부담을 가중시켜왔다.

보수적 정권은 전근대적인 부계친족제도를 유지하면서 전통적 "미풍양속"의 이데올로기를 강화하여 가족의 유지와 안정을 사적 책임으로 내맡겨온 것이다. 이에 따라 핵가족은 모자가족, 노인가족, 독신가족, 부모 없는 10대 가장가족 등으로 해체당하거나 축소되는 경향이다. 이것은 사회적 재생산부문에서 개인적으로나 가족적으로 감당할 수 없는 많은 사회 문제들을 야기하고 있다. 즉 사회구조적 변화에 따른 민중생활의 문제들이 가족의 불안정과 위기를 초래하고 있음을 의미한다. 그리고 이것은 핵가족화에 따른 가족법의 개정, 복지정책의 수립과 적극적 실천, 가족관계의 민주화를 위한 교육과 문화운동의 필요성을 절감케 한다.

그동안 한국 가족연구는 농업구조의 변화와 농민가족의 이농에 따른 농촌가족의 인적 및 물적 기반의 변화 그리고 이로 인해 제기된 가족생활의 생산 및 재생산적 측면의 문제를 파악하고 제기하였다. 그리고 대체로 이 농민에 의해 구성된 도시빈민 및 노동자계층에 관한 연구들이 축적되기 시작하였다. 직업의 불안정과 저임금노동의 기반 위에서 살아가는 빈민가족과 노동자 가족의 노동력재생산을 위한 경제생활의 실태를 연구하여왔다. 더욱이 최저생활임금 수준에 미달하는 저임금소득으로 생활하는 빈민 노동자 가족의 생존전략에서 여성이 생산 및 재생산 노동자로서 역할하는 지위를 자본주의와 가부장제의 이중적 착취구조와의 관련에서 접근하는 비판적 연구가 축적되고 있다. 그리고 증대하는 생산직 및 사무직 노동계층에서 나타나는 맞벌이 부부 가족의 변화하는 부부관계 및 역할구조와 그로 인해 제기되는 가사노동과 자녀양육의 사회화의 문제에 대한 여성학적 인식과 접근방법의 연구가 시작되고 있다. 다른 한편 신중간계층의 핵가족이 남녀 역할분담에 기반한 부부 역할구조의 전형을 나타내어 사회노동에서 소외되고 가사노동만을 전담하는 여성의 문제 등을 극복하기 위한 남녀평등 및 가족관계의 민주화를 요구하는 경향이 높아가고 있다.

가족관계의 이러한 변화와 계층별 가족의 문제들은 여성을 차별하고 예속시키는 가부장제도와 생산노동자를 차별하고 특히 여성을 저임금노동자로 착취하는 계급구조에 의해 심화되어왔다. 따라서 가부장제의 개혁과 부의 재분배를 위한 사회정책 및 가족복지정책이 요구된다. 그러나 민주발전을 위한 가족관계의 변화는 제도 및 정책의 지원과 함께 가족생활의 차원에서 자발적인 실천적 노력이 뒤따라야 할 것이다. 우리의 내면화된 가부장제 의식과 성차별적 관행을 극복하기 위한 가족 및 집단조직으로서의 노력이 있어야 한다. 이것은 핵가족을 기반으로 한 부부 공동의 노력으로 이웃과 지역사회의 조직적 연대 속에서 새로운 가족관계와 공동체적 생활방향을 모색해야 할 것이다. 혼인과 핵가족의 안정과 유지가 여성의 희생을 강요한 가부장제를 극복하면서 평등과 협동에 의한 혼인과 부부관계의 기반으로 발전하기 위한 실천적 노력이 요구된다.

이러한 이 시대적 요구는 우리 가족이 변화해가야 할 미래 가족의 이념적 및 당위적 성격을 상정하게 한다. 이에 비추어 가족연구는 현실을 객관적으로 파악하려는 과학적 이론 및 문제인식의 차원에서뿐만이 아니라 가족의 기원이나 그 변화를 세계사적 차원에서 이해하며 설명하려는 거시적 연구들이 계속되어왔음을 알 수 있다.

이로써 나는 우리 가족의 성격과 변화를 역사적으로 거시적인 입장에서 이해해야 할 필요를 느낀다. 이것은 지금까지 소수학자들에 의해 이룩해 놓은 가족제도사 연구의 성과를 가죽고주 및 관계의 변화를 이해하고 설명하려는 입장에서 고찰해야 할 것이다. 그동안의 가족제도사 연구가 사회경제사 연구의 뒷받침 없이 친족제도 및 조직에만이 기반해온 데서 가족을 생산 및 재생산의 공동체적 단위로 파악하기에는 한계가 있다. 가족을 동거단위를 이루는 구성원의 혼인 및 혈연관계를 중심으로 그들을 재생산관계로 연대케 하여 유지, 존속시키는 친족제도의 성격을 주로 구명해온 것이다. 가족의 성격과 변화는 친족제도의 성격과 변화와의 관련에서 구성원의 인적 기반을 중심으로 파악되고 설명되는 것이다. 가족의 생산적 기능을 이해할 수 있는 경제적 기반의 연구가 배제된 상태에서 생활 공동체로서 재생산되는 총체적 구조와 기능을 파악할 수는 없다. 이것은 앞으로 사회경제사 연구가 축적됨에 따라 가족사 연구가 체계적으로 이루어질 수 있을 것을 기대해볼 수 있다.

가족을 친족제도와의 관련에서 파악하려는 접근방법에서 가족에 대한 인식과 개념이 먼저 설명되어야 할 것이다. 현재 우리 가족의 전형이 부부와 미성년 자녀로 구성된 핵가족 형태이며 주거를 함께 하고 자녀재생산 및 공동가계를 이루는 경제적 협력을 하는 사회집단으로 지배적인 형태이다. 이러한 가족은 아직도 호주상속을 목적으로 하는 부계친족제도의 법제적 규제를 받고 있지만 혼인과 가족관계에서 핵가족의 성격이 지배적이 되었다.

핵가족에 관한 정의와 그 보편성에 대한 주장은 일찍이 인류학자 머독에 의해 제기되었다.[1] 그의 핵가족의 보편성을 설명하는 이론은 이

---

1) George Murdock, *Social Structure*, New York: The Macmillan Co. 1949, pp. 1–11이 "The Universality of the Nuclear Family"라는 제목으로 Bell and Vogel, *A Modern Introduction in the Family*, Glencoe, Ill., The Free Press, 1960에 전개되었으며 이를 참고함.

미 알려진 바와 같이 엥겔스의 역사발전단계에 따른 가족기원의 설명이나 가족이 모계혈연가족에서 가부장제 가족으로 전이했다는 유물론적 설명을 부인하는 대립되는 입장으로 받아들여지고 있다. 머독의 이론은 가족의 다양성을 문화적 상이성으로 비교학적으로 설명할 뿐 가족의 역사적 변화나 그 변화를 설명하는 것은 아니다. 특히 그가 핵가족의 보편성을 기능적 측면에서 설명한 입장은 비체계적이며 임의적인 오류를 범할 뿐 아니라 성과 연령의 생물학적 자연성을 기반으로 핵가족의 보편성을 주장함으로써 가부장제 가족을 보편적인양 정당화하는 결과를 가져왔다. 이것은 여성학자들의 신랄한 비판의 대상이 되었다(Thorne, 1982). 이 이론의 이러한 한계와 문제점에도 불구하고 그가 핵가족을 인간사회의 가장 보편적인 자율적인 기본 집단으로 중요시하여 실증적 연구를 통해 기여한 점은 가족학의 고전적 업적으로 인정되고 있다. 더욱이 가족의 구성형태를 일부일처제에 기반한 핵가족으로 전제하여 이것을 모든 가족형태의 기본적 단위로서나 독자적 형태로서의 보편성을 주장한 입장이 가족연구에서 그 적합성이 인정되기 때문이다. 특히 현대사회에서 자본주의 진영이나 사회주의 진영에서의 가족정책이 일부일처제에 기반한 핵가족의 유지와 안정을 기본전제로 삼고 있는 점을 감안할 때 핵가족의 말살이나 무용론은 유토피아적이며 현실적으로 적합성이 희박하다.

머독의 핵가족개념을 우리의 친족제도와의 관련에서 수렴하고 적용하려는 나의 입장은 가족형태의 변화를 역사적으로 설명하는 데 유용하며 적용성이 있기 때문이다. 머독은 핵가족은 다른 형태와 비교될 수 있는 독자적 형태로서 뿐만 아니라 직계가족이나 복합가족을 구성하는 기본적 단위의 형태로서 제시하고 있다. 즉 그는 핵가족과 구별되는 두 가지 형태로서 일부다처제나 일처다부제 등의 복수 혼인에 의

한 복합형태가 있는 한편 친자관계의 혈연적 계승과 연장에 의한 직계 가족 형태가 있다는 것이다. 이 두 가지 확대가족은 일부일처에 기반한 핵가족이 기본 단위로서 이에 복합혼 형태로나 혈연의 연장으로 추가되어 확대되었다고 보는 입장이다. 핵가족 형태의 보편성은 이러한 두 측면을 포함하여 설명됨으로써 가족형태의 역사적 변화를 파악하는 데 적용될 수 있다.

우리 역사에서 핵가족이 어느 시대부터 주거단위로서 그 모습을 나타내었는지 알 수 없다. 고고학적 발굴에 기초한 것으로는 신석기시대에 원시 농경의 정착단계에서 나타났다고 한다.[2] 주거단위로서의 핵가족의 근거를 주거지의 사용면적에 기반하여 추측하였다. 그러나 핵가족이 생산과 재생산의 기능을 하는 공동체로서의 안정된 집단이었는지는 알 수 없다. 특히 원시적 생산기술에 기반한 생산력을 감안할 때 핵가족이 재생산 기반으로 독립된 집단을 형성할 수 있었을 것인지는 알 수 없다. 선사시대나 고대사회의 가족을 설명한 문헌이나 기타 자료가 없는 상태에서 핵가족을 단정할 수 없다. 다만 호구戶口의 기록으로 보존되는 호적에서 핵가족 형태가 나타나며 그 자료에 의한 연구가 고려시대의 가족과 친족제도의 연구를 실증할 수 있을 정도이다.

핵가족은 중세적인 봉건 농경사회의 지배계급의 가족을 구성하는 기본단위로서나 상민-천민신분층의 소농민가족의 지배적 형태로서 그 보편성이 인정될 수 있다고 생각한다. 다만 가족을 구성하는 혼인 생활의 형태나 가족구성의 혈연관계가 친족제도에 의해 규제 당함으로써 친족제도의 변화를 이해하는 입장에서 가족구성과 관계의 내적

2) 한 사람당 주거지 내의 사용면적에 따른 가족 수의 환산으로써 1쌍의 부모와 자녀들로 구성된 가족으로 추정하는 것임. 任孝宰 "신석기 문화," 「한국사연구입문」, 한국사연구회 편, 지식산업사, 1987, pp. 39-40 참고.

변화를 이해할 수 있을 것이다. 즉 친족제도가 부모 양계나 시가-처가의 관계를 동등하게 대우하며 양측적으로 관계를 맺고 조직을 이루는 양측적 제도에서, 적장자 중심의 가계계승과 이에 따른 위계질서의 부계친족제도로 변화한다면 가족구조와 혼인관계에서도 그 영향을 미쳐 가족원의 구성과 그 관계에 변화를 가져오게 되는 것이다. 이것은 고려시대의 복합가족이 조선조시대에 와서 직계가족으로 변하는 형태를 친족제도의 변화로서 설명할 수 있음을 의미한다.

조선조의 직계가족 형태가 비록 소수 지배신분층에 한정되었으며 대다수 소농민층이 핵가족의 형태를 유지했지만 혼인과 가족관계를 지배하는 이념과 생활관행이 부계친족제도에 의해 규제되었음을 부인할 수 없다. 현대적 핵가족 구성은 혼인과 가족의 혈연적 관계의 측면에서 전근대적 사회의 핵가족과 공통된 형태를 나타내고 있다. 그러나 민주적 이념의 지배나 남녀가 사회적 임노동에 참여하여 평등한 경제적 기반에서 혼인과 부부관계를 맺으며 가족을 창조하는 가족제도에 기반한 핵가족은 민주적 핵가족으로의 변화를 의미한다. 그리고 보면 핵가족은 어느 시대에서나 생산을 담당한 대다수 민중이 삶을 영위해온 공동체적 기본 단위로서 역사적 변화에도 불구하고 지속적으로 재생산, 유지되어온 것으로 보인다. 지배층의 이익에 따라 변화해온 친족제도로 인해 규제당하며 종속적으로 변화해온 것이다. 그런 데서 가족의 역사는 핵가족의 유지, 존속의 측면과 변화하는 측면을 동시에 지닌 역사인 것으로 생각된다.

이러한 역사인식에서 우리 가족의 성격과 변화를 친족제도와의 관련에서 고찰하려 한다. 더욱이 우리가 이 시대에 와서 물려받은 가부장제도의 성격이 확립되고 강화된 역사적 측면을 이해해야 하기 때문이다. 이것은 혼인과 가족을 민주화하려는 사회적 요청에 비추어 우리의 의식과 관념 그리고 생활관념을 강하게 규제해온 가부장제의 기반과 그 성격을 객관적으로 이해함으로써 극복이 가능하리라고 생각하기 때문이다.

1. 가족제도사 연구의 방법론

우리 가족제도에 관한 사회학적 및 역사적 연구는 이미 김두헌의 『조선가족제도연구』(1949)가 그 고전적 업적으로 인정되고 있다. 그는 이 책의 서두에서 자신의 연구의 관심을 다음과 같이 지적하였다. "가족의 구조와 기능에 관한 사회학적 이해를 주제로 삼아……대가족 형태의 전모를 역사적으로 구명"하려 하였고 "대가족제 붕괴과정과 아울러 현대적 개별 가족형태의 출현을 지적하기로 하였다"는 것이다. 그는 이렇게 한국의 가족을 대가족제에서 현대적 개별 가족^{핵가족}이 출현하기까지의 변화하는 역사를 제시하며 이것은 "혈연적 사회구조의 역사적 성격을 구명"하기 위한 것이라고 하였다. 그는 가족의 역사적 변화를 제시함에 있어서 기본적으로 국가가 형성되기 이전 소위 선사시대를 "원시적 모계씨족사회"로 단정하고 국가형성의 고대사회는 부계부권적 사회로의 전이를 전제하는 입장이다. 그에 의하면 "전설에 나타난 부분은 원시적 모계씨족사회의 편린을 남기고 있으나 기록의 역사에 나타난 부분은 부계적, 부권적인 것이다"라고 하였다(김두헌, 1949: 23).

이러한 전제에서 그는 한국의 역사적 발전단계를 "모계적 씨족제에서 부계적 씨족제로, 또 부계적 씨족제에서 가장적 가족제로 추정하기는 어렵지 않으리라"(김두헌, 1949: 24)고 하여 그의 가족제도사 접근의 방법론적 입장을 명시하였다. 그러한 인식은 그가 원시모계적 경향이 국가시대의 문헌상으로 나타난 기록들을 제시하면서 "그것은 오직 부계사회의 선행으로 추정된 모계사회의 잔재를 예상하는 계기가 될 뿐이다. 그것은 어디까지나 역사시대의 사회적 현실을 규정한 것이 아니요 오직 전설적인 원시적 모계형태를 예측하게 할 따름이다"(김두헌, 1949: 25)라고 한 데서 더욱 뚜렷하게 나타나고 있다. 그리고 그러한 모계사회의 잔재는 부계사회로 진화하는 과정의 과도적 현상으로 고구려의 처가살이의 한 혼인형태인 서옥제婿屋制를 통해서 나타나고 있다고 보았으며 서옥제는 원시적 모처제의 잔재라고 하였다(김두헌, 1949: 26). 그의 이러한 가족의 역사적 모간이나 엥겔스가 주장하는 원시모계설과 모계가 부계에 선행했다는 역사발전단계설을 기본적으로 수렴한 입장이다.

그러나 그의 가족제도사의 연구방법이 엥겔스의 유물사관적 분석방법을 그대로 적용한 입장은 아니다. 즉 경제적 생산양식과 생산관계에 기반한 사회경제사적 발전단계와의 관련에서 가족제도의 변화를 설명하지는 않는다.[3] 다만 모계씨족공동체가 지역적인 부족으로 발전하는 과정에서 계급적 분화를 이루며 따라서 부족국가가 형성되었다고 전제한다. 그리고 그 국가의 사회조직적 기반은 원시씨족이 "가장제적 종족" 집단으로 변모한 데서 종족국가宗族國家의 기반을 이루었다고 보며 따라서 삼국시대를 부계중심적 종족제가 확립된 단계로 단정하였다. 그의 이러한 주장의 근거는 가족제도에 관련한 극히 간헐적 사료로서 뒷받침될 뿐 고대사회의 가족제도와 가족구조를 체계 있게 실증

---

3) 사회경제적 발전단계와의 관련에서 가족제도의 변화를 설명하는 입장은 백남운, 「조선사회경제사」, 이성과 현실사, 1989; 한국역사연구회 편, 「한국사 강의」, 한울 아카데미, 1989 참고.

하거나 그것을 사회경제적 구조와의 관련에서 설명하는 것은 아니다.[4]

근년에 와서 우리 가족제도사 연구에서 획기적 기여를 한 최재석은 이러한 사회발전단계론의 입장을 거부하고 비판하며 문화인류학의 다원론을 전제하는 접근방법을 취하고 있다. 이 입장에서는 현존하는 미개사회로부터 나타난 현상을 근거로 모계사회에서 부계사회로의 변화를 고증할 수 없다는 것이다. 그는 "어느 단계에 있어서나 쌍계, 부계, 모계, 이중출계 등의 여러 종류의 출계가 그 비율의 다과多寡는 있다 할지라도 다같이 존재하고 있다"는 문화인류학자 회벨의 방법론을 수렴하고 있다(최재석, 1983: 90-92). 그는 고대사회 연구를 통하여 "가족에 관한 모든 기록은 이것을 종합하면 모계제의 존재를 증명하는 것이 아니고 부계가 우위에 선 비단계제非單系制의 존재를 뒷받침하는 기록이다"라고 주장한다. 부계제의 우위에 선 비단계제의 형태를 그는 다시 "한국 가족사에서의 서로 다른 두 원리"가 공존해온 것으로 설명하고 있다.[5] 서로 다른 두 원리를 그는 고대사회의 왕위계승을 포함한 가계계승 및 상속제도를 위시하여 양자제도, 혼인제도, 제사 및 상복제 그리고 친족조직상에서 부자간 계승의 원리와 모계-처계친을 통한 계승의 두 원리가 동시에 나타나고 있는 것으로 비단계적인 다원적 원리의 공존을 주장한다.[6] 두 개의 이질적 원리가 고대사회에서부터 조선조 전기까지 친족제도와 조직 그리고 가족 구성에서 나타나고 있음

---

4) 김두헌, 「조선 가족제도 연구」, 을유문화사, 1949, 제1장 "씨족" 참조.

5) 최재석, 「한국 고대사회사 방법론」, 일지사, 1987, 제10장 참조.

6) 최재석은 기존의 고대친족 연구들에서 시사하거나 주장한 씨족, 종족(宗族) 개념에 기반한 부계혈연의 친족집단이나 제도의 존재를 완강히 거부하는 입장이다. 성(姓)과 족(族)의 존재가 부계친족의 근거가 될 수 없음을 실증적으로 비판한다. 조선조에 나타난 족외혼적 부계종족집단은 고려시대에도 나타나지 않았음을 실증하려는 노력을 해왔다.

을 사료를 통해 입증하려는 노력을 해왔다. 그는 부계제도가 공적으로 법제화해가는 한편 비부계제 원리가 실제적으로 가족과 친족관계 및 관습의 차원에서 유지되고 있음을 마치 두 이질적 우너리가 공존하는 형태로 유형화하며 우리 사회에 고유한 것으로 설명한다. 그러나 두 이질적 원리가 어떠한 정치적 및 경제적 기반에서 성립될 수 있는지 또는 두 원리 사이에 어떠한 상호관련이 있는지에 관한 설명이 없다. 더욱이 두 원리의 공존상태에서 조선 중기 이후 엄격한 부계원리가 지배하는 부계직계 가족제도로 변한 사실에 대해 아무런 체계적 설명이 없다. "시대의 경과와 더불어 여러 가지 요인"에 기인한다고 언급할 뿐이며 국가신분제의 확립과 경제구조의 변화와의 관련에서 모계제의 약화나 부계제의 점진적인 발전을 인식하지 않고 있다.

최재석의 연구는 가족제도사의 변화를 혼인형태나 친족계승을 밝히는 출자율出自律에 집착함으로써 부계, 모계, 이중계 등의 원리로만 설명하는 미시적 방법의 한계를 나타내고 있다. 각 시대의 혼인규제나 친족조직의 지배적 원리가 그 시대의 특유한 친족조직의 유형을 전제하지 않고 부계, 모계, 처계 등의 관계를 기계적으로 추적하였다. 특히 신라시대의 왕위계승이 아들, 딸, 사위, 친손, 외손 등에 의해 부, 모, 처계인 다계적多系的 형태로 이루어졌다는 그의 설명에 대해서는 신라 골품제의 족내혼적 성격을 무시함으로써 발생한 오류를 범했다는 비판이 있다.[7] 신라의 혼인제도가 모계씨족제에 기반한 부족部族 내

7) (1) 김재붕은 "신라 골품제는 철저한 족내혼제였다"(『역사춘추』 1988년 4월호)에서 최재석의 신라시대 골품제 특히 왕위계승을 비단계제로 설명하는 입장을 비판하고 있다. 최재석이 신라의 왕위를 계승할 자격을 소유한 자는 왕의 아들, 딸, 사위, 친손, 외손 등의 5종류라고 지적한 데 대해 기계적이며 신라 특유의 혼인제도를 무시한 분석방법이라는 것이다. 김재붕은 신라의 혼인제도는 족내혼이며 모계사회를 나타내는 데서 왕위계승의 계보가 오히려 모계를 통해 설명될 수 있

혼의 성격을 지녀 근친간의 혼인을 조장한 데서 혈연관계가 친손, 외손으로나 아들, 사위 등의 지위로 분명하게 구별할 수 없는 것이 특징이라는 것이다. 그럼으로써 왕위계승을 출자율의 원리로 따질 수 없다는 것이다.

최재석의 연구는 이러한 방법론적 한계와 오류에도 불구하고 그의 실증적 연구는 부계종족제가 고대사회서부터 확립되었다는 입장에 도전하며 그 주장을 반증하는 데 기여하였다. 그는 신라와 고려사회의 비부계적이며 모계적인 혼인, 가족 및 친족조직의 성격을 호구장적과 묘비명 등의 금석문을 포함한 다양한 사료를 발굴하여 분석한 기반 위에서 실증하고 있다. 가구의 구성형태, 결혼관계 및 친족관계가 부계중심적 종족제도가 아님을 실증하는 데 기여하였다. 그의 이러한 연구결과는 고려시대 가족 연구의 공백을 어느 정도 메울 수 있게 하였으며 이 시대의 사회사 연구를 촉진시켰다(허흥식, 1981; 노명식, 1987).

2. 고려시대의 양측적 친속제도와 가족

우리 사회사에서 가족이 언제부터 사회조직의 기본 단위로나 공동생활의 기본 집단으로 자리잡게 되었는지에 대해서는 충분한 연구와 합의된 입장이 없다. 원시씨족공동체를 전제한 입장에서는 고대국가

음을 제시하고 있다. 더욱이 근친적 족내혼으로서는 혈연관계가 양측적으로 연계하는 데서 친손, 외손의 구별이나 아들, 사위의 구별을 따질 수 없는 것이 신라 골품제의 특징이라는 것이다. 그는 사실 모계사회가 부계사회로 바뀐 후대에 와서 "박씨 왕 등극에 대한 정통성을 주장하기 위하여 만들어진 거창한 3성교호(三姓交互)의 대계(對系)였기 때문에 시조왕이 모계로서가 아니라 부계로 박씨 왕이 된 것으로 보인다"라고 강조한다.

사회 특히 신라의 사회조직의 기반을 혈연적 친족공동체로 설명해왔다. 고대사회사를 연구한 여러 사람들에 의해 원시모계씨족 또는 부계씨족 집단들이 부족적 정치조직의 기반이 되었으며 이로써 고대국가로 발전했다는 것이다. 김두헌은 이러한 인식 위에서 고구려, 백제, 신라를 종족宗族국가 사회로 단정하였다.[8] 그리고 이것은 중국 한족漢族의 종법宗法 영향을 받아 "삼국시대에서부터 장자상속제, 봉작채읍제封爵采邑制가 실시되고 중국의 상복제가 모방되었던……" 것이라고 한다. 이때는 당률唐律의 적용에 의했으며 고려 말기에는 「주자가례朱子家禮」의 수용으로 관혼상제의 예교禮敎가 더욱 강화되기 시작했다. 따라서 부계조상의 제사를 중심으로 한 종족제가 가부장제 가족이 이러한 친족조직의 기반 위에서 나타나게 되었음을 시사한다(김두헌, 1949: 102-3).

최재석은 이러한 선행 연구자들의 주장이 고증되지 않음을 지적하면서 금석문과 호적자료를 중심으로 씨족공동체의 선행이나 특히 종족이 친족조직으로 사회조직의 기반이 될 수 있음을 부인한다. 그는 "씨족집단 내지 단계혈연집단의 존재의 근거는 어디에도 없으며 이러한 주장을 내세우는 것은 조선 후기를 보는 눈으로 신라시대를 바라보았기 때문인 것"[9]이라고 하였다.

그는 신라의 가족이 몇 개 사례를 통해 중-소규모의 가구형태임을

8) 김두헌, 앞의 책, 제1장 "씨족," 제2장 "종족국가의 흥기" 참고.
9) (1) 최재석, 「한국 가족제도사 연구」, p. 55, 특히 제1편 제1장 참고.
   (2) 이우성, "고려시대의 가족," 「한국의 역사상」, 창비사, 1982에서 김철준의 신라 사회 편제와 관련된 친족집단을 7세대 친족공동체로, 고려시대의 동(同)고조친족집단으로 설명하는 주장이 입증되지 않음을 지적하고 비판한다. 더욱이 고려 개성부 호적자료를 기반으로 가구의 구성이 대체로 중, 소형태의 가족이며 분가 및 상속제의 성격이 분화된 가구를 뒷받침하며 부계친족집단으로의 편제를 설명할 수 없다는 것이다.

제시하고 있다. 즉 부부와 직계자녀를 중심으로 한 가족으로 대식구의 호구가 있기는 하지만 대체로는 3~6명으로 구성된 기본 가족으로 처부모와 동거하는 처가살이의 형태도 엿볼 수 있다는 것이다. 고려시대의 가족도 신라의 이러한 형태를 대체로 그대로 유지해온 것으로 그는 고려시대의 여러 호적자료를 분석하여 제시하였다.[10]

고려시대 가족구성의 원초적 단위는 일부일처에 기반한 부부와 미혼자녀로 구성된 핵가족이다. 그리고 이것이 호구단자상의 가장 일반화된 가구형태로 나타나고 있다. 그러나 호적상 동거하는 가구의 구성원 중 근친의 종류와 범위에서 부계친의 경우보다 처계 또는 여계친이 훨씬 많은 부분을 차지한다. 즉 남자호주의 백–숙부伯–叔父, 조카나 그의 친형제이기보다 호주의 자매나 처부모 또는 호주의 사위 등이 자주 나타난다. 가구구성에서 혼인한 남자형제의 가족이 동거하는 예는

---

10) 한국 가족구조의 형태를 분석하는 기본 사료는 호구단자 즉 호적이다. 최홍기는 한국의 친족제도 연구의 관심에서 호적제도사를 연구하였다. 그는 "호적의 개념은 시대와 함께 그 제도의 목적에 따라서 변천하고 있으나 당초에는 호구조사에 관한 행정적인 문서로서 발달"했다는 것이다. "호구조사의 기본적인 목적은……호(戶)와 구(口)를 대상으로 요부(徭賦)를 과징하기 위한 기초 자료를 얻는 데 있었으며 호적은 국가권력이 전세(田稅), 신공, 호역을 과징하기 위한 기초 자료를 얻는 목적에서 작성된 것이었다. 그런 데서 호적제도는 봉건적인 신분을 확인, 명시하기 위해서 세계(世系)를 추심하고 있으며, 이 세계추심의 범위는 곧 친족집단의 한 범위를 나타내는 것이다. 그리고 그 세계추심의 내용과 가족집단의 구성에서 또 친족집단의 친등화의 일면을 엿볼 수 있는 것"이다. (『한국 호적제도사 연구』, 서울대 출판부, 1975, pp. 1–3) 이러한 호적제도가 일본 식민지 지배하에서 1909년 민적법(民籍法)의 제정으로 그 목적과 제도적 성격에 변화를 가져왔다. 호적은 호구조사의 수단으로 즉 가구를 의미하기보다는 오히려 "가(家)"에서의 개인의 신분관계를 증명하는 공증문서가 되어 법의 영역에 속하게 되었다. 따라서 호적이 법적 가족을 의미하게 되었으며 분단시대에 와서 대한민국의 민법이 이 제도를 그대로 유지해오고 있다. 현재 가계를 함께 하는 주거단위로서의 가구는 주민등본으로 표시되며 가구조사의 수단이 된다. 행정의 대상인 가구와 가족관계 및 개인의 신분을 법적으로 규정하고 통제하는 가족 등의 이중질서로 되어 있다.

보이지 않는다. 이것은 아버지의 사망 후 형제들이 분가하여 별개 호적을 갖는 별적이재 別籍異財의 분가제도가 있었기 때문이다(이우성, 1982: 163). 아버지가 호주로 생존해 있는 경우에는 혼인한 아들과 그들의 배우자가 동거하기도 하며 큰아들의 부부와 함께 혼인한 딸의 부부가 동거한 경우도 나타난다. 그리고 홀로 된 아버지나 어머니는 딸의 부부와 동거하는 경향이 더 농후하다.

혼인관계는 일부일처제가 일반적이며 일부이처의 예도 나타난다.[11] 그러나 처와 첩으로 차별하거나 그들의 자녀를 적과 서로 구별하여 신분을 차별하지는 않는다. 따라서 혼인관계에서 여성이 예속적이기보다 동등한 지위를 나타내며 여성의 재혼이 자유로웠다. 그리고 남편 사망 후 호적상 호주의 지위를 차지하며 이것은 성장한 아들이 있는 경우에도 어머니로서 호주가 되었다. 이것은 혼인관습이 시집살이를 전제로 한 출가외인이 아니며 남편의 처가살이가 허용되는 모처제가 고대사회에서부터 지배적이었다는 것을 보여준다. 이 기반 위에서 홀로 된 부모들이 딸−사위와 동거하거나 혼인한 아들이 친어머니와 처부모와 함께 사는 예도 이해될 수 있는 것이다.

그리고 여성의 재혼이 자유로워 재혼한 여성은 그의 전 남편의 소생들을 데리고 재가한 남편의 가족과 함께 동거하며 한 가구를 이루기도 하였다. 허흥식은 고려시대 부부간의 윤리는 "일부일처제와 함께 재가 허락의 원칙이 밑받침된 것으로……생이별 이혼이란 부정 不貞 이외에 거의 없었다"(허흥식, 1981: 305)고 지적한다. 따라서 고려시대의 부덕

---

11) 왕족혼의 경우 일부다처의 경향이다. 일부다처의 경향은 엥겔스에 의하면 원시 군혼상태에서 일부일처제의 가부장제로 옮겨가는 과정에 나타나는 부분적 현상으로 보아 가부장제 확립과정의 한 혼인형태로서 특히 지배층의 혼인형태로 본다. 다원성을 주장하는 인류학에서는 혼인형태가 사회문화적 다양성에 의해 일부일처제, 일부다처제, 또는 일처다부제 등의 형태로 나타난다고 본다.

婦德은 조선시대와 달리 수절에 비중을 두기보다 자식의 보호와 가업의 유지에 중점을 둔 것이라고 하였다(허흥식, 1981: 304).

이와 같이 부부 사이의 지위나 아들-딸 사이의 지위에서 여성을 차별하고 예속시키는 부계중심적 윤리나 제도가 지배적이지 않았다. 가족을 구성하는 가구의 구성과 범위에서 단순한 부계제 또는 모계제의 출자율에 규제당하지 않는다. 더욱이 고려의 친족조직과 친족관계는 부계 아니면 모계로 보려는 단계적 원칙이나 모계에서 부계에로 이행한다는 한정된 틀 속에서만이 이해될 수 없는 친족조직의 원리가 있는 듯하다.

이것은 혼인제도에서 왕족 사이에서뿐만 아니라 일반적으로 근친혼 및 동성혼이 널리 실시되어온 것으로 보아 출자율에 기반한 가계계승이나 족외혼에 기반한 가계계승이나 족외혼에 기반한 친족조직의 형성이 불가능했음을 알 수 있다. 근친간 혼인을 금하는 법령이나 금혼하는 친척의 범위가 점차로 확대되는 법적 규제를 국가는 계속 펼쳐온 점에서 부계친족제도의 변화를 정책적으로 시도한 면을 엿볼 수 있다. 그러나 그것은 다른 한편 고려의 친족제도가 단순한 부계계승 중심으로 획립된 것이 아님을 의미한다.[12]

노명호는 고려시대 친족조직의 원리는 조상을 기준으로 그 혈연관계를 따지기보다 특정 개인인 자신을 기준으로 관계망을 다변적으로 형성한다고 설명하고 있다. "고려시대의 친족조직의 연구상황"에서 그는 종래의 모든 연구의 접근방식은 조상을 기준으로 한 출자율에 입각한 친족제도를 전제한 것이라고 지적하였다(노명호, 1987). 고려시대 가족과 친족은 신라 말기에서부터 고대적인 출계집단들이 분열되어 소

---

12) 최재석, 앞의 책, 제2편 제3장 참고.

규모화하거나 그 형태가 소멸되는 과정에서 변화한 형태로 나타났다는 것이다. 신라 중대中代까지는 "족장권族長權적인 권력의 존속과 함께 공동의 시조를 갖는 후예들이 동일 혈족으로서의 강한 유대의식을 가지며, 그 성원들에 대한 강한 구속력을 형성하고 있었다는 것이다. 즉 공동의 시조를 중심으로 한 혈연집단이 기능하였다"는 것이다(노명호, 1979: 309). 그러나 그러한 혈족집단이 동성同姓의 부계혈족집단은 아니다. 신라시대에도 처가살이의 혼속이 보편적이어서 부계 중심의 친족조직의 원리가 형성될 수 없었다고 본다. "나말여초羅末麗初 이후 고려시대에 이르면 부계집단은 물론 어떠한 형태나 어떠한 규모로도 출계집단 descent group의 기능을 뚜렷하게 반영하는 현상이 나타나지 않는 반면, 그 반대의 상황을 반영하는 현상들만이 발견된다"는 것이다(노명호, 1987: 181). 이우성은 고려시대의 친족조직이 부계적임을 실증한 연구는 없으며 촌락을 동성집단同姓集團으로 이해해서는 안된다는 것을 지적하고 있다. 그는 성씨집단으로서의 혈연공동체의 존재를 부인하고 있다(이우성, 1966).

노명호는 고려의 친족관계는 조상을 중심으로 한 출계집단과는 근본적으로 다른 양측적 친족 bilateral kindred 형태였다고 한다. 이것은 "어느 개인이 자신을 중심으로 혈연관계를 형성하는데 그 대상이 부계와 모계의 쌍계적인 것이거나 또는 어느 한쪽만을 선택할 수 있는 선계적 ambilineal인 것도 아니다"라는 것이다(노명호, 1979: 316). 그를 중심으로 자녀와 부모 관계로 이어지는 관계망에서 남과 여, 어느 쪽을 통해서 이어지든 관계없이 혈연관계가 존재하는 모든 계보상의 인물들과 다측적으로 확대될 수 있다.[13] 그는 이것이 고려시대의 16조 또

---

13) 노명호는 조선 후기와는 다른 친족조직이 촌락구성에 어떻게 반영되고 있었는가를 규명하기 위한 목적에서 현존하는 최고의 호적대장인 산음(山陰) 장적을

는 8조호구식 祖戶口式의 세계추심 世系推尋이 호주와 호주처를 동격으로 전제하여 그들 양가의 부모 그리고 그들의 양가 부모, 즉 조부모 그리고 증조부모 및 고조부모의 5대조까지의 계보를 각각 추심한 범위를 근친혈연 관계망에 포함시켰다는 것이다. 그리고 그뿐만 아니라 그 개인을 중심으로 음서 蔭敍의 혜택을 받을 수 있는 혈연관계망이 내외손들과 사위와 생질 甥姪의 범위로까지 방계, 직계의 친척비속 등이 남－녀계보를 따라 확대되었다.[14] 음서의 혜택을 받은 자손을 공신인 선조 先祖와의 관계에서 그 계보를 아래위로 따져보았을 때 아들에서 아들로만 이어지는 경우와 딸에서 딸로만 이어지는 계보가 있으며 그 중간에는 아들과 딸이 다양한 형태로 연계되는 여러 가지 계보를 보여주는 것이다(노명호, 1979: 315-317). 이러한 양측적 신속관계는 동성동본으로 이루어지는 부계혈연관계만으로는 이해될 수 없는 친속조직이다.

이러한 친속조직에서의 혈족관계의 친소 親疎의 질서는 항렬이나 세대간의 촌수로서 따지기보다 개인을 중심으로 하여 동심원적 同心圓的으로 구별되며 존재한다. 그러므로 한 개인이 귀속되는 친속집단은 여럿이 중복될 수 있으며 근친들 사이에서도 각 개인에 따라 그렇게 중첩되는 집단들이 서로 다를 수밖에 없다. 개인이 중심되는 친척관계는 양계적으로 연결되는 양측적 관계망으로 형성될 수 있는 집단이기 때문이다. 이러한 고려시대의 친속망은 17세기의 경상남도 산청군 산음

분석하였다. 산음은 경남 산청군(山淸郡)의 지역이다. 이 연구를 통해 친족관계가 다측적인 관계망으로 조직되었음을 실증적으로 제시하였다.

14) 양계적 계보추심의 친족관념이 공신과 고관들의 후손들에게 관직이나 영업전 (營業田)의 세습혜택을 보장하는 음서제(蔭敍制)에서 나타나고 있다. 음서의 혜택을 받은 탁음자(托蔭者)는 특정 개인의 내외손들과 사위, 남동생의 아들과 누이의 아들의 범위까지 포함된다. 김용선, 「고려 음서제도 연구」, 한국연구원, 1987. pp. 43-46.

山陰 지역 촌락의 호적대장을 통해 조선조 전기의 친속조직에까지 나타나고 있는 것이다. 고려시대의 혼인 및 부부관계가 남녀의 동격적 지위를 뒷받침하며 재산상속에서 나타난 자녀균분제가 이러한 양측적 친속관계 및 음서제도의 형태와도 일관된 원리를 지니는 것이다.

장례와 제사에 관한 가례에서 「주자가례」에 의한 가묘제 家廟制 와 장제 葬制 가 국가제도적으로 수용되어 나타났지만 일반적으로 실천단계에까지 이르지는 못하였다. 특히 불교의 지배로 상−제가 사원 寺院 을 중심으로 불교의식을 따른 데서 유교의 종족제 가례가 쉽사리 수용되지 않았다. 고려시대 가족관계 및 가정의례는 불교의 영향을 고려하지 않고는 이해하기 어려운 것이다. 노부모들은 출가승 出家僧 에 못지않게 사원을 중심으로 불교에 전념한 예가 많다. 자손이 있는 경우에도 출가하여 승려가 되며 재산을 사원에 투탁하여 죽음과 사후의 의례를 자손에게보다 절에 맡겼다. 운명을 절에서 한 경우 빈소 殯所 는 사원에 마련되었으며 장례는 불교식 화장법에 의해 이루어졌다. 기제사 忌祭祀 도 불교식 제례에 따랐다. 제사는 조선 초기까지도 자녀들이 "돌림차례 輪回奉祀"로서 실시하였다. 절에서 제례를 주관하고 자녀들이 이에 함께 참여하거나 그 비용을 담당하는데 차례를 돌려가면서 분담했을 것으로 이해되고 있다. 이것은 재산상속이 자녀균분제인 것과도 연관성이 있는 것이다(허흥식, 1981: 434-36).

고려시대의 친속제도와 가족은 이렇게 조선조의 부계혈통계승에 기반한 종족과 직계가족과는 차이가 있는 양측적 친속관계와 가족형태를 나타내고 있다. 남녀관계가 혼인과 가족에 있어서 동격적이며 여성을 혈통계승의 수단으로 예속화시키지 않았다. 가족이 핵가족을 원초적 단위로 하지만 처계나 모계친과의 동거 또는 혼인한 아들과 딸의 가족이 함께 동거하는 복합적 가족구성을 엿볼 수 있는 것이다.

그러나 이 시대의 친속조직의 성격과 가족형태가 우리 사회사의 발전과의 관련에서 어떤 위치에 있으며 무엇을 의미하는 것인지 이해되어야 할 것이다. 특히 이 시대에 그러한 가족제도 및 형태로의 변화가 조선조의 엄격한 부계친족제도와 적장자嫡長子 중심의 가계계승을 도모하는 직계가족으로 변천해가는 과정으로서의 역사적 설명이 요구되고 있다. 노명호는 "친족제도는 그 자체만으로서 존재한다기보다는 정치, 사회, 경제 각 부문의 형성원리의 중요한 부분으로 존재한다"는 것을 지적하면서 "친족제도의 실제를 이해하기 위해서는 각 부문에서의 기능을 밝혀야 한다"(노명호, 1987: 189)라고 하였다. 이는 기존의 친족제도 및 친족집단 연구의 한계를 지적한 것이다. 즉 역사적 연구가 사회경제적 구조와의 관련에서 친족제도의 성격과 기능을 파악하지 않고 미시적인 접근이었음을 시인한다. 앞으로의 가족사 연구는 고려시대 가족의 특수성이 어떻게 나말여초를 통해 부계제로 변화했는지를 사회경제사와의 관련에서 설명해야 하는 과제를 제기한다. 그리고 역사적 변화의 방향이 가부장제의 확립으로 나타난 데서 시대적 변화를 그 이전 시대와의 연속과 단절의 측면에서 밝혀야 할 것이다. 특히 원시모계제의 유제가 어떻게 약화되고 변화되어 왔는지 가족생활의 물적 기반이 되는 경제구조의 변화와의 관련에서 설명되어야 할 것이다. 비록 우리 사회사의 성격이 단계적으로 뚜렷하게 부각되지 않고 다양하게 혼합적으로 변화하는 형태이지만 그것이 우리의 고유한 특성이므로 정치사적, 경제사적 발전과의 관련에서 파악되고 설명되어야 할 것이다.

3. 부계친족제도의 확립과 가족의 변화

조선조 초기에 여성을 차별하는 부계친족제도에로의 제도적 개혁을 혼인규제, 상복제, 제사 및 재산상속세를 중심으로 먼저 고찰해보려 한다.

조선 초기의 혼인관행은 고려시대의 남귀여가男歸女家 또는 서류부가婿留婦家 등의 혼속이 대체로 존속되고 있었다. 이것은 사위가 처가 살이하는 장가드는 혼속이었다. 이것은 여성들이 시집살이하는 혼속과 대조되는 모처제 matri-local system 이다. 유교의 문화질서를 도입하여 사회개혁을 이루려는 신흥 사대부층은 이 혼속의 개혁을 위해 노력하였다. 이것은 일부일처제에 기반한 유교적 부처제夫妻制의 확립을 위해 고려 시대의 다처제多妻制를 극복하기 위해 처와 첩을 분별하는 처첩분별의 규정을 법제화하는 것과 관련되어 나타났다.

처첩의 지위상의 구별은 일찍이 고대사회에서부터 있었으며 고려시대에도 나타나고 있으나 지위상에 차별은 없었다. 따라서 자녀들에 대한 적서의 차별도 없었으며 혼인관계는 다처제의 형태를 띠었다(배경숙, 1988: 24-34; 박부옥, 1976a: 94-96).

조선조의 처첩분별의 규정은 정실正室 부인의 지위와 권리를 보호하며 자녀의 적서 구분을 엄격히 하려는 데서 처첩간의 신분차별을 제도화해 나갔다. 이것은 토지제도 개혁에 따른 공신과 관인층의 과전법科田法을 실시하는 데서 정처와 적자손의 구별이 요구되었기 때문이다. 남편이 사망한 후 생계가 어려운 처자에게 남편의 과전科田이나 공신전功臣田을 전수케 하는 데 정처와 적자손에 한정시켰다.[15]

---

15) 생계가 불가능한 적자녀(嫡子女)에게는 휼양전(恤養田), 수절하는 처에게는 수

처첩을 구분하는 기본 요건으로는 혼례상의 요건이 「주자가례」에 의한 육례六禮 또는 사례四禮[16]를 갖춘 혼인이어야 한다. 그 당시까지의 혼속은 당사자들 사이의 자유로운 접촉과 합의에 의한 것이었다. 이것을 배격하고 부모에 의해 주관되며 중매인을 통해 교섭을 해야 했다. 이것은 근친혼이나 동성간의 혼인을 금하기 위한 것이었다(박용옥, 1976b: 44-47). 특히 혼례에서 남귀여가의 혼속을 「주자가례」에 의한 친영 親迎의 의례[17]로 바꾸기 위한 노력이 조정에서 오랫동안 지속되었다. 처가살이 혼속에서 시집살이 혼례로 개혁해야 한다는 주장이 개국 초기 정도전 鄭道傳에 의해 제기되었다. 그리고 실행을 권장하는 정책은 세종대에 시작되었다. 그러나 명종대에 이르기까지 별로 실시되지 않아 구혼속과의 절충안으로 삼일대반 三日對飯이라는 반친영 半親迎의 의례가 제도화되었다. 이것은 혼례를 처가에서 거행한 다음 3일간을 신랑이 처가에 머문 후 신부를 데리고 시집으로 가서 시부모에게 예를 드리며 시집살이를 시작하는 절차이다(김두헌, 1949: 492-93). 고대사회부터의 고유한 모처제의 혼속에서 엄격한 부처제 patri-local system로 개혁하려는 과정에서 많은 저항에 부딪친 것이다. 이 과정에서 절충형내가 배태되있으며 부계제기 확립됨으로써 결과적으로 여성들의 시집살이로 변화해온 것이다.

부계친족제도에로의 변화는 또한 상제 喪制에서 나타나고 있다. 상

신전(守信田)으로 전급되었다. 박용옥, "조선 태종조 처첩분변고(妻妾分辨考)," 「한국사연구」14, 1976, pp. 94-96.

16) 4례는 의혼, 납채, 납폐, 친영(議婚, 納采, 納幣, 親迎)임. 6례는 납채, 문명, 납길, 납징, 청기, 친영(納采, 問名, 納吉, 納徵, 請期, 親迎)임.

17) 친영의례는 신랑이 아버지의 명을 받아 신부집에 가서 몸소 내자를 그 부모에게서 받아 바로 자기 집으로 데려오는 것이다. 그리고 신랑 신부는 시부모에게 예를 드리며 이로써 시집살이가 시작된다.

제의 의례는 고려시대에 이미 도입되었다. 지배권력은 중국 종족제의 도입 과정에서 상례喪禮에 관한 오복제五服制를 고려 초기에 먼저 국가적 예제禮制로 선포하였다. 고려 성종대에 오복제를 제정하여 그 실시를 공포하였으나 고려말까지는 적장자 계승으로 이어지는 제자상속제 및 유교적 제례가 제정되지 않았다. 최재석은 이 오복제의 규정은 당唐의 것을 모방한 것이며 고려의 실제적인 관습을 반영한 것이 아니라고 본다(최재석, 1983: 250). 사실상 불교의례가 일반적이며 유교식의 상복제가 행해질 수 있는 사회적 기반이 갖추어져 있지 않은 상태였기 때문이다.

그럼에도 불구하고 고려의 지배층은 오복제를 제정하는 과정에서 처부모와 외조부모에 대한 규정에서 중국의 예제를 그대로 받아들이기보다 고려의 현실제도를 반영하였다. 이것은 상복제가 부계 중심 종족제에서는 처부모와 외조부모를 차별한 데서 친조부모보다 차등을 둔 것인데 고려 오복제는 그 차별을 두지 않았다. 그러나 조선조 성종대에 와서 완성된 「경국대전」의 상복제는 고려 오복제를 전승하면서 처부모와 외조부모에 대한 규정에서 친조부모와 현격하게 차별하는 방향으로 차등을 두었다.[18]

---

18) 오복제란 참최(斬衰), 자최(齊衰), 대공(大功), 소공(小功), 시마(緦麻)의 5등급으로 나누어지므로 오복제라 한다. 이것은 사실 관리들에 대한 기복급가(忌服給假: 상중에 휴가를 주는 일)를 규정한 것에 불과하다. 고려시대는 대체로 엄격한 복상제도는 없었는데 말기에 이르러 1391년(공양왕 3년) 대명률(大明律)의 제도를 본따서 복제를 재정하였으며 이것이 대체로 조선조의 상복제로 이어져 내려왔다. 참최는 제복을 굵고 거친 삼베로 지어 꿰매지 않으며, 자최는 아래를 꿰매어 솔피를 만든 것이고, 그 이하는 차차로 고운 베를 사용하여 지은 것이다. 참최는 아버지와 남편의 상에 입는 복으로 그 기간을 3년(2주년)으로 하였으며, 자최는 어머니의 3년(父在母喪에는 1주년)을 비롯하여 1년 및 그 이하까지 구분이 있었다. 대공은 9개월, 소공은 5개월, 시마는 3개월 등의 상복기간에 차등이 있었다. (이홍직 편, 「국사대사전」 신개정판 참고)

고려의 오복제는 외조부모를 위해 입는 상복이 자최齊衰 1년으로 되어 있었으며 이것은 당시 친조부모에 대한 상복과 같은 것이었다. 이것이 조선조에 와서는 백숙부모에 대한 상복과 같은 등급인 소공小功으로 감등되었다. 그리고 처부모에 대한 복상은 장인에 대해서 대공大功, 장모에 대해서는 소공이었던 것이 조선조에 와서는 시마緦麻로 변하였다. 외조부모와 처부모에 대한 복상이 한 등급 이상씩 낮추어진 것을 의미한다(이순구, 1986: 66-67). 이것은 남귀여가의 혼속으로 사위의 처부모와의 관계가 외손의 외조부모와의 관계가 친밀했음을 반영하였던 것에서 조선조에 와서 여자들의 시집살이로의 변화가 부계친족제도의 확립의 일환으로 상복제에서도 나타난 것이다.

조선조의 「주자가례」의 정책적 시행은 또한 제례祭禮에서도 점차 여성들의 참여나 외손-여계의 제사상속을 배제하는 방향으로 변화시켜갔다. 제사를 주관하는 권리에서나 제사상속에서 가묘제의 보급과 종법제의 확립으로 적장자 중심으로 옮겨갔다. 조선 초기에는 장자봉사長子奉祀를 우선시하면서도 자녀간에 윤회로 모시는 관행이 지속되었다. 그리고 아들이 없는 경우 딸이나 외손이 제사를 담당하였다. 특히 외손이나 어머니 남동생의 아들母弟之子를 친자처럼 받아 입후立後하여 제사상속을 하였다(지두환, 1984: 15-18). 따라서 16세기 전까지만 해도 종법에 입각한 입후자의 입양이 제도화되지 않았으며, 성종대에 와서 「경국대전」 "예전禮典" 봉사조奉祀條에 주제자主祭者로서 아들과 손자 등 직계 남자만을 명시하였다. 그리고 적장자에 아들이 없는 경우 제사상속을 위한 입후를 같은 집안同室의 조카를 입양하는 양자제로 확립하였다. 타성의 양자를 허락하지 않는 원리가 자리잡게 된 것이다.

재산소유권과 상속권은 고려시대의 자녀균분제가 대체로 유지되면서 제사상속을 뒷받침하는 적장자우대 상속제로 변화해왔다. 우리의 가계상속의 원리는 이때부터 부계혈통의 "순수성"을 유지하기 위해 적장자주의가 되었다. 이것은 즉 제사상속으로 그 기반을 이루게 된 것이다. 가산家産은 자녀에게 분할하는 관행이 유지되면서 균분제가 지속되었다(최재석, 1983: 521-51). 재산에 대한 소유권을 여성에게 인정한 데서 혼인할 때 친정부모에게서 분배받은 전토나 노비의 소유권과 관리권은 부부별산제로 인정되었다. 재산에 대한 매매권 및 처분권을 누릴 수 있었던 것이다. 따라서 조선 전기 여성들은 재산을 보호하기 위한 노력으로 재산에 관계된 소송을 제기한 경우와 상소를 올린 사례들이 많이 나타나고 있다(이순구, 1986: 81-83). 그리고 자녀 없이 부인이 사망한 경우 그의 재산은 처가 쪽으로 귀속되었다. 재산은 상속을 통한 혈통계승의 기반으로 인식되기보다 자녀들에게 분할 분배하는 관념이 지배적이었다.[19] 노비, 전답, 가옥 등이 재산형태이며 한 가족의 재산은 부변전래父邊傳來 재산과 모변전래母邊傳來 재산으로 구성되었다는 것이다. 16세기 중엽까지 부인이 결혼 때 가져온 재산과 시집의 부계로 전해내려온 재산은 구분되어 달리 기재하였다. 그러나 그 이후부터는 기록상 구분 없이 조상 전래의 재산으로 기재되기 시작하

---

19) 김용만의 연구에 의하면 "15세기의 분재기(分財記)를 분석해보면 재산을 자녀에 상속할 때에는 대체로 분할주의를 지켜 분배하는 방식을 취하고 있다. 곧 재주(財主)는……한 곳에 전(田) 또는 답(畓)이 1결 있다고 가상할 때 이를 한 사람에게 전급하지 않고 분급 대상 자녀 수대로 분할하여 각기 부(負), 속(束)씩 분배하였다. 그리고 1구(口)의 비(婢)에서 소생이 5구가 있다면 이를 한 아들이나 딸에게 전급하지 않고 분급 대상 자녀 수대로 1,2 구씩 나누어주는 것이 하나의 관례였다." (p. 10) 이러한 분급주의의 실천은 김용만에 의하면 조선의 위정자들이 왕권을 호위하고 있는 양반층의 안정된 생활을 보장하는 한편 왕권을 위협하는 권력이나 부의 집중을 예방하기 위한 정책적, 법제적 규제인 것이다. (p. 10) 김용만, "조선시대 균분상속제에 관한 일 연구,"「대구사학」제23집, 대구사학회, 1983 참고.

였다고 최재석은 설명한다. 16세기 중엽이 조선시대 상속제의 전환기이다. 17세기 중엽까지도 균분제를 나타내는 가족의 사례가 여전히 많지만 점차로 장남우대, 남녀차별, 남자균분, 여자차별 등의 차등분할이 증가하는 경향을 보이면서 점차로 장남우대의 경향이 지배적으로 되었다(최재석, 1983: 527-28). 장자우대제의 확립은 점차로 봉사조 奉祀條분 이외의 상속분 자체를 우대하기에 이르렀다. 종족제의 강화와 함께 조상숭배의 기풍이 더욱 고조되면서 아들의 지위와 역할이 중요시되었고 딸은 출가외인으로 모든 면에서 차별을 받게 되었다.[20] 가계계승이 이렇게 부자혈통계승을 기반으로 변한 데서 여성의 지위는 시집의 아들을 낳는 수단으로 엄격하게 예속당하였다. 그리고 친족 조직의 기반은 또한 부계시조에서 비롯되는 남계자손의 계열만으로 한정시킨 데서 조상제사가 종족의 연대를 강화하는 중요한 기능을 하게 되었다. 친족조직과 제도가 이렇게 부계 중심으로 변하면서 가족원의 구성과 관계의 형태에도 직계가족으로의 변화를 나타내고 있다.

가족원의 구성과 관계의 변화는 사위의 처가살이 경향이 약화되고 17세기에 이르러 그 흔적이 거의 사라지는 것에서 뚜렷하다. 혼인이 점차 동성간의 불혼의 경향을 띠며 족외혼이 지배적이며 신분제의 확립에 따라 신분내혼제가 확립되어갔다. 가족구성에서 사위나 외손 또는 처부모와의 동거 대신 부계존비속 父系尊卑屬과 자녀들로 구성된 직계가족의 형태가 17세기부터 모습을 나타내기 시작하였다.

최재석의 연구에 의하면 17세기의 가구형태는 부부와 자녀로 구성된 핵가족의 비율이 65%, 직계가족이 7% 그리고 독신으로 구성된 1인 가족이 26%이다. 그리고 호 戶당 가족원만으로 구성된 가구는 72%이

20) 김용만, 앞의 글, 〈표 3〉 참고.

며 노비가 동거하는 가구는 28%이다. 신분상으로 볼 때 노비동거가구가 양반층에 비해 그 비율이 뚜렷이 높지만 상민 천민층에도 노비가 동거하는 예가 보인다. 그리고 가족구조의 형태에서 17세기에는 모든 신분층에서 직계가족의 비율이 극히 미약하며 양반층의 경우도 9% 정도에 불과하다. 이 시기는 임진왜란1592-98과 병자호란1636의 두 차례 전쟁을 겪은 이후로 인구 감소와 경작지의 유실에 의해서 가족의 재생산기반이 불안하여 각 신분계층에서 1인 가구의 비율이 높게 나타나고 있다 양반층 15%, 상민층 27%, 천민층 33%. [21]

농업기술 발달로 인한 생산력의 향상과 더불어 토지소유가 소수층에 집중되고 향촌에서의 동족의 문중조직이 강화되는 18~19세기에는 신분층간의 가족형태의 분화가 뚜렷하게 나타난다. 3대나 그 이상 세대가 동거하는 직계가족의 비율이 "1756년 14.8%, 1807년 30.3%, 1825년 26.8%"로 계속 증가해갔다. 그리고 이것을 신분계층별로 나타난 차이를 볼 때 1756년에는 양반층이 23.3%, 상민층이 6.5%로 양반층에 직계가족의 비율이 두드러진다. 1807년에도 상민층은 직계가족 비율이 아주 미미한 1.6%이며 양반층에만 40.4%로 높게 나타났다. 그러나 1825년 자료에는 양반층 33.7%, 상민층 23.2%, 천민층 18.3%로서 직계가족이 모든 신분층에서 분명하게 증가하였다. [22]

혼인관행에서도 이에 따른 변화가 보인다. 양반층에서는 다른 신분층보다 조혼 경향이며 특히 남자가 조혼함으로써 여자의 연령보다 연하인 예가 빈번하다. 양반가문에서는 제사 모시고奉祭祀 손님접대接賓

---

21) 인조(1639-48) 당시의 호당 인구수는 3.4명을 넘지 않았으며 숙종 4년(1678)과 그 이후부터 호당 인구가 4.4명 또는 그 이상으로 나타나고 있다. 정덕기, "조선 후기 호구제도 고찰." 「한국 근대사회경제사연구」, 노산 유원동 박사 화갑기념논총, 정음문화사, 1986 참고.

22) 최재석, 앞의 글, p. 491의 〈표 3〉 참고.

婚 하는 것이 가족생활의 중심을 이룬 데서 며느리의 노동력 봉사가 필요했으므로 아들의 혼인을 서두르는 경향이 있다. 특히 향촌에서 양반신분층이 확립되었고 직계가족이 이념형으로 지배하게 되었다. 1825년 경남 언양彦陽 지역의 호적대장에 의하면 평균 가족형태가 "호주+직계가족원 3명+방계가족원 1명=5명"으로 되어 있다. 직계가족원은 주로 호주의 처, 아들, 며느리, 어머니 그리고 손자 등으로, 방계가족은 주로 동생, 그의 처 그리고 조카 등으로 이루어졌다. 딸과 외손, 여동생과 조카딸 등의 연소한 여성가족원은 희소하거나 거의 없는 상태로 나타났다(한영국, 1985: 673). 가족은 이렇게 조선조 후기로 올수록 부자 중심의 직계존비속으로 구성되었으며 딸은 출가외인이었다. 차남 이하 아들은 혼인 후 일시적으로 부모와 동거하지만 결국 분가하여 작은집으로서 큰집宗家과 종속적 관계를 유지하며 제사공동체로서 친족조직의 연대를 지속시켰다. 이로써 가부장제 가족의 전형을 확립하였다.

　이러한 가부장제 가족은 가장권家長權의 제도화로서 또한 뒷받침되었다. 가장은 주거단위를 이루는 한 가족의 어른이다. 이것은 함께 동거하지 않는 문중 동족집단의 어른인 존상尊長과는 구별되는 가족의 어른이다. 가장은 양반지주의 가구가 혈연의 가족원뿐만 아니라 첩, 노비, 고공雇工 등의 비혈연을 함께 거느리는 데서 주인으로서 가속家屬을 통솔하는 지위를 나타낸다.[23] 이는 그 가족의 가장 연장자로서 그가 연로하면 집안관리권을 아들에게 넘기는 일이 있더라도 여전히 가

___

23) 박병호의 연구에 의하면 가부장의 지위와 권리가 처음 제도화된 것은 조선조의 「경국대전」에서 찾아볼 수 있다. 그 이전까지는 "가족관계를 조부모-손자녀, 부모-자녀, 남편-처의 관계로 파악할 뿐 가장-가속(家長-家屬) 관계로 파악하지 않았다"는 것이다. "한국의 전통가족과 가장권," 「한국학보」 2호, 일지사, p. 70 참고.

장이며 주인이라는 것이다. 어머니에게는 가족을 대표하는 이러한 지위를 인정하지 않는다. 가장에게는 법적 지위 및 책임이 제도화되어 공법상公法上으로 호구신고의 의무, 가족혼인에 관한 의무, 그리고 국가가 법령으로 금하는 행위를 가족이 범하는 경우 책임을 지는 "금제위반 감독의 의무" 등이 주어졌다(박병호, 1976: 75-78). 이러한 법률상의 지위가 후기로 올수록 더욱 강화되어갔으며 사법상私法上 지위에서 재산관리권이 더욱 뚜렷하게 강화되었다. 사법상 가족원의 재산 특히 부처간에 각자의 재산은 소유권상 특유 재산으로 인정되나 공동으로 관리하고 이익을 취하며 처분하는 데 권위를 행사하게 되었다.

한국 가족제도사에서 조선조 후기는 부계직계가족으로 전환된 시기이다. 부계혈통계승을 원칙으로 가계를 존속시키며 친족조직을 강화하기 위해 혼인을 수단화하였으며 여성을 예속시켰다. 유교적 가부장제의 도입과 영향은 이미 고대사회에서부터 시작되었으며 지배권력은 제도화를 부분적으로 시도해왔었다. 그럼에도 불구하고 혼인과 상속 그리고 친속관계에서 모계와 처계를 동등하게 대우하는 관행이 존속하였다. 따라서 가족구조의 형태는 조선조 전기에서 이것을 반영하고 있다. 부계제도가 혼인, 재산상속 및 친족관계를 일관되게 규정하고 지배하며 가족구성의 형태가 변화하기까지는 통일신라, 고려시대, 조선 전기를 통해 오랜 세월이 필요하였다. 이렇게 혼인, 가족 및 친족제도상의 획기적 전환을 가져오게 한 역사적 설명은 지금까지 가족제도사 연구에서 심각하게 제기되지는 않는다.

유물사관에 입각한 방법론에서는 가족을 계급 및 생산구조와의 관련에서 종속적으로만 인식하였으며 실증적 연구를 하지 않은 채 도식적 주장만을 해왔다. 따라서 가족구조 및 제도의 실증적 연구를 사회경제적 변화와의 관련해서 체계적으로 접근하는 방법론이 모색되지 않았다. 농업구조의 변화와의 관계에서 가족을 신분계층별로 접근하는 연구가 시도되지 않았던 것이다. 조선조의 가족의 변화를 생산관계와 경영형태 및 농업기술과 노동형태의 기반에서 접근하는 문제의식에서 연구해야 할 것이다. 이것은 가족사뿐만 아니라 여성사 연구의 측면에서도 중요한 과제가 아닐 수 없다. 사위의 처가살이나 동성근친혼 그리고 남녀균분상속을 유지해온 가족의 경제적 기반을 설명할 수 있는 사회경제사적 접근이 요구되고 있다. 그리고 혼인과 친족제도가 조선조 중기 이후 변하게 된 것을 경제적 기반의 변화와 연관시켜 파악해야 할 것이다.

조선조 전기까지의 농법이 "조방적 粗紡的, 협업적, 집단적이었으며……그러한 농법수준 때문에 소농민경영의 생산력이 극히 불안정하였고……그에 따라 노동지대에 기초한 봉건제……"의 성격이었음을 설명하는 이호철의 주장은 고려 가족의 생산적 기반을 시사하는 면이 있는 것이 아닐까. 수리 문제가 해결되지 않은 단계에서 생산성이 높은 이앙법 移秧法의 기술은 가장 비옥한 수리안전답이 있는 일부 지역에 국한되었으며 대부분의 지역에서는 직파건경법 直播乾耕法에 의한 한전 旱田농법이 일반적이었다고 한다. 한전이 전체 농경지의 70-80%에 달하였다(이호철, 1986: 83). 이런 한전에서나 산지 山地 그리고 경사지에서는 화전 火田방식의 휴한지 休閑地가 많았다. 생산을 1년 1작의 농사로서 격년으로 짓는 휴한농법이 실시되었다고 한다. 이러한 농지의 농법에서는 생산성이 낮아 호당 간전결수 墾田結數가 높아 9.056결이나 되었으며(이호철, 1986: 81) 다수의 인력이 노동력으로 요구되었다. 이에서 축력을 기반으로 한 조방농법이 "15인 전후의 단순협업조직의 집단노동"으로 이루어졌다는 것이다(이호철, 1986: 83).

고려시대와 조선조 전기까지는 노동형태가 이렇게 집단노동의 형태를 띤 데서 부부노동 중심의 집약적 소농경영이 불가능했을 것으로 추측된다. 조선시대의 농업은 이러한 단계에서 수리시설, 시비법 및 기타 농업 기술의 발전을 이룩하여 이앙법 및 이모작二毛作이 가능하게 되었다. 이에 따라 노동집약적, 토지절약적인 소농경영으로 생산성을 획기적으로 발전시켰다. 이것은 노동생산성에 기반을 둔 농업에서 토지생산성에 기반을 둔 농업구조로의 전환을 이루게 되었다. 즉 이앙법에 의한 수전농법은 호당 경영농지의 결수를 1~2결로 감소시켰다. 그리고 제초작업에서 노동력이 많이 감소되어 미곡생산이 주로 남성노동력만으로 가능하게 되었으며 여성의 노동력은 밭농사 및 직포생산에 주력할 수 있게 되었다. 이로써 가족단위의 소농민경영의 자립화를 가능케 하여 노비층의 이탈과 해방의 요구가 강력하게 분출된 한편 지주경영의 확대를 나타내었다. 이호철은 이러한 전환이 "조선 전기까지의 자녀간 균분상속제도에서 적장자우위 상속제도로의 변화"를 초래했다고 의미 있는 설명을 하고 있다(이호철, 1986: 84).

가족연구에서 사회경제사적 접근은 가족이 소농경영의 단위를 이룰 수 있게 된 물적 기반이 중요시되어야 한다. 생산력의 발전과 생산관계의 변화는 부부와 부모-자녀간의 재산소유, 분배, 상속관계에서뿐만 아니라 노동형태 및 경영의 측면에도 변화를 미친다. 가부장제의 강화가 농업경영, 분배 및 노동의 측면에서 설명되어야 할 것이다. 더욱이 지주와 전호 관계 그리고 노비가족과의 관계에서 이들의 혼인과 가족생활을 상이한 경제적 기반이 어떻게 달리 영향을 미쳤는지 가족의 신분계급별 차이가 밝혀져야 한다. 가족단위의 소농경영과 농업생산력의 발전이 신분제의 강화나 가부장제의 확립과 어떻게 연결되었는지, 이것이 피지배신분인 농민가족의 생산 및 재생산의 요구를 어떻게 억압하고 모순을 심화시켰는지, 그리고 지주-전호관계뿐만 아니라

국가의 수취체계와의 관련에서 농민가족의 생산-재생산적 기능을 체계적으로 파악할 수 있어야 할 것이다.

조선조 말기 근대적 개혁의 기점을 이룬 갑오경장1894년은 신분 및 가족제도의 측면에서 두드러진 변화를 나타내고 있다. 정치경제 개혁 이외의 사회적 개혁에서 신분제 타파, 과거제 폐지와 능력에 의한 인재등용, 공사노비법의 폐지, 과부의 재가허용 및 조혼금지 등 여러 폐습을 극복하려는 근대화의 의지를 나타낸다. 그러나 이 가운데 가족제도에 직접 관련된 것은 과부의 재가허용 및 조혼금지 정도로 극히 제한적이다. 이것마저도 관련된 형법의 개정이 뒤따르지 못해 제도적 개혁의 실효를 나타내지 못하였다. 1894년 과부의 재가를 허용하는 의안이 이루어졌으나 남편을 "배반하고 개가하는 자"나 수절하는 여자의 개가를 강권하는 부모들에 대한 처벌의 규정이나 이와 관련된 모든 형벌조항은 그대로 유지시켰던 것이다. 갑오개혁은 외세침략의 위협 아래 보수세력에 의한 형식적 개혁으로 근대화를 추진시키기 위한 적극적인 정책적, 행정적 노력이 뒤따르지 않았다(서병한, 이상욱, 1983: 18). 이 이후 민족의 주권은 일본에 강탈당했으며 식민지 통치하에서의 가족제도의 근대화는 나율적으로 왜곡된 변화를 초래할 수밖에 없었다.

4. 식민지 통치와 가부장제의 심화

조선조에 확립된 부계친족제도는 일제의 식민지 통치를 뒷받침하는 보수적 사회제도로서 유지, 존속되었다. 1912년 공포된 「조선민사령朝鮮民事令」은 친족제도에 관한 부분을 조선인의 관습에 의한다고 규정하여 이 관습법이 1945년 해방되기까지 법원法源으로 적용되어왔다.

다만 식민지 통치와 동화정책의 필요에 의해 몇 차례의 부분적 개정이 이루어졌으며 그중에서 성 불변의 원칙과 타성의 양자를 불허하는 종족제를 일본식의 서양자제壻養子制의 도입과 창씨개명의 강요로 왜곡, 변화시켜 우리 가족제도사에 민족적 치욕을 남겼다.

가족제도와 관련된 주요한 개정을 살펴보면 첫째, 호적제도에서 나타난다. 호적은 이미 앞서 살펴본 바와 같이 고려시대 이래 봉건적 신분제의 사회경제적 질서를 유지하기 위한 목적에서 실시되었다. 생산과 재생산의 가계를 함께 하는 가족생활 단위로서의 호구를 통치의 대상으로 삼아 호적이 호구조사의 수단이 되었다. 일제는 갑오경장으로 인해 신분제도가 해체된 기반 위에서 식민지 통치의 목적으로 일본식의 호적법을 적용한 민적법民籍法을 1909년 실시하기 시작하였다. 이것은 호적이 호구조사의 수단이라기보다 오히려 "가家"또는 집안 내에서 개인의 신분관계를 공시 또는 증명하는 공증문서가 되어 법의 영역에 속하게 된 것을 뜻한다. 다시 말하면 호구조사와는 별도의 영구보존 문서로 가족상의 개인신분과 이동을 감시하고 통제하기 위한 기본 자료로 삼은 것이다.[24] 그리고 호주의 지위를 호구상의 지위에서 가족상속자의 지위로 강화하여 식민지 통치를 위해 가족구성원에 대한 통제와 감시를 더욱 효율적으로 할 수 있게 되었다. 따라서 호적부의 관장은 경찰관서가 담당하였다(정광현, 1967: 129). 식민지하에서의 호적은 현거주지를 기반으로 한 호구가구의 기재가 아니며 가족의 본적이 호적의 기반이 되었다. 그리고 입적자의 범위도 남녀 가구주를

---

24) 최홍기, 앞의 글, p. 131. 호구조사와는 별도의 영구보존 문서로 출생, 사망, 호주 변경, 혼인, 이혼, 입양, 파양, 분가, 일가창립, 입가, 폐가, 폐절가재흥(廢絶家再興), 부적(附籍), 이거(移居), 개명, 친권 또는 관리권의 상실 및 실권의 취소, 후견인 또는 보좌인의 취직, 갱송 및 그 임무의 종료 등 모든 신분관계의 변동을 규정하고 있다. (법, 제1조의 2)

중심한 동거자가 아니며 호주를 중심한 부계친족이 되었다. 이것은 가계를 함께 하는 주거단위의 가구가 아니며 남자호주와의 관계에서의 개인들의 신분관계 즉 가족 내의 신분지위를 나타내는 것이다. 이렇게 호적이 호구에서 가家로 바뀌면서 부자간의 호주상속이 가계家系 계승의 신분상속으로 변하였다. 이것은 제사상속이 부자계승의 기본이었던 데서 제외되어 단지 호주상속의 관념 속에 포함되어 조상제사를 위한 관습상의 지위로 제한시켰다. 이로써 일제에 의해 개정된 근대 가족법상의 신분상속은 호주상속과 재산상속으로 설정되었으며 이것이 현행법에서 그대로 유지되고 있는 것이다(배경숙, 1988: 109-10).

이러한 변화 속에서 여성의 호주로서의 지위는 약화된 것이다. 고려와 조선조의 호적에서는 여성이 호주의 지위를 차지하였으나 식민지 호적제도에서는 원칙적으로 여성이 그 지위에서 배제되었으며 과도기적인 지위로서만이 한정시켰다. 호주상속에서 여성은 호주가 상속자 아들이 없이 사망한 경우 죽은 호주의 조모, 모, 처의 순차로 호주가 될 수 있었으며 사후 양자를 두기까지 일시적이며 과도기적인 지위를 인정받을 뿐이다(배경숙, 1988: 110-11). 이에 따라 재산상속상의 지위에서도 여성은 원칙적으로 분재권과 싱속권을 상실하였디. 이것은 자녀균분상속의 전통에서 여성의 지위는 후퇴한 것이며 가부장제의 강화를 의미하는 것이다(배경숙, 1988: 113-15).[25]

한국의 가족제도에서 동성동본불혼, 성 불변의 원칙 그리고 타성의 양자를 금하는 3개 원칙은 종족제 친족제도를 유지하는 기본이며 여성을 차별하고 예속시키는 가부장제의 기본 성격이다. 그러나 식민지

---

25) 여자가 호주상속을 한 경우 유산 전부를 단독 상속하거나 사후 양자가 선정될 때까지 임시적인 것에 불과하였다. 그리고 분재에서도 아들들에게만 분재청구권이 인정되었으며 딸이나 처에게는 인정되지 않았다.

지배 아래서의 가족제도의 근대화는 우리 민족의 말살을 위한 식민지 동화정책의 목적으로 왜곡되었다. 1930년 개정된 "조선민사령"은 성 불변의 원칙을 폐지하는 한편 일본식의 이성 異姓 양자제와 서양자 제도를 수립하였다. 이것은 "일본인 남자로서 조선인 가족에의 입양"을 가능케 하여 소위 "내선혈 內鮮血 혼합으로" "내선일체화 內鮮一體化"의 방법으로 삼으려고 하였다(安田幹太, 1930). 이러한 서양자제도를 기반으로 1939년에는 "조선민사령" 일부를 다시 개정하여 가족의 칭호를 일본식으로 창씨개명 創氏改名 하도록 강요하였다. 우리의 성씨제도가 성 불변의 원칙에 따라 한 가족에 부성, 모성, 처성의 3성을 유지하는 것을 일본식의 1가 1씨 제도로 바꿀 수 있게 강요한 것이다. 성 불변의 원칙과 타성의 양자를 불허하는 전근대적 제도가 이렇게 민족말살의 수단으로 왜곡된 형태로 개정되었다.[26] 1945년 해방과 함께 "조선 성명 복구령 朝鮮姓名復舊令"을 시행하였으며 이성 양자, 서양자제도를 무효화시켰다. 더욱이 성 불변 원칙과 타성의 양자를 불허하는 제도를 다시 회복하여 전통적 가족제도를 현행 민법의 기본으로 유지시키고 있다. 보수적 민족주의자들은 동성동본불혼과 이성불양 異姓不養의 원칙을 "혈통의 순결과 인륜의 순화 내지 민족의 정화를 목적으로 하는……"(정광현, 1967: 282) 순풍양속으로 삼아 신민법에 그대로 유지시켰다. 민족혈통의 정화는 이렇게 부계혈통의 순수성과 동일하게 취급

---

26) 1939년 11월 10일에 공포된 「조선민사령」의 일부 개정령은 다음과 같은 제도개정을 의미한다. "(1) 씨(氏) 제도가 새로 생기어 조선인 가(家)에도 내지인 가(家)에도 내지인 가(家)(일본인)와 같이 가의 칭호인 씨를 설정케 되어 각가의 호주와 가족은 1가 1씨의 원칙하에 동일한 씨를 개인칭호로 호칭하게 되어 이 점에 있어 재래의 성을 대신케 되었고, (2) 이성불양(異姓不養)의 고래 관습이 타파되어 내지인이라도 조선인 양자가 될 수 있게 되었고……(따라서) 양자제도를 새로 채용하였고……" 정광현, 「성씨논고」, 동광당서점, 1940, pp. 1-2.

되어 자유민주주의를 표방한 대한민국 아래서도 전근대적인 가부장제를 합법화시킨 것이다. 따라서 현행 가족법은 자유민주주의를 실현하려는 사회발전의 요구와 자본주의 산업화에 따른 사회경제적 변화에 역행하는 제도로서 기본적인 근대화를 이루지 못하였다. 민족분열과 이데올로기 대립으로 분단된 남한사회의 보수성은 전근대적인 부계친족제도를 개혁하지 않고 분단구조 유지를 위해 가부장제 가족을 정책적으로 유지해왔다.

5. 가족구조의 변화

이와 같이 한국의 가족은 역사적으로 살펴본 결과 부계친족제도의 확립으로 가족구조와 남녀관계에서의 중요한 변화를 가져왔다는 것을 알 수 있다. 가족구조가 고려시대의 복합형태에서 조선조의 직계형태로 뚜렷이 변하였다. 가족이 기본적으로 혼인과 혈연 또는 입양에 기반한 연대성 위에 생계를 함께하는 생활집단으로 유지, 재생산되어왔지만 가족을 구성하는 성원들의 관계와 범위는 부, 모, 처계가 동격으로 참여하는 친속관계의 영향에서 여계를 배제한 엄격한 부계종족제의 규제를 당하게 되었다. 이러한 가족형태의 변화는 친족형태의 변화와 함께 〈표 1〉에서 살펴볼 수 있다.

고려시대의 가족형태는 복합가족으로 개념화할 수 있다. 자녀가 혼인 후 부모와 함께 동거하며 가계상속에서도 동등하게 참여할 수 있음으로써 양계적인 복합가족이다. 부모는 혼인한 아들의 가족뿐만 아니라 혼인한 딸의 가족과 함께 동거하거나 또는 혼인한 딸이 시부모보다는 친정부모를 모시고 동거하는 형태이다. 이것은 모처제의 혼인형태가 재산의 자녀균분, 제사의 자녀윤회, 또는 관직의 음서제 등이 아들, 사위, 친손, 외손 간에 별로 차별을 두지 않는 제도적 기반을 이루었다. 그것은 친속관계에서도 부계만을 중심하기보다 부, 모, 처계가 특정 개인을 중심으로 양측적으로 다양한 관계를 유지하며 집단적 연대를 이룬 것에서 볼 수 있다.

〈표 1〉 친족형태와 가족구조의 변화

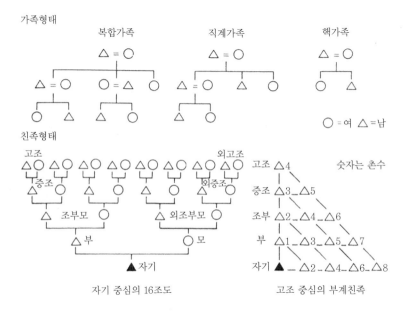

따라서 고려시대의 족보인 가계보家系譜는 특정 부계시조를 중심으로 그의 직-방계의 자손들만을 포함하는 조직과는 전혀 다른 형태를 나타낸다. 특정 개인의 입장에서 부모의 계열을 동등하게 찾아올라가는 형태이다. 〈표 1〉에 있는 바와 같이 고려시대 친족형태는 4대조인 고조의 범위를 가계보의 단위로 삼아 부의 8고조와 모의 8고조를 모

두 합쳐 16조를 나타내는 가계보이다. 다시 말해서 부모의 계보를 고조부모대까지 동등하게 따져 올라감으로써 내외의 각 8고조를 1쌍으로 묶어 표시한 것이다. 계보추심의 이러한 방법은 혈통계승이 부모 양계를 동등하게 취급한 것이며, 개인과 가족의 뿌리나 시작이 부계시조로 귀착되기보다 수많은 남녀 조상으로 확대되며 궁극적으로는 민족공동체로 무한히 확대되는 것이다. 이러한 8고조도 16조도의 가계보는 17세기 조선조 중기까지 지속된 것으로 나타나고 있다(송준호, 1987: 21-27).

조선조의 가족형태는 직계가족이다. 유교적 신분질서의 기초를 이룬 종족제의 확립은 중기 이후의 가족형태를 직계가족으로 변화시켰다. 혼인이 부자혈통을 중심으로 한 가계계승의 수단이 되며 따라서 여자는 혼인과 더불어 시집의 혈통계승과 부모봉양제사 포함을 위해 출가외인이 된다. 제사상속과 가계계승이 적장자로 이어지는 제도로서 지차아들들은 재산의 분재를 기반으로 분가하여 방계를 이루며 본가宗家와 종속적 관계를 이룬다. 가족은 이렇게 부계혈통계승을 위한 부자관계의 유지를 효의 보편적 가치로서 정당화하며 이것이 사후의 봉세사의 의무로까지 확대된 것이있다. 제사의 의무는 4대조고조를 중심한 소종小宗의 친족집단을 위시하여 첫 시조를 중심으로 한 대종大宗의 종친회에 이르기까지 여러 중간 시조의 지파를 조직하고 유지하는 기반이 되고 있다. 시조 중심의 종친회는 족보의 체계를 남녀 동격에서 남계 중심으로 변질시켰다. 이러한 친족집단은 제사를 함께 지내는 부계친족의 조직이다. 조상제사는 이와 같이 부계시조에 그 뿌리를 귀속시키는 부계혈족宗族의 존속과 연대를 유지하는 데 가장 중요한 기능을 하는 의례이며 효도의 행위로서 가족제도의 윤리적, 종교적 기반이 되고 있다. 그러나 제사를 위한 적장자의 가계상속이 단순한 가족적 효행으로 관습회되었다기보다 양반신분의 재생산을 위한 제도화로서 규제당하고 이데올로기화한 것이다. 이것은 바로 부계혈통의 순수성을 성 불변 원칙으로 보장하는 가부장제를 확립하며 양반신분을 출생으로 규제한 제도를 뒷받침한 것에서 이해할 수 있다. 성 불변 원칙은 타성의 양자를 금하는 배타성을 나타내며 동성동본을 동조同祖의 혈족으로 삼아 혼인을 금하는 족외혼을 제도화하기에 이르렀다. 이것은 조선조의 신분제를 뒷받침한 가부장제의 기본 성격을 나타내며 이것이 현행 가족법의 원칙으로 계승되었다.

우리의 가족제도가 조선조 신분사회의 확립과정에서 이렇게 엄격한 부계 중심으로 변화하여 혼인, 입양 및 상속에서 여성을 배제하고 예속시켰으며 직계가족 형태에 반영되고 있다. 이러한 직계가족 형태가 자본주의 성장에 따른 사회경제적 변화로서 해체되고 특히 농촌가족에서도 그 비중이 현저하게 감소되고 있다. 가계를 함께 하는 가구는 핵가족의 형태가 도시와 농촌에서 더욱 일반화되어가고 있다. 사실상 일부일처에 기반한 부부와 미혼자녀로 구성된 핵가족적 유형은 가족의 원초적 형태로서 가장 보편적인 가구단위이다. 고려와 조선조 시대의 호구家口들에서도 비非혈연 동거인을 제외한 가족성원의 구성에서 일반화된 형태이다. 이것은 통계적으로 다수를 차지한 형태로서 가계와 주거를 함께 하는 가장 분화된 가구형태이다. 그러나 각 시대의 지배적인 친족제도 및 경제구조가 지배 권력과 신분계층의 재생산과 이익을 유지하기 위해 변화됨으로써 가족구조는 신분계층간에 차이를 나타내며 지배계급의 가족이 직계 또는 방계로 확대되는 경향이 있으며 피지배계급의 가구형태는 핵가족적 구성의 경향을 띠어왔다.

핵가족은 머독이 주장한 대로 이론적으로 가족의 가장 기본적 형태를 이룰 뿐만 아니라 역사적으로도 모든 가족형태의 기본 단위를 이룬다. 더욱이 핵가족은 지배계급의 복합적인 확대가족이나 가부장제 직계가족과는 달리 민중이 유지해온 가족의 지배적 형태이다. 피지배층의 핵가족적 삶은 지배층의 신분적, 경제적 착취와 억압 속에서 재생산적 기반의 안정이 위협을 당하며 가족의 축소와 해체를 끊임없이 당하여왔다. 혼인과 가족이 지배적 이데올로기나 제도에 따라 연대와 질서를 유지, 재생산하기보다는 생존 요구와 전략에 따라 핵가족을 구성하는 데서 그 기반이 더욱 불안하다. 가족이 혈통계승이나 가산상속을 위한 재생산의 기능을 하기보다 일상생활에서 노동력을 재생산하기 위한 기능에 더욱 급급하다.

현대사회에서 핵가족화의 경향은 임노동의 일반화를 촉진시키는 산업구조와 혼인이 당사자들의 합의에 의해 계약적으로 이루어지는 혼인제도에 기반한 부부관계로 더욱 보편화되고 있다. 가족이 부계조상에서부터 아들에 의해 이어져내려온 것이기보다 혼인에 의해 창조되고 시작되는 것이다. 현대적 핵가족은 개인의 인권과 남녀간의 평등을 이념으로 하는 혼인제도와 부부관계를 기반으로 한 데서 부계친족제도의 변화를 촉구한다.[27] 그리고 사회경제적 민주화로의 요구는 혼인과 가족관계의 민주화를 필요로 하며 민주적 핵가족의 안정과 유지를 뒷받침하는 사회경제적 정책을 광범위하게 요구한다. 더욱이 가족의 지역적 연대를 강화하기 위한 사회공동체적인 재조직이 이루어져야 할 것이다.

---

27) 가족법 개정을 요구하는 여성운동이 1973년 이래 전개되고 있으며 개정을 요구하는 가족법의 주요 내용은 다음과 같다. (1) 호주제도의 폐지, (2) 동성동온 불혼제도 개정, (3) 친권행사에서 부모의 동등한 권리, (4) 친족범위는 남녀에게 평등하게, (5) 재산상속에 남녀차별 철폐, (6) 이혼시 재산분할청구권 인정, (7) 서자입적에 대한 아내의 요구 등이다.

참고문헌

공세권 외 4인 공저. 1987. 『한국 가족의 변화』. 한국인구보건연구원.

김두헌. 1949. 『조선가족제도연구』. 서울: 을유문화사.

김용만. 1983. "조선시대 균분상속제에 관한 일 연구." 『대구사학』 제23집. 대구사학회.

김용선. 1987. 『고려음서제도연구』. 한국연구원.

노명호. 1979. "山陰帳籍을 통해서 본 17세기초 촌락의 혈연양상." 『한국사론』. 서울대 인문대학 국사학과.

_____. 1987. "고려시대 친족조직의 연구상황." 『중앙사론』 5집. 중대사학연구회.

박용옥. 1976a. "조선 태종조 처첩분변고(妻妾分辨考)." 『한국사연구』 14집.

_____. 1976b. 『이조여성사』. 춘추문고. 한국일보사.

박병호. 1976. "한국의 전통가족과 가장권." 『한국학보』 2호. 일지사.

배경숙. 1988. "고려의 혼속." 『한국 여성 사법사(私法史)』. 인하대 출판부.

백남운. 1989. 『조선사회경제사』. 서울: 이성과 현실사.

서병한·한상욱. 1983. "한국 법제사상 여성의 법적 지위의 변천." 『여성문제연구』 12집. 효성여대 여성문제연구소.

송준호. 1987. 『조선사회사연구』. 서울: 일조각.

우리경제연구회 편. 1987. 『한국 민중경제사』. 서울: 형성사.

이순구. 1986. "조선 초기 주자학의 보급과 여성의 사회적 지위." 『청계사학』 3집. 청계사학회. 한국정신문화연구원.

이우성. 1966. "고려 말기 나주牧 居平部曲에 대하여." 『진단학보』 20, 30 합집.

_____. 1982. "고려시대의 가족." 『한국의 역사상』. 서울: 창비사.

이호철. 1986. "조선시대의 농업사." 『한국의 사회경제사』. 서울: 한길사.

이홍직 편. 1978. 『국사대사전』. 신개정판. 서울: 정유사.

임효재. 1987. "신석기 문화." 『한국사 연구입문』. 한국사연구회 편. 서울: 지식산업사.

정광현. 1940. 『성씨논고(姓氏論考)』. 서울: 동광당서점.

_____. 1967. 『한국가족법연구』. 서울: 서울대 출판부.

정덕기. 1986. "조선 후기 호구제도 고찰." 『한국 근대사회경제사연구』. 서울: 정음문화사.

지두환. 1984. "조선 전기의 종법제도(宗法制度)의 이해과정." 「태동고전연구」 창간호. 전남대 태동고전연구소.

최재석. 1983. 「한국가족제도연구」. 서울: 일지사.

_____. 1987. 「한국고대사회사방법론」. 서울: 일지사.

최홍기. 1975. 「한국 호적제도사 연구」. 서울: 서울대 출판부.

한국역사연구회 편. 1989. 「한국사 강의」. 서울: 한울아카데미.

한영국. 1985. "조선 후기의 挾人, 挾戶." 「한국사학논총」. 천관우 선생 환력기념. 서울: 정음사.

허홍식. 1981. 「고려사회사연구」. 서울: 아세아문화사.

安田幹太. 1930. "朝鮮に於ける家族制度の變遷." 「朝鮮」. 1月號. 조선총독부.

Murdock, George. 1949. *Social Structure*. Macmillan.

Thorne, Barrie. 1982. "Feminist Rethinking of the Family: An Overview." B.Thorne with M. Yalom(ed.). *Rethinking the Family*. Longman.

한국 가족의 위기

가족의 미니멀(minimal)화 전략과
공공 가족주의(public familism)의 역설

함 인 희
이화여자대학교 사회학과 교수)

▌요약문

이 장에서는 한국 가족의 위기와 관련해서 가족 변화의 주요 트렌드가 응축된 "가족 규모의 축소"에 초점을 맞추고 있다. 가족 규모의 축소 현상 속엔 사회구조적 요구에 대응하는 가족 차원의 전략과 개인 차원의 위기의식이 압축적으로 투영되어 있고, 이들 위기 해소 및 극복을 위한 "가족 정책의 확대" 속엔 제도의 실패와 정책 개입의 의도하지 않은 결과로 인한 역설 가능성이 자리하고 있다고 본다.

이들 주제를 탐색하고자 2장에서는 출산율 및 혼인율 하락과 평균 초혼 연령의 상승, 평균 가구원 수의 감소 및 세대구성의 단순화 등을 반영한 기존 통계를 중심으로 가족 규모의 축소 현황을 간략히 정리하였다.

3장에서는 가족 구성원 간 정서적 밀도 강화와 부모 권위의 부식erosion, "시간 압박" 및 "친밀한 삶의 상품화"로 인한 "가족"의 희생 그리고 비전형적 가족의 확산과 "가족 가치"를 향한 도전을 중심으로, 가족 규모의 축소 이른바 가족의 "미니멀화 전략" 속에 담긴 위기의 징후를 탐색하였다.

뒤를 이어 4장에서는 가족의 제도적 실패를 보완하고자 시도된 "공공 가족주의"의 가능성 및 한계를 성찰해보았다. 공공 가족주의의 도입은 가족 제도의 기능을 대체하려는 의도보다는 가족으로 하여금 주어진 기능을 원활히 수행할 수 있는 환경을 보호해주고 지지해주겠다는 의미가 강하다. 그러나 공공 가족주의 틀 안에도 공공 서비스만으로는 개인의 감정적 요구를 충족시켜줄 수 없다는 점에서, 동시에 가족이 담당해온 사회화 및 행동 통제 기능은 완벽하게 공적영역이 넘겨받을 수 없다는 점에서 명백한 한계가 존재한다.

　가족의 변화를 바라보는 시선은 항상 양가적이었고, 현재의 위기를 극복하고 대안을 모색하는 과정은 더 더욱 복잡다단했던 것이 사실이다. 그럼에도 가족이 공동체로서의 가치를 유지하고자 한다면 가족 구성원들의 자기희생과 이타주의, 헌신과 양보가 필수적이다. 가족이 구현하고 있는 가치가 폄하되는 사회는 더 이상 미래가 없다는 주장은 새겨볼 만하다. 앞으로 가족 고유의 가치를 유지하되 모든 구성원들이 돌봄 기능을 함께 공유하고 책임짐으로써 "공공 가족주의"의 한계를 넘어 문제 해결의 고리를 찾을 수 있으리라 전망해본다.

　"… 가족제도나 생활에서 민주 이념을 구현한다는 것은 인격의 평등과 개별화를 전제하여 자의적 사랑으로 공동체를 결속하여 유대를 강화하는 것이어야 한다. 그러므로 성별 또는 연령별에 의한 불평등의 제도화란 있을 수 없다."(이효재, 1982/2021: 258)

　"오늘날 우리가 실천하고 있는 낭만적 사랑도 부르주아의 발명품이라고 할 수 있다. 이 두 관습은 서로 공생관계에 있다. 자본주의의 스트레스를 견디기 위해 우리는 낭만적 사랑에 매달리지 않을 수 없다. (중략) 그 보루마저 없다면 심판의 위력이 너무나 막강해서 우리의 내면은 붕괴되고 말 것이다. 하지만 유감스럽게도 사랑에 대한 우리의 낭만적 이상주의에는 사악한 면이 있다고 할 수 있다. 낭만적 이상주의는 우리를 위험으로부터 방어해준다. 하지만 동시에 인간의 가치가 경제적 능력에 따라 준엄하게 평가되는 시스템으로부터 해방될 가능성 또한 차단해 버린다."(알랭 드 보통, 2012: 65-66)

1. 들어가며

1990년대 이후 지속적으로 요동치던 서구가족을 향해 "멀리서 비바람이 몰려오는 줄 알았더니 고강도高強度의 대규모 지진이 진행 중"이라 했던 스테파니 쿤츠2005의 비유는, 한국 가족을 둘러싸고 진행 중인 의미심장한 변화를 설명함에도 적절한 은유가 될 것 같다.

한국 가족의 변화 양상에 주목하는 학자들은 가족의 불안정성이 심화되고 있고 더불어 양육과 부양 위기가 증폭되고 있다는 점에서 "가족이 쇄락하고 있다"는 일종의 "위기의식"을 공유하고 있다. IMF 외환위기 이후 저속 성장 및 사회 불평등 구조가 고착됨에 따라, 가족 구성원의 고용 불안정이 일상화되었고(임인숙, 1998), '주관적 중산층' 비중이 격감했으며, 결혼 시장 또한 적령기 진입층과 자발적/비자발적 비혼층으로 양극화 되어가고 있다는 평가도 폭넓은 지지를 얻고 있다(박경숙 외, 2005).

최근 진행 중인 가족 변화의 폭과 깊이는 사회구조적 위기 국면에서 일시적으로 보이는 반응 수준을 넘어, 새로운 전략을 모색해가는 질적 전환의 요소를 함축하고 있다는 사실에도 대부분이 동의한다. 연장선에서 이젠 가족이 위험사회의 도피처가 아니라 위험사회의 진원지로 등장하게 되었다는 문제의식 또한 확산되고 있다(김혜영, 2008; 장경섭, 2019; 최선영, 2020).

가족 변화의 주요 트렌드가 응축된 "가족 규모의 축소" 현상 속엔 사회구조적 요구에 대응하는 가족 차원의 전략과 개인 차원의 위기의식이 압축적으로 투영되어 있고, 이들 위기 해소 및 극복을 위한 "가족 정책의 확대" 속엔 제도의 실패와 정책 개입의 의도하지 않은 결과로 인한 역설 가능성이 자리하고 있다(함인희, 2002).

이 자리에서는 가족 규모의 축소 현황을 기존 관련 통계를 중심으로 간략히 정리해본 후에, 규모 축소에 담긴 바 가족의 "미니멀화 전략"이 어떤 메시지를 던지고 있는지, 더불어 어떤 위기 징후를 안고 있는지 탐색해볼 것이다. 뒤를 이어 가족의 제도적 실패를 보완하고자 시도된 "공공 가족주의"의 가능성 및 한계를 성찰해볼 것이다.

이 작업이 탐색적 성격에 머무를 수밖에 없음은 현재 진행 중인 가족 변화의 의미를 적절 하게 포착할 수 있는 이론 및 개념틀의 부재도 한몫하거니와, 연구와 별개로 항상 변화를 향해 요동치는 현실의 역동성 덕분임을 밝혀 둔다.

2. 가족 규모의 축소 현황

가족 규모의 축소에 주목하는 이유는 규모의 축소가 단순히 양적 현상에 머무는 것이 아니라 질적 변화를 수반하기 때문이다. Ⅱ장에서는 가족의 미니멀화 전략을 투영하고 있는 관련 통계를 중심으로 가족 규모의 축소 현황을 정리해보고자 한다.

가족 규모의 축소와 직결되는 현상으로는 "압축적 출산력 저하"를 들 수 있다. 〈그림 1〉은 1982년부터 2020년까지의 합계출산율 TFR, Total Fertility Rate 추이를 기록한 것이다. 합계출산율이라 함은 여성 1명이 평생에 걸쳐 낳을 것으로 예상되는 평균 출생아 수를 의미하는 것으로 출산력 수준을 나타내는 대표적 지표이다.

1960년 6.2명의 고高출산율을 기록했던 당시의 이상적 자녀수는 아들 셋 딸 셋이었다. 합계출산율은 1962년부터 실시된 가족계획사업에 힘입어 지속적으로 감소한 결과, 1987년에 이르면 1.53으로 저출산 징후를 보이기 시작한다. 이후 출산력은 1997년 말부터 시작된 경제위기와 함께 더욱 급감하여 1998년 1.45를 기록했고, 2001년에는 극소출산력 lowest-low fertility 에 해당하는 1.3에 도달했다. 2005년에는 출산율 통계를 작성한 이래 가장 낮은 수준인 1.08을 기록함으로써 정부로 하여금 저출산 대책 마련의 시급함을 인식하도록 하는 계기가 되었다.

〈그림 1〉 한국의 합계출산율, 1982-2020

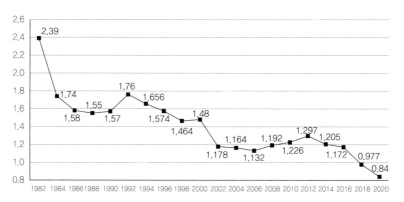

출처: 통계청, 해당년도.

저출산 정책 시행 직후엔 미미하나마 출산력이 회복세로 돌아서면서 2012년엔 1.30을 유지했으나, 2018년에는 출산율 0.98이란 충격적결과를 가져왔고, 코로나 팬데믹의 영향을 받은 2020년에는 0.84로최저 기록을 갱신했다(통계청, 해당년도).

초저출산과 더불어 가족 규모 축소에 직간접적으로 연계된 현상으로는 혼인율 감소 및 혼인연령의 지속적 증가를 들 수 있다. 서구의 경우 혼인과 출산의 분리로 인해 혼인율 감소 및 혼인 지연이 출산율에 미치는 영향이 상대적으로 적은 반면, 한국의 경우는 "출산의 가족화" 현상으로 인해 혼인율 감소 및 만혼으로 인한 출산 연령 상승이 곧 출산력 하락으로 직결되는 특징을 보인다(김혜영 외, 2010; 조은주, 2018).

혼인율은 1971년 약 23만 건 이후 1996년 약 43만 건에 이르기까지 전반적으로 상승 곡선을 그린 이후 1997년부터 2003년까지는 지속적으로 하강 곡선을 그리고 있다(〈표 1〉 참조). 이후 2007년까지 소폭 상승하던 혼인율은 2008~2009년에 걸쳐 다시 현격한 하락세를 보인 후 2011년까지 소폭 상승했다. 그러나 2012년부터는 계속 감소 추세를 보여 2002~20년 기간 중 혼인 건수는 11만 3천 건 이상 줄었다. 인구 1천 명당 혼인 건수를 의미하는 조혼인율은 2020년 4.2명으로 최저치를 기록했다(통계청, 해당년도).

〈표 1〉 혼인 건수 및 조혼인율

년도	2002	2003	2004	2005	2006	2007	2008	2009	2010	2011
혼인수 (천건)	304.9	302.5	308.6	314.3	330.6	343.6	327.7	309.8	326.1	329.1
조혼인율*	6.3	6.3	6.4	6.5	6.8	7.0	6.6	6.2	6.5	6.6

년도	2012	2013	2014	2015	2016	2017	2018	2019	2020	
혼인수 (천건)	327.1	322.8	305.5	302.8	281.6	264.5	257.6	239.2	213.5	
조혼인율*	6.5	6.4	6.0	5.9	5.5	5.2	5.0	4.7	4.2	

출처: 통계청, 해당년도.

혼인율 변화를 통해 유추컨데 1980년대까지 한국은 강력한 보편혼 사회였으나, 1990년대 들어서면서 보편혼의 침식이 빠르게 진행되기 시작했음을 알 수 있다(최선영, 2020). 결혼을 생애과정의 필수로 인식하는 집단적 동조화 conformity, synchronization 압력은 남성보다 여성을 대상으로 강력하게 작용해온 반면, 동조화 압력의 강도 强度 변화는 여성보다 남성에게서 뚜렷이 관찰되고 있음은 흥미롭다. 이는 산업화 시기 남성에게 집중되었던 결혼 압력이 1950년대 후반 출생 집단부터 약화되기 시작했음을 통해 추론 가능하다. 실제로 1956~60년생 남성의 경우 결혼율 90%에 이르는데 걸린 기간이 7.2년 여성은 5.8년이었으나, 1961~65년생 남성의 경우는 10.6년 여성은 6.6년으로 연장되었다. 결혼 동조화 압력의 약화는 1970년대 생 이후부터 지속적으로 관찰되고 있고, 결혼으로 이행하지 않는 인구 규모가 확대됨에 따라 생애비혼 현상 또한 증가하고 있다(유홍준 외, 2010; 통계청, 2019).

한편 성별 초혼연령 추이를 보면, 1960년 남성 25.4세 여성 21.6세로부터 2020년 남성 33.2세 여성 30.8세로 만혼 징후가 뚜렷이 감지된다. 성별 초혼연령은 지난 60년 간 남성은 7.8세 여성은 9.2세 상승했다. 초혼연령 패턴은 남녀 구분없이 유사하게 상승하고 있고, 1997년 경제위기 이후 상승폭이 다소 빨라지고 있음을 알 수 있다(〈그림 2〉 참조).

〈그림 2〉 성별 초혼연령 추이

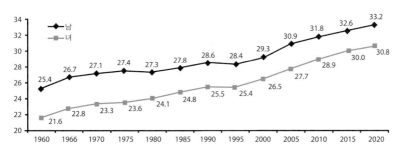

출처: 통계청, 인구주택총조사보고서, 해당년도.

혼인율 및 출산율 저하에 주목한 인구학자들을 중심으로 1980년대 중반 "2차 인구변천 이론"이[1] 등장했다. 2차 인구변천이 발생하게 된 주원인으로는 결혼에 대한 개인의 태도 변화와 함께 결혼의 '탈제도화'가 지목되고 있다(Coontz, 2005).

개인의 태도 변화에 주목하는 학자들은 '결혼으로부터 벗어나고자 하는' retreat from marriage 개인들이 의식적으로 선택한 행동의 결과로 혼인율 감소가 진행되었다고 본다(Lesthaghe, 2010). 곧 결혼을 생애과정의 필수로 규정하던 규범이 위력을 상실해가기 시작했고(Lewis, 2001; 김혜경, 2013; 마지연, 2015), 개인주의와 물질주의의 세례를 받은 '풍요로운 청년세대'는 결혼 유지에 요구되는 장기적 헌신의 가치를 과소평가하고, 자기 정체성의 표현과 자기중심적 삶의 만족에 더욱 높은 가치를 부여하며, 과거 세대라면 감행할 수 없었던 생애과정의 실험을 시도한다는 것이다. 그 핵심에 "개인주의" 및 "개인화" 혹은 "자아의 확대"가 자리하고 있다고 본다(울리히 벡, 1990; 기든스, 1992; 홍찬숙, 2012; 2015).

반면 혼인율 및 출산율 감소의 근저에는 개인의 선택을 넘어 일련의 문화적 규범의 변화가 자리하고 있음에 주목하는 입장도 있다(Coontz, 2005; Cherlin 2011). 곧 일정한 나이가 되면 반드시 결혼해야 하고, 성관계, 출산, 양육 등은 필히 결혼제도 내에서 이루어져야 한다는 결혼규범이 개인의 행위를 인도하고 규제하는 위력을 상실하게 된 결과라는 것이다. 노동시장 및 계급구조 하에서 주변적 지위에 위치할 경우

---

1) 1차 인구변천 이론이 사망력과 출산력 감소를 통해 인구학적 균형점에 도달했음을 지칭하는 것이었다면, 2차 인구변천 이론은 인구학적 균형점 이하로 출산율이 감소함에 따라 인구구조의 고령화와 인구 감소 압력이 강화되고 있음을 지칭한다(Lesthaeghe, 2010).

안정된 가족을 형성하고 유지할 권리 자체가 박탈될 가능성이 높음에 주목한 Cherlin은, 개인화된 결혼이 새로운 불평등을 생성하는 기제로 작동하는 것을 간과한 채, 혼인율 감소를 개인적 자유의 확대 및 다양한 선택지의 확산으로 파악하는 것은 무리가 있음을 비판하기도 한다(Cherlin, 2011; 카르본 외, 2016). 하지만 개인의 태도 변화든 결혼 규범의 변화든 두 입장 공히 '사회 대 개인'을 대립구도로 놓고, 결혼제도의 쇠퇴 원인을 일방적으로 개인화된 결혼에서 찾고 있음은 오류라는 지적도 있다.

한편 한국을 위시한 일본 중국 싱가포르 등 동아시아권에서 일관성 있게 관찰되는 비혼 및 결혼 지연과 저출산의 상관관계에 주목한 연구는, 이들 문화권에서 결혼제도 자체에 대한 명시적 반대나 비판을 찾아보기 어렵다는 점, 더불어 서구의 개인화 명제를 무비판적으로 적용하기는 어렵다는 점을 강조하고 있다(오치아이, 2013). 곧 서구의 개인화는 오랜 기간에 걸쳐 개인주의의 제도화 과정을 거쳤고 개인주의가 지배 이데올로기로 자리잡았으며, 개인화를 기반으로 성적 자유의 확대를 통한 비혼 동거 및 비혼 출산의 확산을 낳았다고 본다. 반면 동아시아권에서는 결혼 지연/출산 지연 현상만 존재할 뿐, 실제로 동거 및 비혼 출산 비중이 극히 낮으며 사회적 허용도도 여전히 낮은 수준이다(야마다 마사히로, 2019).[2]

---

2) 이에 동아시아의 결혼 지연과 그로부터 초래된 장기간의 초저출산 추세를 설명하기 위해서는 '서구식 개인화' 명제 대신 특유의 '가족주의'에 주목할 것을 제안한다. 학자들은 비전통적 유형의 파트너십에 대한 동아시아 특유의 비관용성과, "패키지 결혼"이란 상징적 개념 속에 내포된 지나치게 무겁고 넓은 가족 의무가 개인주의 지향과는 별개로 여성들로 하여금 가족으로부터의 도피를 초래한다고 설명하고 있다. 다만 가족주의의 압력이 결혼 지연을 야기한다는 주장은 검증 자체가 쉽지 않은 심리적 추론에 불과하다는 비판을 받기도 한다.

동아시아의 압축적 근대화에 주목한 학자들은 가족이야말로 사회변동 과정의 지체된 잔여물이 아니라, 오히려 사회변동의 핵심 제도라 주장하고 있다(장경섭, 2009; 2019; 오치아이, 2013; 홍찬숙, 2015). 동아시아의 경제적 발전은 사회재생산의 부담을 가족화 여성화함으로써 가능했고, 그 기저에는 개인의 사회적 삶을 고도로 가족중심적으로 구성하는 문화와 제도가 자리하고 있었다는 것이다. 덕분에 가족중심주의를 넘어선 사회적 연대 및 문화는 물론이요, 가족으로부터 해방 분리된 개인을 지지하고 지원하는 가치 및 규범의 발전도 억제되었다는 것이다(바렛과 매킨토시, 1982; 김동춘, 2020).

　　따라서 한국과 일본의 '저출산' 현상은, 동아시아적 발전 과정의 핵심제도였던 가족의 지속불가능성과 그로 인한 사회 재생산의 위기를 보여준다고 본다(최선영, 2020: 10). 이제 가족은 사회적 위험으로부터 개인을 보호해주는 관계가 아니라, 위험을 전달하고 누적하는 관계로 전환됨으로써 "위험 가족"의 성격이 강화되고, 이는 다시 비혼과 저출산의 동기가 된다는 것이다. 따라서 한국 가족의 규모 축소는 위험가족 내에서 생존하기 위한 자기부과적 구조조정인 만큼, "위험 회피적 개인화"로 특징지을 수 있으리라는 것이다(장경섭, 2009; 2019).

　　이상에서 살펴본 출산력 저하, 혼인율 감소, 초혼연령 상승 등의 인구학적 변화는 가족형태 변화에도 직접 영향을 미쳤다. 출산력 감소는 자녀수 및 가구원 수 감소로 나타나고 있고, 혼인율 감소는 1인 가구 증가 및 가족형태의 다양화로 나타나고 있다.

〈표 3〉 가구원수별 가구 비율 및 평균 가구원수, 1975~2019

연도	1인 가구	2인 가구	3인 가구	4인 가구	5인 가구	6인 이상 가구	평균 가구원수
1975	4.2	8.3	12.3	16.1	18.3	40.7	5.0

연도	1인 가구	2인 가구	3인 가구	4인 가구	5인 가구	6인 이상 가구	평균 가구원수
1980	4.8	10.5	14.5	20.3	20.0	29.8	4.5
1985	6.9	12.3	16.5	25.3	19.5	19.5	4.1
1990	9.0	13.8	19.1	29.5	18.8	9.8	3.7
1995	12.7	16.9	20.3	31.7	12.9	5.5	3.3
2000	15.5	19.1	20.9	31.1	10.1	3.3	3.1
2005	20.0	22.2	20.9	27.0	7.7	2.3	2.9
2010	23.9	24.3	21.3	22.5	6.2	1.8	2.7
2015	27.2	26.1	21.5	18.8	4.9	1.5	2.5
2019	30.2	27.8	20.7	16.2	3.9	1.0	2.4

출처: 통계청 『인구및주택총조사 보고서』 해당년도.

〈표 3〉 가구원 수별 가구 비율 및 평균 가구원수에 따르면 1980년대 초반까지만 해도 6인 이상 가구 비율이 상대적으로 가장 높게 나타났고 평균 가구원 수도 5명 내외를 기록했으나, 이후부터 2005년까지는 4인 가구비율이 가장 높은 상황으로 이행해갔다. 2010년 통계에서는 2인가구가 24.3%로 가장 높은 비중을 보였고, 뒤를 이어 1인가구가 23.2%를 차지했으며 당시의 평균 가구원 수는 2.7명대로 감소했다.

최근 가장 큰 주목을 받고 있는 1인가구 비율은 1975년 전체 가구 중 4.2%, 1990년 9.0%에 머물렀으나, 1995년 12.7% 2000년 15.5%로 증가한 이후 2005년에는 다섯 가구 중 한 가구를 기록했다. 2010년에는 두번째로 높은 비중을 차지했던 1인가구가 2015년 및 2019년 통계에서는 각각 27.2%, 30.2%로 가장 높은 비중을 차지하게 되었다.

1인가구[3]는 통상 미혼, 이혼, 사별 등으로 법적 배우자 없이 혼자

---

3) 2012년 기준 1인 가구의 혼인상태는 미혼 44.5%, 유배우 12.9%, 사별 29.2%, 이혼 13.4%로 미혼의 비중이 가장 높다. 연령별로 45세 미만은 주로 미혼,

생활하는 가구 형태로 정의되며, 독신 가구[4] 혹은 단독가구와 동일한 개념으로 사용된다. 연령별로는 미혼 청년세대 1인가구, 이혼 장년세대 1인가구, 사별 노인 단독가구로 대별된다. 성별 특성과 연령 구조를 교차하여 2019년 기준 1인가구의 인구학적 특성을 살펴보면, 남성은 20~29세 19.2%, 30~39세 21.7%가 주를 이루다 점차 감소하는 양상을 보여준다. 반면 여성은 20~29세 17.2%로 1차 정점에 달한 이후 혼인으로 인해 감소했다가 사별로 인한 1인가구를 형성하여 60~69세 17.3% 70~79세 16.5%로 다시 2차 정점에 도달하는 쌍봉 패턴을 보여주고 있다(통계청, 2020).

1인가구의 비약적 증가와 함께 2인가구의 증가도 주목할 만하다. 1975년에는 전체 가구 중 2인가구 비율이 8.3%에 불과했으나, 2000년에는 19.1%, 2010년에는 24.3%, 2019년에는 27.8%로 빠른 증가세

45-59세는 이혼, 60세 이상 인구는 사별로 나타나고 있다. 45-59세 장년 세대의 경우 1995년에는 유배우가 주된 혼인지위였으나 201년에는 이혼 비율이 상대적으로 높아졌음을 알 수 있다. 1인 가구의 주거상황을 살펴보면, 2010년 기준 월세 42.5%로 4인 가구의 자가 비율 62.6%와 비교해볼 때 월세 비율이 월등히 높다. 2019년 조사에서도 월세 38.0%, 자가 30.6%, 전세 15.8%로 나타났다. 가계동향조사 자료를 통한 가구원수별 개별 가구의 소득수준 분석에서도 1인 가구의 소득수준이 매우 낮음이 확인되고 있다. 곧 2010년 기준 1인가구의 경상소득은 119만 원으로 다인가구 349만 천 원에 비해 크게 낮은 것으로 나타났고, 시장소득은 106만 천 원으로 다인가구의 33.2% 수준에 불과한 것으로 확인되었다. 2018년 통계에서도 1인가구 연소득이 2,116만 원으로 전체 가구의 36.3% 수준에 머물렀다(통계청, 2020). 이는 1인가구의 연령구조 및 혼인지위 특성에 비춰볼 때 설득력있게 부합하는 결과로서, 노동시장지위가 불안정한 청년세대와 노년 단독가구로 생활하는 고령노인의 증가가 1인가구의 증가요인으로 작용하고 있음을 정확히 반영하고 있다. 중년의 경우 이혼으로 인한 1인 가구 비율이 높은바, 이 또한 경제적 취약성과 깊은 관련이 있음은 물론이다(김혜영 외, 2008).

4) 단 '독신'이란 용어는 독립 거주의 의미보다 주로 배우자 혹은 파트너가 없는 사람들을 지칭하는 의미로 사용된다. 그러나 1인 가구 개념 속에는 배우자가 있더라도 함께 생활하지 않는 분거가족이 포함되어 있고, 단독으로 가구를 구성한 세대를 의미하므로 독신과는 차이가 있다.

를 보이고 있다. 2인가구＝부부가구로 동일시할 수는 없지만, 상당수
가 무자녀 혹은 빈둥지 가족 단계의 부부가구일 것으로 추정된다.
2010년대 초반 들어서면서 1인가구 및 2인가구가 전체 가구 중 절반
이상을 차지하고 있음은 규모 축소로 인한 가족의 미니멀화 경향을 전
형적으로 보여준다 하겠다.

한편 1인가구 및 2인가구의 급증 못지않게 혈연가구 2인 이상 거주 가구
이면서 가구원이 혈연관계인 가구의 가족 형태도 의미있는 변화를 보이고 있
다. 〈표 4〉에 따르면 1980년에는 전체 혈연가구 중 부부＋미혼자녀로
구성된 전형적 핵가족이 56.5%를 차지했으나 2010년에는 49.4%,
2015년에는 44.9%로 절반 미만이 되었다. 반면 부부가구 비율은
1980년 전체 혈연가구의 6.4%를 차지했던 것으로부터 2010년에는
20.6%, 2015년에는 21.8%를 차지한다. 부부＋양편친＋자녀 등 3세대
가족 비율은 1980년 10.4%에서 2010년에는 5%, 2015년에는 4.2%로
낮아졌다. 한부모와 미혼자녀로 구성된 가족 비율이 15%를 차지하고
있고, 기타가족 비율도 13.0%를 보이고 있어 가족 형태의 다양화 현
상을 입증해주고 있다.

〈표 4〉 혈연가구의 가족형태별 가구 분포

연도	핵가족			직계가족		기타 가족
	부부	부부+ 미혼자녀	한부모+ 미혼자녀	부부+ 양(편친)	부부+양 (편친)+ 자녀	
1980	6.4	56.5	10.0	0.6	10.4	16.1
1985	7.8	57.4	9.7	0.8	9.9	14.0
1990	9.3	58.0	8.7	0.9	9.3	13.8
1995	12.6	58.6	8.6	1.1	8.0	11.2
2000	14.8	57.8	9.4	1.2	6.8	10.1

연도	핵가족			직계가족		기타 가족
	부부	부부+ 미혼자녀	한부모+ 미혼자녀	부부+ 양(편친)	부부+양 (편친)+ 자녀	
2005	18.1	53.7	11.0	1.2	5.7	10.4
2010	20.6	49.4	12.3	1.2	5.0	11.5
2015	21.8	44.9	15.0	1.1	4.2	13.0

출처: 『한국의 사회지표 2011』. 해당년도. 통계청 『인구및주택총조사 보고서』 해당년도.

가족 규모의 축소와 연계된 현상으로 이혼율의 증가도 있다.[5] 조이혼율 인구 1000명 기준은 1991년 1.1%에서 꾸준히 상승하여 1997년 2.0%를 기록한 이후, 외환위기 직후인 1998년에는 2.6%로 상승했다. 조이혼율은 2003년 3.4를 정점으로 계속 완만하게 하강 곡선을 그리고 있는 중이다.

이상의 통계 자료를 중심으로 가족 규모의 축소 추세를 요약해보면, 한국의 가족은 직계가족 비중이 감소한다는 점에서 가족의 세대별 단

---

5) 2006년부터 통계청 사회조사에 포함되기 시작한 분거가족의 등장도 가족 규모의 축소와 연계해 볼 수 있다. 조사 내용이 제한저이기는 하나 분거가족에 대한 가장 대표성 있는 자료이다. 분거가족은 직장, 학업, 입대 및 입소 등의 사유로 인해 1인이상의 가구원이 비동거하는 가족을 의미하며, 주말가족, 월말가족, 기러기가족까지 포괄하는 개념이다. 2006년~2012년 기간 중 분거가족 관련 통계를 바탕으로 배우자 분거가족과 미혼자녀 분거가족 현황을 확인해보면, 배우자 분거가족은 2006년 4.7%에서 2012년 5.7%로 나타났고, 미혼자녀 분거가족은 2006년 18.5%에서 2012년 16.3%로 나타났다. 동일 기간 중 미혼자녀 분거가족이 배우자 분거가족 보다 약 3배 이상 많은 것을 볼 수 있다. 2012년 조사에 의하면 배우자 분거가족의 분거 이유는 '직장'(72.3%)이 가장 큰 비중을 차지하고 있고, 뒤를 이어 가족 간 불화, 자녀교육지원 및 보육, 건강상의 이유 등이 제시되고 있다. 미혼자녀 분거가족의 분거 이유로는 '직장'과 '학업'이 큰 비중을 차지하고 있는 가운데, '직장'으로 인한 미혼자녀 분거 비율은 다소 감소추세를 보이다가 2012년 53.5%로 다소 증가된 반면, '학업'으로 인한 분거는 지속적으로 증가추세를 보이다가 2012년 38.2%로 2010년 대비 5.5% 감소한 것으로 나타나고 있다.

순화 현상이 강화되는 가운데, '부부와 미혼자녀'로 구성된 이념형적 핵가족 비중은 감소 추세를 보이고 있고, '1인 가구' '부부가족' '한부모 가족' '분거가족' 등 비정형가족 비중이 증가하고 있다. 더불어 1990년 대 이후 혼인율 감소 및 생애 비혼율 증가로 인해 저출산이 가속화됨에 따라 가족 구성원 규모 또한 지속적으로 축소되고 있다. 이혼율 및 재혼율은 증가 추세를 보이다 2000년 후반부터는 안정화 경향을 보이고 있다.

3. 가족 규모의 축소에 담긴 함의

한국가족의 규모 축소 현상은 외형상으로는 서구와 유사한 방향성을 보이고 있다. 서구에서는 이를 가족의 미니멀화 전략 개념으로 포착하고 있다(Dizard and Gadlin, 1990). 이 자리에서는 가족 규모의 축소라는 양적 변화에 담긴 가족 삶의 질적 변화를 탐색해보기로 한다.

소비 자본주의와 개인화가 상호작용하면서 등장한 서구의 "미니멀 가족"은 더욱 더 강력한 "개인화"를 지향해가면서(벡 & 벡 게른스하임, 1990), 개인을 구속해오던 가족관계의 끈을 약화시키는 방향으로 가고 있다. 산업화와 핵가족 간에 일련의 선택적 친화성이 발견되던 시기, 친족 및 지역사회로부터 독립성과 자율성을 추구하던 가족은 이제 한 걸음 더 나아가 가족 구성원으로서의 책임과 의무로부터 일정한 거리를 둔 채 자유를 갈망하는 개인의 등장을 목격하고 있다.

하지만 서구와 달리 "가족주의"가 강하게 작동하고 있는 한국사회에서는 가족 규모의 축소 현상 속에 두 가지 흐름이 상호 충돌하며 공존하고 있는 것으로 추론된다. 가족 규모의 축소를 통해 가족주의에 내재한 이기적 공리적 성격을 더욱 강화해가는 흐름이 그 하나요, 기존의 이념형적 핵가족 내지 전형적 가족으로부터 탈출을 시도함으로써 가족주의가 부과하는 책임 및 부담으로부터 벗어나고자 하는 흐름이 다른 하나라 하겠다.

한국의 가족주의를 '보호적 가족주의'와 '지위유지 상승적 가족주의'로 구분하고 있는 김동춘 교수는, 재산상속 및 자녀교육을 통해 지위유지 및 계층상승을 든든히 받치는 지렛대이자 생존의 단위로서 전통적 씨족/친족망에 기반했던 가족주의가 새로운 옷을 입고 한국식 근대화 과정에서 핵가족에 뿌리내린 가족주의로 탄생했다고 주장하고 있다(김동춘, 2020). 개인의 보호막이자 지위 상승의 발판으로서 가족주의가 담당해온 역할에 주목하고 있는 김 교수의 분석은, 가족주의의 공리적 성격에 대한 설명을 풍부히 하는데는 일조하고 있지만, 기존 부계중심 가부장제 가족으로부터 탈출하고자 하는 새로운 흐름은 간과하고 있는 한계를 보이고 있다.

이제 절을 바꾸어 가족 규모의 축소 속에 함의된 의미와 그 속에 숨어있는 위기의 징후를 살펴보기로 한다.

1) 가족 구성원 간 정서적 밀도 강화와 부모 권위의 부식 (erosion)

애정적 개인주의에 기반한 낭만적 결합의 성격을 띤 현대사회 결혼은(Coontz, 2005) 핵가족이 주체가 되어 "자기 충족성"을 표방하면서 물질적으로든 정서적으로든 친족 연계망 및 지역사회로부터 독립성과 자율성을 추구하게 되었음을 의미한다. 물론 오늘날의 핵가족에게 친족 및 지역사회가 전적으로 무의미한 존재가 되었다기 보다는, 전통가족과 비교해볼 때 친족의 의미와 지역사회의 존재감이 "주변적 지위"로 전환되었음을 간과해선 안 된다는 의미이다.

구성원들에게 책임을 할당하고 의무를 부과하던 친족의 범위가 축소되고 친족 간 왕래 빈도가 감소됨에 따라, 지역사회 및 가족의 근간을 이루던 도덕과 가치도 쇠락해가고 개인의 행동을 규제하는 기준도 변화해가기 시작했다. 이제 친족을 향한 의무와 책임은 강제적이기보다 선택적이며, 집중되기보다 분산되는 경향을 보인다. 이 과정에서 핵가족을 향한 책임과 의무가 강조되기 시작했고, 이는 핵가족의 응집력을 유지하기 위한 필요조건으로 작동했음은 물론이다.

친족의 주변화 및 핵가족의 자율성 강화는 배우자 선택과정에서 부모의 권위 및 영향력이 축소되면서 더욱 가속화되었다(함인희, 2001). 친족 및 지역사회의 압력으로부터 자유로워진 핵가족 안에서 부부 및 부모자녀 간 유대는 보다 밀착되어갔고 감정의 밀도 또한 더욱 강화되어 갔다. 전통사회에서는 부부간 사랑이나 애정이 혼인의 기반이 되는 것은 가족의 불안정성을 강화시키는 동시에 가족의 도덕성을 약화시킬 것이란 우려가 오래도록 남아있었다.

그러나 사랑이 혼인의 핵심적 요건으로 부상하면서, 가족은 경제적 생존 공동체로서의 성격을 뒤로 하고 정서적 애정 공동체로서의 성격을 강화해가기 시작했다. 이 과정에서 모성 역할이 새롭게 강조되기 시작했고(벡 게른스하임, 2014), 더불어 부부관계의 센티멘탈화sentimentalization가 진행되기 시작했다(기든스, 1992; 일루즈, 2013). 이제 부부관계의 친밀성이 핵가족의 이상적 목표로 부상하면서, 부부간 상호 의무 및 책임을 규정했던 자리에 부부간 사랑과 애정이 흘러들어오기 시작했다.

오늘날 일하는 아내이자 엄마는 이상적 부부관계의 상을 재정의해가고 있다. 이들은 평등과 자율성에 높은 가치를 부여한다. 워킹 맘이 추구하는 평등과 자율성은 친족 및 지역사회로부터 가족의 자율성을 유지하는 것으로부터 한 걸음 더 나아가 가족으로부터 개인의 자율성을 담보 받고 싶어 한다. 이로부터 부부간 역할의 형평성 및 공정성이 우애결혼의 성패를 좌우하는 요건으로 부상하고 있다. 단 부부간 역할 공유는 목표로서는 타당하나 실현가능성이 높지 않다는 한계를 보이고 있다(혹실드, 2012).

실제로 노동시장의 변화는 획기적이나 가족 내 역할 변화는 아직도 요원함을 다수의 연구가 검증하고 있다(Williams, 2001; 이재경 외, 2006; 크랩, 2016). 맞벌이 부부 가족의 평등을 유지하기 위해 보다 큰 사회구조의 불평등이 전제되어야 함은 불공정한 일이다. 저임금 미숙련 가사노동자가 존재함으로써 맞벌이 부부의 평등이 유지되는 한, 여성 집단 내부의 불평등이 심화되고 이는 부부가 함께 추구하는 가치로서의 평등 기준에도 위배된다.

가족 규모의 축소와 더불어 부모의 "권위 부식 erosion of authority"이 동시에 이루어지고 있음도 주목할 만하다. 현대사회에서 부모는 일차적 사회화 담당자로서의 역할 수행이 거의 불가능해졌다. 부모 세대의 가치관과 규범은 더 이상 자녀 세대에게 전수되지 않는다. 오늘날의 가족은 마치 "이민자 가족"이 처한 곤경과 흡사한 상황에 놓여 있다. 이민 일세대로서 자신이 고수해온 가치관과 신념을 자녀 세대에게 전수하고자 하는 부모의 갈망이, 주류 사회에 동화되고자 하는 자녀 세대의 열망과 충돌하고 있는 상황과 유사한 일이 벌어지고 있는 것이다.

가족 안에서 부모가 일방적으로 행사해온 "지위 권위"는 시대착오적 지표가 되었다. 한데 부모의 지위 권위가 쇄락하면서 부모자녀 간 정서적 유대가 약화되기보다 반대로 강화되고 있음은 흥미롭다. 곧 부모 스스로 부모로서의 권위를 행사하지 않을수록 부모자녀 간 정서적 유대가 공고해지는 역설적 결과가 나타나고 있는 것이다. 부모의 영향력을 공고화하는 기반이 부모자녀 간 강력한 정서적 교감으로 변화된 셈이다(벡 게른샤임, 2014; 오찬호, 2018).

그 결과 복종을 강요하던 훈육 방식이 유연성과 선택을 부추기는 사회화 과정으로 대체되기 시작했다. 부모 입장에서도 자신의 지위 권위를 정당화하기 어렵고 부모로서의 자질에 대한 확신 또한 약화된 만큼, 자녀를 향한 애정이 부모의 영향력의 정당한 기반으로 부상하고 있음을 적극 수용하고 있다 하겠다.

오늘날 부모의 딜레마는 "좋은 부모됨"의 규범이 부재한 상황에서 좋은 부모가 될 수 있는 최선의 길을 찾아야 한다는데 있다. 부모의 권위 하락이 전문가의 의존 확대로 이어지면서(혹실드, 2013), 오늘날의 자녀양육은 부모의 정서적 몰입 및 전폭적 개입과 자녀를 향해 일정 수준의 성과 및 특정 역량을 요구하는 도구적 합리성의 결합으로 귀결되고 있다.

와중에 부모의 사랑은 자녀의 자율성을 증대시키기보다 의존성을 심화시키는 딜레마에 봉착하기도 한다. 정서적 밀착이 강화된 상황에서 자녀는 부모의 사랑을 확인하는 순간 자신은 상처받기 쉬운 유약한 존재임을 인정할 수밖에 없고, 거꾸로 자녀의 주도적 성장을 바라는 부모는 부모로서의 권위를 스스로 부정해야 하는 진퇴양난에 빠지고 있는 셈이다.

부모자녀 간 사랑은 정서적 의존성에 대한 두려움을 야기하는 동시에 무조건적 유대 및 끈끈한 애착이라는 낭만적 노스탤지어를 지속시키기도 한다. 오늘날 가족관계를 지배하는 친밀성은 친족 및 지역사회로부터 가족의 자율성을 담보하는 기반이자 동시에 가족관계 내 의존성의 토대가 되고 있다는 점에서 위기의 징후를 내포하고 있다할 것이다.

2) "시간 압박" 및 "친밀한 삶의 상품화"로 인한 "가족"의 희생

현대사회 핵가족의 등장에 결정적 역할을 한 또 하나의 힘은 시장 경제의 발달이다. 만일 친족 관계망의 도움 없이 재화와 서비스의 교환을 가능케 하는 시장이 없었더라면, 다시 말해서 핵가족과 친족 연결망의 분리를 지탱해주는 다른 종류의 사회 시스템이 발달하지 않았더라면 핵가족의 확대는 불가능했을 것이다. 감성 sentiment 하나만으로는 가족의 자율성을 유지하는 것이 충분치 않았으리란 의미이다. 핵가족이 정서 공동체로 부상하게 된 이면에는 물질적 자율성이 뒷받침되었기 때문이다.

만일 시장 경제의 무한 팽창이 수반되지 않았더라면, 핵가족과 개인은 친족 관계망이나 다른 종류의 의존관계에 머물러 있었을 것이 확실하다. 만일 그리 되었더라면 현대가족의 상징적 징표라 할 개인성의 구현과 강력한 정서적 유대 사이에 미묘한 균형을 유지하는 것 자체가 불가능했을지도 모를 일이다.

문제는 자본주의 시장경제가 가족과 경쟁에 들어갔다는 사실이다. 혹실드가 개념화한 "시간 압박 time bind"과 "친밀한 삶의 상품화 commercialization of the intimate life"는 현대사회 가족과 일터를 엮고 있는 복잡다단한 실타래를 풀기 위한 것이다.

혹실드에 따르면 현대인에게 시간은 매우 귀중하면서도 유용한 자원으로 부상했다. 이 과정에서 근로 시간이 길어질수록 자녀 양육을 위한 시간과 가사 관리를 위한 시간이 줄어들게 되었다. 동시에 일터의 시간은 표준화되고 신성시되어가는 반면, 가족의 시간은 일과 거꾸로 부담이 되고 소모적이라 인식되고 있다. 이제 결혼 및 가족은 크게 중요치 않은 개인사가 된 반면 일과 일터는 삶의 안정성을 담보해주는 주 원천으로 떠올랐다(Hochschild, 1997).

자본주의가 종교의 지위에 오른 현대사회에서 산업 시간은 가족 시간과 경쟁할 뿐만 아니라, 일터의 효율성을 기준으로 내세우며 가족의 비효율성을 폄하하고 산업 시간이 더욱 가치있고 생산적이란 사실을 주입히고 있다. 그 결과가 바로 "돌봄 위기"crisis of care로 나타나고 있다는 것이 혹실드의 혜안이다.

더 나아가 가족을 향한 시장의 승리는 과거 가족 안에서 이루어지던 다양한 활동들을 이윤을 발생시키는 상품의 형태로 전환시켜 가고 있다(혹실드, 2013). "친밀한 삶의 상품화"(Hochschild, 2003) 속에는 연애 코치에서부터 파티 플래너를 거쳐 장례식을 관장하는 장의사 등에 이르기까지 개인이 생애주기의 주요 전환기에 경험하는 모든 사건event이 포함된다. 가족 고유의 영역에 머물러 있던 "정서적 양육emotional nurturing"의 가치가 '젠더 정치' '일 우선 이데올로기' 그리고 전통적인 가족 기능 및 역할의 '외주화' 등으로 인해 희석되고 있다는 것이다(혹실드, 2003; 2013).

혹실드는 페미니즘을 지지하면서도 페미니즘조차 자본주의와 개인주의를 충분한 성찰없이 수용함으로써, 여성들의 선택지를 제한했다는 점에서 아쉬움을 표하고 있다. 동일노동 동일임금은 찬성하지만, 이상적 남성 근로자상을 기준으로 이에 "동화"assimilate될 때만이 성공이라 인정하는 현실이, 결국은 여성들로 하여금 가부장제라는 프라이팬에서 뛰쳐 나와 자본주의라는 불구덩이 속으로 뛰어 들어가도록 부추겼음을 우려하는 것이다(Hochschild, 2003: 148).

글로벌 자본주의는 우리의 삶을 모두 사고 팔 수 있는 상품으로 바꾸어가고 있을 뿐만 아니라, "기회 비용"처럼 정작 가격을 매길 수 없는 대상에 대해서도 가격표를 붙이고 있다. 이들 자본주의의 승리는 개인의 삶을 풍요롭게 해왔던 종교적 신념, 시민적 책임, 가족을 향한 헌신 등의 가치를 지속적으로 감소시킴으로써 개인이 선택할 수 있는 삶의 양식을 철저히 상품화된 영역으로 제한하고 있다는 것이다.

혹실드는 종종 전통사회 공동체에 대한 노스탤지어가 있다는 오해를 받기도 한다. 하지만 그녀가 진정 우려하는 바는 여성이 노동시장에 진출하면서 삶의 신산함을 남성과 동일하게 정상적인 것으로 인식하게 되었음이다. 혹실드가 원하는 삶은 "시장에서의 성공 못지않게 가족 안에서의 돌봄에도 동일한 성공의 가치를 부여하자는 것"(Hochschild, 2003: 8)이요, 시장 밖에 존재하는 탈상품화된 영역의 가치를 더 이상 평가절하해서는 안 된다는 것이다.

3) 비전형적 가족의 확산과 "가족 가치"를 향한 도전

가족 규모의 축소를 야기한 독신 비혼, 한부모 가족, 동거 커플, 1인 가구 등의 꾸준한 증가는 "과연 가족을 구성하는 요건은 무엇인가?" 나아가 "어떤 관계가 가족을 구성하는 적법한 요건으로 인정받을 수 있을 것인가"를 둘러싸고 의미심장한 문제를 제기한다(몸문화연구소, 2014). 이 문제는 개념 정의 차원을 훌쩍 뛰어넘어, 과연 누가 "공동체로서의 가족 가치"를 실천에 옮길 것인지를 둘러싸고 심각한 논쟁을 야기한다.

가족 가치라 함은 가족 구성원 사이의 유대를 규정해온 이타주의, 희생과 헌신 commitment, 공유와 협동, 그리고 친밀성의 교환 등을 의미한다. 나아가 가족 유대는 가족 구성원들 사이에 물질적 정서적으로 무한정에 가까운 의존과 의무를 수반함을 전제로 하며, 무조건적 사랑과 배우자를 향한 충성 royalty을 기반으로 충만하고 영속적인 관계를 지향한다.

한데 시장 합리성이 확대되면서 가족 바깥세상은 무자비하고 비도덕적이며 치열한 경쟁의 세계로, 가족은 상호 배려와 협동 그리고 도덕성이 발휘되는 장소로서 "무자비한 세상 속의 천국"으로 이분화하는 상호배타적 인식이 고착되기 시작했다(바렛 외, 2019). 그 결과 전형적 가족을 넘어 대안가족이나 대안적 삶을 모색하는 작업은 그 자체로 정상가족에 대한 위협으로 간주되고 있다. 대안가족 및 대안적 삶의 양식이 다양해지고 있음은 곧 전형적 가족의 침몰을 의미하고, 사회질서의 근간을 이루는 가족의 약화는 사회적 쇄락을 야기할 것이란 공포를 담고 있는 것이다.

물론 예나 지금이나 가족은 위기에 봉착한 적이 없다고 주장하는 학자들도 있다. 실제로 가족을 형성하고자 하는 욕구는 비교적 강하게 잔존하고 있다. 그런 만큼 가족은 최소한의 안전성을 확보하고 있다고 인정할 수도 있을 것이다. 그러나 현실 속에서 가족을 지속해갈 수 있는 능력이 감퇴되고 있다는 사실, 더불어 가족 가치를 구현할 수 있는 여력이 쇠퇴하고 있다는 사실을 부인하긴 어려울 것이다. 바로 이 점에서 가족의 위기는 개별 가족이 경험하는 시행착오에 있는 것도 아니요, 개개인이 선택하는 가족 형태 속에 내재하고 있는 것도 아니다. 그보다는 이타적 사랑을 나누고 타인을 위해 헌신하고 희생할 수 있는 사회적 맥락 자체가 끊임없이 축소되고 있다는 사실 속에 잠재해 있다 할 것이다. 만일 전형적 가족이 "가족 가치"를 배양하는 영역이 아니라면, 우리는 어디서 "가족 가치"를 실천할 수 있을 것인가? 이 질문에 답을 구하지 못하는 한 가족을 둘러싼 긴장과 갈등은 계속 팽팽해질 것이요, 우리의 불안 또한 가중될 것이다.

오늘날의 가족이 시장 자본주의를 지배하는 이기주의와 탐욕, 공공의 선에 대한 무관심 등을 견제하지 못한 채 "가족 가치"를 상실해가는 상황에서, 비전형적 가족의 증가는 역설적으로 가족이 견지해온 공동체적 가치와 구성원들간의 헌신과 몰입을 위협한다는 이유로 비난의 대상이 되고 있다(몸문화연구소, 2014; 최지은, 2020). 하지만 이들 비전형적 가족이 대안적 틀을 제시하며 가족이 표방해온 공동체적 가치를 구현하고자 할 경우, 이들은 기회 자체를 부정 당하는 또 다른 역설에 빠지게 된다.

결국 가족 가치와 전형적 가족 형태가 매우 강하게 연동됨에 따라, 비전형적 가족양식을 통해 가족 가치를 구현하고자 하는 노력은, 그 자체로 이미 부서지기 일보 직전의 가족을 향한 모욕으로 간주되는 듯하다. 이에 따라 독신, 동거, 그룹 홈, 공동체, 동성 커플 등의 비전형적 가족은 그들 내부의 정서적 유대와 물질적 상호의존이 얼마나 공고한지, 희생과 헌신이 얼마나 진정성을 갖추고 있는지 상관없이 가족개념 자체를 위협하는 요소로 평가받고 있다.

하지만 독신비혼은 이제 더 이상 사회적 고립의 대상도 아니요 연민을 불러일으키는 대상도 아닐 뿐더러 일탈로 간주되지도 않는다. 싱글라이프에 대한 인기가 증가하고 있음은 분명 결혼에 부여하는 문화적가치가 변화하고 있음을 반영하는 지표이다(송제숙, 2016; 김하나 외, 2019). 현대인들은 혼인이 개인에게 행복과 자아실현을 가져다 줄 것이란 기대 수준을 낮추었다. 그 결과는 관계의 취약성으로 나타나기도 하고 친밀성을 향한 신중함으로 나타나기도 한다.

덕분에 현대 문화에서 사랑의 역할이 모호해지기 시작했다(울리히 벡 외, 1990; 일루즈, 2013). 강력한 사랑을 향한 갈망을 부추기는 가족 역동성은 자아실현과 자율성의 욕구를 창출하는데 기여했지만, 사랑이 영속적 관계의 기반이 되었을 때 자아실현과 자율성은 오히려 위험에 빠지는 모순적 결과를 가져왔다. 이에 따라 사랑을 열렬히 추구하면서 동시에 사랑이 가져다 줄 의존성에 대해 신중할 수밖에 없는 딜레마가 연출되고 있는 것이다. 결국 "헌신으로부터 탈출flight from commitment"을 감행하고 있는 현대인들은 친밀한 관계 속에서 요구되는 몰입, 헌신, 애정적 의존성 그리고 사랑에 의문 부호를 찍고 있는 것이다.

한편 동거를 선택하는 사람들은 사회적으로 규정된 부부간 역할 규범이 우애결혼의 가능성을 침해한다고 주장한다. 그런 면에서 동거는 전통가족의 억압적 기대로부터 독립을 주장하는 방식이자, 동시에 평등하고 우애깊은 친밀한 관계를 지속해가겠노라는 천명이다. 동거 커플은 친밀성, 나눔과 공유, 평등주의를 거부하는 것이 아니라 이들 가치가 기존의 가족제도 안에서는 실현될 수 없기에 가족 밖에서 실현하겠노라 주장하는 것이다. 물론 동거가 기존 가족제도의 결함을 극복하고 해결할 수 있는 대안이라는 의미는 아니다. 그보다 동거가 던지는 메시지는 전통가족이 더 이상의 가족적 가치를 추구함에 적합하지 않다는 사실을 드러내는 것이다.

혼인율 하락 및 1인독신 가구의 증가로 인한 가족 규모의 축소가 사회를 향해 던지는 함의는 가족의 위기의식과 밀접히 연계되어 있어, 가족 내 친밀성의 유대를 약화시키는 동시에, 친족 간 원거리 연대 distant ties 또한 약화시킬 가능성이 높다. 타인과의 상호의존이 약화될 때 개인은 자기중심성을 강화시키는 동시에 적극적 시민으로서의 책임과 의무를 포기하는 결과를 가져옴으로써 궁극적으로 사회 전반의 도덕성moral strength 하락을 야기하리란 점에서, 가족의 축소는 "사회문제"요 "구조적 위기"로 간주함이 타당하리라는 주장도 있다(Wolf, 1989).

특별히 한국사회의 경우는 가족주의가 개인에게 부과하는 과도한 책임과 의무로부터 탈脫하고자는 욕구가 개인주의 및 개인화로 표현되고 있음을 고려할 때, 비전형적 가족이 기존의 가족제도 및 가족주의 맥락에 가하는 균열과 파열의 의미를 깊이있게 탐색해보아야 할 것이다.

4. 가족정책의 확대: 공공 가족주의의 역설

가족 규모의 축소와 더불어 양육과 부양 위기가 증폭되는 오늘날의 상황에서 가족이 감당해야 할 책임은 어디까지인가? 우리가 직장과 국가로부터 의당 기대할 수 있는 것은 무엇인가? 이에 대한 답을 모색하고자 하나 전통가족이 담당해온 기능을 대체할 뚜렷한 대안이 없는 상황에서 우리는 모두 덫에 걸렸다. 전통가족을 지지할 수도 없고, 그렇다고 시장의 힘에 의해 손쉽게 조작될 수 있는 "친밀성의 상품화" 또한 지지할 수 없기 때문이다.

신자유주의 하에서 시장과 가족의 관계는 반전을 보이고 있다. 곧 가족관계 및 가족생활 속으로 시장의 개입이 이루어지면서 선택의 자유가 확대됨에 따라, 시장의 요구에 맞추어 자신의 이해관계를 극대화하는 전략이 가족 안에서도 도덕적 코드로 작동하기 시작했다. 과거 가족처럼 도덕적 가치를 구현함으로써 경제활동에 영향력을 행사할 수 있는 가능성을 기대하긴 어려워졌다.

단 개개인은 시장의 요구에 쉽게 승복하는 것도 아니요, 완벽하게 동화되지도 않는다. 대신 친밀성의 욕구를 충족시키면서도 "산업 시간"의 요구에 적응하고자, 소비자본주의의 유혹과 싸우며 아슬아슬한 줄타기를 하고 있다. 이 과정에서 공사영역간의 관계와 경계를 재정립하기 위한 시도가 등장했다. 남성=생계부양자, 여성=전업주부라는 이분법적 모델이 더 이상 작동하지 않는 신자유주의 하에서, 공적영역과 사적영역의 재구조화 모델로서 스칸디나비아식 "공적 가족주의"public familism가 하나의 규범으로 부상하고 있는 것이다(Fine, 2007).

공공 가족주의란 사회정책 및 프로그램의 개입을 통해 가족의 사회적 안녕을 지원해줌으로써 가족 위기가 심화되는 것을 방지할 수 있다는 믿음의 표현이다. 이 때 가족주의라 함은 가족 구성원들 사이에 주고받는 호혜적이고 포괄적인 물질적 정서적 지원의 끈끈한 유대를 의미한다(Dizard and Gadlin, 1990: 6). "공공 가족주의"를 확대함으로써 개인들로 하여금 사생활을 지속할 수 있도록 도와주자는 것이다.

물론 공공 가족주의를 시행한다고 해서 정부 혹은 국가가 가족이 담당해온 대부분의 책임과 의무를 대체 replace하겠다는 의미는 아니다. 그보다는 가족이 제도로서의 기능을 원활히 수행할 수 있는 환경을 보호해주고 지지해주겠다는 의미가 강하다. 일례로 노인을 위한 연금 및 사회보장제도는 노후생활의 안락함을 지원하겠다는 것이지, 자녀들이 제공하는 정서적 지원 및 위기관리를 국가가 대신하겠다는 것은 아니다. 관건은 가족제도 속에 오랜 세월 녹아 있던 상호 부조와 사랑 그리고 존경의 전통을 손상시키지 않으면서 소기의 목적을 달성할 수 있는 시스템을 어떻게 구축할 것이냐 여부이다.

공공 가족주의의 가능성에 주목해 온 Dizard and Gadlin(1990, 224)은 "만일 모두가 얼마나 다층적 의존관계에 놓여 있는지 인식할 수만 있다면, 나아가 의존관계야말로 개인적 삶과 사회적 삶을 연결시켜주는 유기적 링크임을 확신할 수만 있다면, 자율적 개인이 자신의 의지에 따라 구성한 가족을 통해 "돌봄과 공유와 사랑"을 실천하면서 공공영역과 사적영역의 통합을 모색해가는 이상적 사회 구축이 가능할 것"이라는 결론에 이르고 있다.

그러나 공공 가족주의 틀 안에도 명백한 한계가 존재한다(Fine, 2007). 공공 서비스가 요구되는 상황에서 개인의 감정적 요구를 충족시켜줄 수 있는 시스템 및 구조는 하루아침에 만들어지는 것은 아니다. 개인의 욕구를 치밀하게 충족시켜주기 위한 대부분의 프로그램은 종교기관이나 민간 상담 전문가 등 정부나 공공기관을 벗어난 곳에서 주로 이루어져왔다.

뿐만 아니라 가족이 담당해온 사회화 및 행동 통제 기능은 완벽하게 공적영역이 넘겨받을 수 있는 성격이 아니다. 발달 단계 초기의 부적절한 사회화는 이후 어떤 프로그램으로도 치유되지 않는다. 개인의 양심은 가족 안에서 발달하며, 문화적 다양성을 넘어 옳고 그름의 가치를 전달하는 역할은 주로 부모의 손에서 이루어져왔다. 결혼과 가족의 성공은 과거로부터 현재로 이어지는 수 세대에 걸친 가족 사회화의 결과일 뿐, 정부 정책만으로는 실현이 불가능하다(Christiansen, 1991).

현재로서는 공공 가족주의를 확대하는 것이 바람직한지 여부를 놓고 명쾌한 답을 찾기가 어렵다. 시장의 요구에 맞추어 가족을 재조정함에 있어 현재 이슈는 두 가지로 집중된다. 하나는 "가족 시간"과 "산업 시간"의 충돌로 인해 "시간 압박"을 경험하고 있는 가족이 고용주를 향해 더 이상 사생활을 희생하고 싶지 않으니 시간 압박의 압력으로부터 어느 정도 자유를 허용해 달라 요구하고 있고, 다른 하나는 국가를 향해 가족의 고유 기능이었던 양육과 부양을 대신 책임져 달라 요구하고 있다. 일-가정 양립 정책과 복지국가 패러다임이 이들 요구에 대한 현실적 반응임은 물론이다(Hochschild, 1997; 2003). 이제 이윤 축적만을 앞세우는 시장과 효율성만을 내세우는 공공정책 대신 라이프스타일의 다양성과 사생활의 리듬에 대해 민감하게 반응해줄 것이 요구되고 있다. 개인은 시장과 국가로부터 적절한 돌봄을 받고, 격조 있게 대접받는 것을 "권리"로 인식하기 시작했다.[6]

이들 "공적 가족주의"가 한국가족의 위기 극복에 주효한 도구인지 여부를 진단하기 위해서는 숙고를 요한다. 한국에서의 공사영역 간 관계는 서구식 공사영역의 이분법과 질적으로 구분되는 특성을 보인다는 점(장경섭, 2019; 김동춘, 2020), 국가가 가족의 요구에 깊이 개입할수록 국가의 성격에 따라 가족의 보수성이 강화될 우려가 있다는 점, 서구식 "공적 자본주의"에 내재한 서비스의 획일화 등 한계가 비판의 대상이 되기 시작했다는 점 등을 간과해선 안 될 것이다.

5. 나가며

현대사회 가족은 하나의 고정된 유형이라기보다 일종의 궤적 trajectory 으로서의 성격이 강하게 나타나고 있다. 가족을 궤적이라 부를 수 있는 이유는 평등과 자율성이라는 가치를 강조하는 작고 독립적인 가족 단위를 지향해가고 있다는 차원에서 그러하다. 단 개별 가족이 그리는 궤적은 자주 끊기고 불안정하며, 표방하는 가치는 모호하고

---

6) 혹실드는 돌봄을 다음 4 유형으로 범주화하고 있다. (a) 가부장제 하의 "전통적" 돌봄 모델(전업주부 엄마) (b) 환상적 "포스트모던" 돌봄 모델 (취업 수퍼맘) (c) "차가운 근대적" 돌봄 모델(비인격적 제도적 돌봄) (d) "따스한 근대적" 돌봄 모델(양육과 부양을 공적으로 제공하는 동시에 사적영역에서 남녀가 평등하게 책임을 공유)이 그것이다. 혹실드의 평가에 따르면, 미국은 포스트모던과 차가운 돌봄 모델의 합성을 향해 가고 있고 노르웨이 스웨덴 덴마크는 따스한 근대적 돌봄 모델을 실현해가고 있다(Hochschild, 2003: 222). (d) 유형이 실현되기 위한 3개 핵심 요인으로 혹실드는 남성의 돌봄 역할 공유, 가족친화적 정책, 돌봄에 사회적 명예 부여하기를 지목하고 있다.

정체성은 불안하다.

결국 가족은 자율성을 추구하는 성원들이 증가함에 따라 더욱 규모가 축소되고 가족을 위한 헌신과 몰입은 보다 휘발성을 갖게 된다. 가족을 향한 헌신은 가장 고귀한 가치라 할지라도 개인에게는 구속으로 느껴지고, 이제 결과는 개인의 주도권과 개인중심적 행동이 가족보다 우선하게 된다.

한데 역설적이게도 개인의 자유로 대변되는 자율성이 증대될수록 개인은 과거 가족이 담당해왔던 소속감 연대감을 향한 갈망이 커진다. 왜냐하면 가족 연대의식이 사라지면서 나는 누구인가 정체성에 대한 불안감이 팽배해졌기 때문이다. 가족적 결속력과 연대의 가능성이 희박해짐에 따라 가족을 더욱 낭만화하는 경향이 나타나고 있음은 아이러니이다.

오늘날 가족이 직면하고 있는 위기는 가족의 힘만으로는 해결이 불가능하다. 가족을 둘러싸고 있는 정치경제적 구조를 바꾸지 않는 한. 이제 가족은 더 이상 "가족 가치"를 배타적으로 구현할 수 있는 영역이 아니라는 현실에 직면해야 한다. 곧 치열한 경쟁 대신 상호간 지원을, 절대적 독립 보다 호혜적 의무를, 익명적 sensuality 대신 정서적 친밀성과 애정을 원한다면, 우리의 직장과 국가를 향해 소비자로서 노동자로서 시민으로서 지금까지 가족이 구현해온 가치를 실현할 수 있도록 공공영역에서도 가족 가치를 포섭해달라고 요구해야 할 것이다.

가족의 변화를 바라보는 시선은 항상 양가적이다. 현재의 위기를 극복하고 대안을 모색하는 과정은 더 더욱 복잡다단하다. 그럼에도 분명한 것은 가족이 공동체로서의 가치를 유지하고자 한다면 가족 구성원들의 자기희생과 이타주의, 헌신과 양보가 필수적이란 사실이다. 지금까지는 여성에게 오롯이 그 짐이 부과되었으나, 이젠 여성들도 그 짐을 전담할 수 없는 상황에 놓이게 되었다. 그렇다면 방법은 가족 구성원 모두가 여성의 짐을 함께 나누는 것이다.

가족은 자본주의 시장경제 하에서 화폐가치로 전환이 불가능한 "탈물질주의 가치"를 실현하고 있는 유일한 제도이다. 가족이 구현하고 있는 가치가 폄하되는 사회는 더 이상 미래가 없다는 주장은 새겨볼 만하다(쉬르마허, 2006). 가족 고유의 가치를 유지하면서 모든 구성원들이 돌봄 기능을 함께 공유하고 책임질 수 있도록 하는데서 "공공 가족주의"의 한계를 넘어 문제 해결의 고리를 찾을 수 있지 않을까 전망해본다.

▎참고문헌

김동춘. 2020.『한국인의 에너지, 가족주의』. 서울: 피어나.

김하나·황선우. 2019.『여자 둘이 살고 있습니다』. 고양: 위즈덤하우스.

김혜경. 2013. "부계 가족주의의 실패? IMF 경제위기 세대의 가족주의와 개인화."『한국사회학』47(2): 101-141.

김혜영. 2008. "신자유주의와 다양한 가족."『한국사회연구』9(2): 55-94.

김혜영·선보영·김상돈. 2010.『여성의 만혼화와 저출산에 관한 연구』. 서울: 한국여성정책연구원.

마지연. 2015.『비혼(非婚)과 만혼(晩婚)의 사회적 담론 연구: 주요 일간지 기사분석을 중심으로』. 이화여대 사회학과 석사학위 논문.

몸문화연구소. 2014.『우리는 가족일까』. 서울: 은행나무.

박경숙·김영혜·김현숙. 2005. "남녀 결혼시기 연장의 주요 원인: 계층혼, 성역할분리규범, 경제 조정의 우발적 결합."『한국인구학』28(2): 33-62.

송제숙. 2016.『혼자 살아가기: 비혼여성, 임대주택, 민주화 이후의 정동』. 황성원 옮김, 파주: 동녘.

오찬호. 2018.『결혼과 육아의 사회학』. 서울: 휴머니스트.

유홍준·현성민. 2010. "경제적 자원이 미혼 남녀의 결혼 연기에 미치는 영향."『한국인구학』33(1): 75-101.

은기수. 2018. "한국 기혼여성의 일의 연쇄와 출산력."『한국인구학』41(1): 79-108.

이순미. 2014. "생애과정의 복합적 탈근대화와 가족화와 개인화의 이중적 과정: 1955~1974년 성인기 이행 배열을 중심으로."『한국사회학』48(2): 67-106.

이이효재. 1982(2021).『분단 시대의 사회학』. 서울: 이화여대 출판문화원.

이재경 외. 2006. "기혼취업여성의 일·가족생활 변화와 한계; 계층 간 차이를 중심으로."『한국 여성학』22(2): 41-79.

임인숙. 1998. "대량실업 시대의 가족의 변화."『경제와 사회』12: 167-190.

장경섭. 2009.『가족, 생애, 정치경제: 압축적 근대성의 미시적 기초』. 파주: 창비.

_____. 2019.『내일의 종언? 가족자유주의와 사회재생산 위기』. 서울: 집문당.

조은주. 2018. 『가족과 통치: 인구는 어떻게 정치의 문제가 되었나』. 파주: 창비.

조주은. 2013. 『기획된 가족: 맞벌이 화이트칼라 여성들은 어떻게 중산층을 기획하는가』. 파주: 서해문집.

최선영. 2020. 『한국 여성의 생애과정 재편과 혼인행동의 변화』. 서울대 사회학과 박사학위 논문.

최지은. 2020. 『엄마는 되지 않기로 했습니다』. 서울: 한겨레 출판.

통계청. 해당년도. 『인구주택총조사보고서』. 통계청.

＿＿＿. 해당년도. 『한국의 사회 지표』. 통계청.

함인희. 2001. "배우자 선택양식의 변화: 친밀성의 혁명?." 『가족과 문화』 13(2): 3-28.

＿＿＿. 2002. "한국가족의 위기: 해체인가, 재구조화인가." 『가족과 문화』 14(3): 1-25.

홍찬숙. 2012. "한국 사회의 압축적 개인화와 젠더 범주의 민주주의적 함의－1990년대를 중심으로." 『여성과 역사』 17호: 1-25.

＿＿＿. 2015. 『개인화: 해방과 위험의 양면성』. 서울: 서울대학교 출판문화원.

미셸 바렛 & 메리 맥킨토시. 1982(2019). 『반사회적 가족』. 김혜경 배은경 공역. 서울: 나름북스.

알랭 드 보통. 2012. 『사랑의 기초: 한 남자』. 우달임 옮김. 파주: 톨.

오치아이 에미코. 2013. "21세기 초 동아시아 가족과 젠더 변화의 논리." 조주현 엮음. 『동아시 아의 여성과 가족 변동』. 계명대학교 출판부: 101-143.

야마다 마사히로. 2019. 『가족 난민』. 니시야마 치나 함인희 공역. 서울: 그린비.

애너벨 크랩. 2016. 『아내 가뭄』. 황금진 옮김. 서울: 동양북스.

앤쏘니 기든스. 1992(1996). 『현대사회의 성. 사랑. 에로티시즘』. 배은경. 황정미 옮김. 서울: 새물결.

앨리 혹실드. 2013. 『나를 빌려드립니다』. 류현 옮김. 서울: 이매진 컨텍스트.

에바 일루즈. 2013. 『사랑은 왜 아픈가』. 김희상 역. 파주: 돌베개.

엘리자베스 벡 게른스하임. 2014. 『모성애의 발명』. 이재원 역. 서울: 알마.

울리히 벡 & 벡-게른샤임. 1990(1999). 『사랑은 지독한 그러나 지극히 정상적인 혼란』. 강수영. 권기돈. 배은경 역. 서울: 새물결.

준 카르본 & 나오미 칸. 2016. 『결혼 시장』. 김하현 옮김. 서울: 시대의 창.

프랑크 쉬르마허. 2006. 『가족: 부활이냐 몰락이냐』. 서울: 나무생각.

Cherlin, Andrew. 2011. "Between Poor and Prosperous: Do the Family Patterns of Moderatedly Educated Americans Deservea Closer Look?" in *Social Class and Changing Families in an Unequal America*, eds. Marcia Carlson and Paula England, Stanford University Press. pp.68-84.

Coontz, Stephany. 2005. *Marriage: A. History*, New York: McMillan.

Dizard, J. and H. Gadlin. 1990. *The Minimal Family*, The University of Massachusetts Press.

Fine, Michael. 2007. *A Caring Society?* New York: Palgrave.

Hochschild, Arlie. 1997. *The Time Bind: When Work Becomes Home and Home Becomes Work*, Owl Books.

_____. 2003. *The Commercialization of Intimate Life*, Berkeley: University of California Press.

Hochschild, Arlie & Ann Machung. 2012. *The Second Shift*, 2nd. ed. Viking Penguine.

Lesthaeghe, Ron. 2010. "The Unfolding Story of Transition" *Population and Development Review*, 36(2): 152-69.

Lewis, Jane. 2001. "The Decline of the Male Breadwinner Model: Implication for Work and Care" *Social Politics*, 8(2): 152-69.

Nelson, Hilde L. ed.. 1997. *Feminism and Families*, London: Routledge

Williams, Joan. 2001. *Unbending Gender: Why Family and Work Conflict and What to Do about It*, Oxford University Press.

Wolf, Alan. 1989. *Whose Keeper: Social Science and Moral Obligation*, Berkeley: University of California Press.

노인 가족의 현황과 과제

가족 구조와 관계 변화가 주는 함의를 중심으로

김 엘 렌

이화여자대학교 통일학연구원 객원 연구위원

▎요약문

　국제사회의 변화 속도가 빨라지고 사회구조적인 변화, 압력, 다양성의 층위가 넓어지면서 가족형태의 변화는 불가피한 현실이 되고 있다. 본 연구는 큰 틀에서 가족의 변화를 살펴보고 노인 가족의 현황과 사회구조 변화에 따른 노인 가족의 변동추이를 이해하고 이에 따른 국가, 사회, 가족의 역할에 관하여 논의를 하고자 하였다. 더불어 COVID-19시대로 인해 다른 세대보다 더 큰 충격으로 단절과 고립을 경험한 노인들에 관한 심층조사를 통해 우리 사회가 고민해봐야 할 지점이 무엇인지에 관한 단초를 제공하고자 하였다. 고령화 사회에 들어서 한국에서 노인가구 문제는 도시와 농촌을 막론하고 노인 단독가구나 노인 부부가구의 형태가 증가하는 추세임을 확인할 수 있었다. 노인실태조사에 의하면 이러한 노인가구의 변화는 노인 돌봄 문제와 동시에 부모 자식간 관계에 관한 문제를 수반하게 된다. 정서적, 도구적 그리고 경제적인 어려움에 처해 있는 노인 가족의 경우 노인 돌봄에 있어서 사회화 과정이 미흡하게 될 경우 노인 가구의 삶을 위협을 추동하는 큰 원인이 될 수 있다. 실태분석결과 가족 관계 변동 속에서도 가족과의 소통은 다양한 방식으로 이루어지고 있으나 노인 가족이 가지고 있는 문제들을 1차적 가족관계에서만 해결할 수 없다는 점을 확인할 수 있었다. 특히, COVID-19 시기 강제적 고립을 경험한 노인 가족 문제는 심각한 심리적인 문제점을 야기시켰으며 이는 사회적 연결망 단절이 주는 고립이 직접적인 원인 중 하나로 파악되었다. 이는 COVID-19에서도 지속적으로 사회적 연결망을 이어갈 수 있는 해결방안을 모색할 필요성을 상기시켜주고 있다. 즉, 환경적인 요인으로 심화되어 가고 있는 고립 속에서 노인 가족에게 필요한 것은 사회적 지지나 사회적 네트워크의 중요성에 관한 문제라는 것을 간과해서는 안된다는 점이다. 국가적, 사회적, 가족적 측면에서 이 부분을 어떻게 풀어내야 할 것인가에 대한 고민이 필요한 시점이다. 본 연구는 사회적 지지의 필요성에 대한 인식과 이에 대한 정책에 대한 방향성 그리고 COVID-19 시기로 대두된 '공간'에 대한 재인식을 토대로 현실적인 플랫폼 구축으로 풀어내는 방안에 대해 고민하는 작업이다. 구체적인 개념으로써의 '공간'의 확보가 안전과 연동되는 사회로 진입하였다. 이에 따라 사회구조 상층부에 있는 이들은 댓가를 지불하더라도 공간을 확보하기 위한 노력을 기울일 것이고 중하층부는 니즈는 있으나 공간확보과정에서 불평등한 상황을 경험할 수 있다는 점을 고려할 때 계층에 따라 '공간'이 분리되는 현상이 나타난다면 국가적, 사회적 차원에서 보완해야 할 필요성이 제기된다. 이는 국가적, 사회적인 개입이 필요한 동시에 개인적으로도 새로운 플랫폼에서 사회적지지, 사회적 연결망을 지속시키기 위한 노력이 요구된다. 또한 중하층 노인 가족의 문제, 이른바 '공간'에 대한 필요성은 증대되지만 개인적인 영역에서 이를 풀어내기 힘들다는 문제에 대해 어떻게 접근할 것인가? Cantor는 자아로부터 거리에 기반하여 제기한 사회적 연계망 구성요소를 부모, 자녀, 손자녀, 형제, 자매 등을 1차적 비공식관계라고 명명한 바 있다. 가족 관계의 변화는 심화되고 있지만 여전히 비공식 관계의 중요성은 유효하며 가족이 떨어져 지내도 오히려 소통방식은 전보다 다양해지고 있다. 그러나 확대된 공동체에 관한 유의미성에 대해 사고를 확장할 필요가 있다. 이를 위해 국가적, 사회적 지역, 개인적 측면에서 유기적으로 연동하여 새롭게 대두된 '공간' 문제와 함께 대처방안을 모색해야 할 것이다.

1. 들어가며

가족은 개인의 삶과 행위의 준거이자 사회를 유지하기 위한 기본 단위라고 할 수 있다. 지속적인 정보통신기술Information and Communication Technology, ICT의 진보가 노동환경의 변화를 추동하면서 비혼, 만혼, 이혼, 저출산 등과 같은 현상의 증가는 가족의 변화를 이끌고 있다. 이러한 변화는 기존의 가족주의에 관한 구성력을 약화시키는 동시에 개인화를 심화시키며 다양한 필요에 조응하는 구조로 재구성되는 방향성으로 흐르게 되면서 가족의 질적 관계에 관한 논의를 촉발시키고 있다. 이에 따라 산업화 이후 꾸준히 변화양상을 보여온 가족은 학문적으로 크게 두 가지 담론으로 이러한 변화추이를 설명할 수 있는데 가족 기능의 붕괴에 방점을 두는 가족 쇠퇴론과 가족의 다양성 확대에 방점을 두는 가족 진보론적 시각이 그것이다. 한국 사회는 사회 전반에 걸쳐 압축적인 변화를 단기간에 걸쳐 경험한 나라로 이 과정에서 유교적인 전통을 토대로 구성되었던 가족 인식의 틀이 점차 약화가 되고 새롭게 형성되고 있는 가족 형태와 공존하면서 복잡한 양상을 지니게 되었다. 특히, 한국을 비롯한 국제사회의 변화 속도가 점차 빨라지고 사회 구조적 변화와 압력, 다양성의 층위가 넓어지면서 가족 형태의 변화는 불가피한 현실이 되었다. 변화하는 가족 현상을 분석하기 위해서는 결혼, 출산, 양육, 노인 가족 등으로 구분할 수 있는데 결혼, 출산, 양육의 영역에서 두드러지는 변화는 기존 핵가족에서 비껴가는 현상이 나타난다는 점이고, 노인 가족에서는 기존 확대가족에서 전에 없던 현상이 두드러지고 있다는 점이다. 본 연구에서 다루고자 하는 대상은 노인 가족이다.

전통적으로 한국 사회에서 부모 부양이 자녀의 도리로 여겨지고 있고 실제적으로 사회적 지원체제가 확립되지 못한 상태에서 자녀는 노인을 책임지는 부양체계로서의 역할을 수행하면서 부모와 함께 사는 것이 하나의 사회적 규범으로(송유진, 2007) 여겨졌다. 그러나 지속적으로 가족 구조 변화가 이루어지고 있는 현재 이에 대한 인식의 전환이 필요한 시점이 되었다. 본 연구는 큰 틀에서 가족의 변화를 살펴보고 노인 가족의 현황과 사회구조 변화에 따른 노인 가족의 변동 추이를 이해하고 구체적인 영역에서 가질 수 있는 논의에 대해 고찰하고자 한다. 다시 말해 노인가족이 증가하고 가족구조가 변화하고 있는 환경에서 이들을 돌봐야 할 대상에 관한 문제제기를 하고자 한다. 이 작업을 위해 기존의 선행연구, 사회통계지표를 포함한 노인실태조사자료를 통해 노인 가족의 변화가 주는 함의와 더불어 우리가 간과하고 있는 부분이 무엇인지 그리고 COVID-19 시대로 인해 다른 세대보다 더 큰 충격으로 단절과 고립을 경험한 노인들에 관한 심층 조사를 통해 앞으로 우리 사회가 고민해봐야 할 지점이 무엇인지에 관한 실마리를 제공하고자 한다.

2. 문제제기

1) 노인 가족 문제의 중요성

노인 가족에 대한 관심은 결혼, 출산, 양육 문제 이후 부양 문제 차원에서 다루어지는 측면이 있다. 사회구조의 변화는 결혼, 출산, 양육 문제의 변동을 야기시키면서 결국에는 인생의 중반을 넘어 후반의 여생을 설계하고자 하는 노인 가족에게도 큰 영향을 미치게 된다. 이 지점에서 가족 변화 문제의 한 축인 노년 가족의 변화 속도와 이에 상응하는 정책의 제시가 결혼, 출산, 양육을 포함한 문화 변동의 속도를 따라가지 못하는 인지적, 정책적 불일치 요소 존재한다는 점은 부인할 수 없는 현실이다. 가족의 변동에 대해 가족의 해체 입장에서 보든 혹은 다양한 측면에서 이루어지는 과정의 일부로 인식하든 간에 인간은 인생에서 정서적 심리적, 도구적 물리적, 경제적인 이슈와 같은 현실적인 문제를 대응하기 쉽지 않은 노년 시기에 이러한 문제를 만나게 된다. 이것이 우리 사회가 노인 가족 문제에 관심을 가져야 할 이유일 것이다.

그렇다면 우리가 현재 맞고 있는 가족 형태의 변화를 이미 겪었고 지금도 겪고 있는 다양한 나라의 사례를 반추해 볼 때 우리 사회에서 이루어지고 있는 가족 변동의 의미를 어떻게 받아들여야 할까? 벤트슨 Bengtson, 로젠탈 Rosenthal, 버턴 Burton 은 이른바 가족 해체론을 중심으로 논의되는 노년기의 가족 연구에 대해 노인과 성인 자녀 간 관계 취약성, 노인부양비용, 연령집단과 세대 간의 갈등으로 정리하고 그들의 연구 결과를 토대로 반론을 제기하였다. 현대 미국 사회 안에서 대부분의 가족 구성원들은 세대 간의 연대가 강한 것으로 인식하고 있다는 점을 지적하고 있다. 다시 말해 노인 가족 성원에 대한 정서적 연대, 도구적 지원에서도 실증적 지표로 나타나고 있으며 세대 간의 연계들은 두 세대 모두에게 긍정적이라는 점을 강조하고 있다. 장기적인 보호가 필요한 노인들은 일차적으로 가족의 지원을 받고 이후에 시설에 입소하는 경향성을 보이며 전통적인 조부모 역할보다는 친족 내 역할을 하고 있는 노인이 증가하고 있다는 점이다. 더불어 대다수의 미국인들이 세대 간의 연대를 중시하는 규범, 가치를 받아들이고 있다고 강조하고 있다. 이와 연동하여 본다면 우리 시대의 노인 가족의 문제는 어떠한 인식으로 보아야 할까? 앞서 미국 노년기 가족 연구에서 보여주는 바와 같이 노인 가족 변화의 문제는 가족 해체론적 관점에서 보는 점에 반론을 제기하는 현상이 나타나고 있는 것일까? 핵가족에서 다양성을 가진 가족으로 변화하는 것에 주목하는 미국, 유럽과 달리 한국 사회에서 가족의 변화라는 것은 확대가족과 핵가족을 유지하면서 가족 형태의 다양성이 확대되는 양상으로 변모하고 있다.

연구자는 이러한 다층적인 현상들을 가족 붕괴라기보다는 사회 구조적 여건 변화에 따른 다양성을 기반으로 한 가족 변화 현상이라고 보고 있다. 사회적 변화가 가족의 형태를 변하게 하는 독립변수일지라도 가족은 여전히 사회의 중심축의 기능을 다양한 형태로 유지하게 되는 경향성이 있고 사회가 고도화, 파편화, 원자화될수록 가족의 형태는 달라지더라도 기능은 강화될 수 있다는 사실은 여러 실증적 연구를 통해 밝혀지고 있다. 본 연구에서 주요하게 보고 있는 지점이 있는데 인간은 나이가 들어감에 따라 가족도 중요하지만 물리적으로 가까이 지내는 사람들간의 관계도 중요하다는 점이다. 이러한 결과는 여러 선행연구들을 포함하여 노인실태조사에서 실증적으로 나타나고 있는 결과이기도 하다. 사회 구조적 요인은 분명 가족의 형태, 구성적 변동을 야기시키는 원인 중 하나이다. 연구자는 우선적으로 가족 변동 중 노인 가족 형태의 변화와 이에 대한 함의와 더불어 COVID-19시대 치명적인 위험에 노출되었던 이들에게 필요한 전략적 접근은 어떠한 것이 있는지에 관한 문제의식에 출발함을 밝혀둔다.

2) 노인 가족 관련 선행연구

가족 연구 중 노인 가족 관련 연구를 살펴보면 다음과 같다.

① 가구 형태별로 가구 내 사회적, 정서적, 도구적, 경제적 자원이 어떻게 분포가 되었는지에 대하여 분석한 연구이다(김주연, 2017). 노인가구를 기존의 혼자 사는 노인가구, 노인부부, 3세대 이상 이루어진 가구로 분류하는 것에서 더 나아가 세분화하여 분류를 하였다. 혼자 사는 노인, 노인 부부가 다른 가구형태에 비해 상대적으로 자원이 부족한 상황인데 자녀손자녀와 같이 사는 가구의 경우 다른 앞서 이야기한 두 가구에 비해 이른바 도구적 자원으로 불리는 일상에서의 도움이라든지, 전체적인 경제적인 상황도 좋았다. 그러나 자녀와 같이 사는 노인의 경우 사회적 네트워크에 참여할 가능성인 이른바 사회적 지원과 가족과의 관계 만족도 여부인 정서적 지원은 상대적으로 적게 나타났다. 반면, 손자녀하고만 사는 노인의 경우, 대부분의 경우 자원 상태가 열악하고 전반적인 경제상황도 좋지 않은 것으로 나타났다. 여러 가지 결과들을 종합해 보면 노인들의 가구 형태에 따라 각 가구의 부족한 자원을 충원해서 맞춤형 프로그램을 계획할 수 있음을 시사한다.

② 노인가구 삶의 만족도 변화에 미치는 영향 요인에 관하여 분석한 연구이다(김진훈, 2019). 이 연구 사례를 보면 노인 1인가구, 노인 부부 가구를 노인가구로 정의하고 고령화 연구패널자료를 사용하여 총 677명을 최종 분석대상으로 활용하였다.

③ 노인의 가구 형태 변화가 노인 빈곤율 변화에 미친 영향을 경험적으로 분석한 연구가 있다. 노인의 가구 형태가 소득 수준에 미

치는 영향은 각 나라마다 역사적으로 독특하게 구성된 노후 보장 제도의 특징에 따라 다르게 나타나고 있음을 밝히고 있다(박경숙·김미선, 2016). 노인의 사회경제적 변인이 노인의 삶에 대한 만족도에 미치는 영향에 관한 연구는 노인 여가 참여의 매개효과를 구체적으로 검증하였다(전명숙·태명옥, 2016).

④ 본 연구에서 주요한 개념으로 사용되는 사회적 지지에 관한 연구도 있다. 사회적 지지는 노인에게 위로와 도움 필요 시 가까이에 도움을 주고 위로해 주는 이의 존재와 가족이 정서적, 물리적 지지 등과 같은 것을 제공하는지에 관한 질문을 토대로 측정하였다. 경로분석 결과에 따르면, 생활의 어려움으로 정부의 경제적 지원 대상이 된 이른바 저소득층 노인이 자발적으로 본인의 사회적 지지 수준을 높게 인식하면, 자기 자신이 평가하는 주관적인 경제 수준이 향상되고, 이는 삶의 만족도를 개선시키거나 우울 수준을 낮게 함으로써 긍정적 효과를 보였음을 시사하였다(박화옥·김민정·임정원, 2020). 결과적으로 사회적 지지라는 것이 각 개인마다의 우울 정도나 상태에 끼치는 영향력의 유의미성은 스스로 인식하고 있는 경제수준에 의해 완전 매개된다는 신행연구(Lee and Kim, 2016; Leonard et al., 2020)의 결과를 뒷받침하고 있다. 다시 말해 사회적 지지를 강화한다면 노인이 지각하는 경제적 부담을 덜어주어 결국 노인이 인식하는 우울의 위험을 경감시키는데 있어 유의미하다고 볼 수 있다는 점이다.

3) 노인 가족의 사회적 지지 문제

사회적 지지의 사전적 개념은 무엇인가? 본 연구에서는 어떤 사람을 둘러싸고 있는 중요한 타인 또는 외부 환경에서 얻는 여러 가지 형태의 원조로서, 이러한 원조를 제공하는 원천을 사회적 지지원이라고 하며, 자신을 둘러싼 사회적 지지원들과의 관계를 사회적 지지망으로 설명한[1] 정의를 인용해서 쓰고자 한다. 사회적 지지 이론의 출발은 서구사회에서 경제적 침체가 야기된 1970년대 공적 서비스 수요에 대한 필요성이 늘어나면서 국가는 재정적인 측면에서 어려움에 직면하게 된다. 국가는 이를 비공식적 서비스로 대체하기 시작하려 한 것이 단초가 되었다고 알려져 있다(이원숙, 1992).

Cobb은 사회적 지지에 대해 타인과의 관계 안에서 사랑, 존경, 보살핌으로 서로를 신뢰하고 책임이 있는 관계 속에 자신이 소속되어 있다고 믿는 정보라고 하였는데(박경희, 2020) 연구자에 따라 사회적 지지는 제공 주체 분류로 국가의 공공서비스를 통해 지원되는 공식적 지지와 가족, 친구, 이웃, 교회 등을 통해 지원되는 비공식적 지지로 나누기도 하며(김광석, 2008) 사회적 지지를 제공수준으로 분류하여 가족 혹은 친인척을 통해 지원되는 미시적지지, 지역사회의 친구 혹은 이웃 등 지역사회를 통해 지원되는 중간적 지지, 국가 차원에서 지원되는 거시적 지지 등으로 분류한 바 있다(최선하, 2017). 이러한 측면에서 여러 가지 이유로 삶의 질을 위협받는 독거 노인에게 있어 사회적 지지의 범위와 질은 확연히 줄어든다는 연구결과가 있다(안미향, 2005; 마미자, 2015; 손승연, 2016). 혼자 사는 노인이 인지한 사회적 지지는 삶의 다양한 위험과 위협에서 그들의 삶의 질을 높이는데 유의미한 영향을 나타내고 있다는 연구결과도 있다(김광석, 2008; 최영, 2008; 김우신, 2013; 최선하, 2017; 장연식, 2017). 그러나, 일반화할 수 있을 정도의 절

1) 서강훈. 2013. 『사회복지사를 위한 사회복지용어사전』. 경기: 이담북스.

대적 긍정적 효과를 나타내고 있는 것은 아니다. 오히려 부정적인 효과를 내기도 하는데 이는 사회적지지 상호 관계에 따른 것으로 해석하는 연구도 있다(안미향, 2005; 남기민·정은경, 2011; 방만금, 2016).

4) 연구방법

(1) 노인실태조사

2007년 노인복지법 제5조 노인 실태조사 실시의 법제화로 인해 3년마다 노인실태에 관한 현황을 정기적으로 알 수 있게 되었고 이 자료를 토대로 현재 노인의 가족관계 현황, 가족의 지속성, 변동에 대해 살펴보았다. 데이터를 기반한 분석과 질적 연구의 결합을 통해 노인 가족의 심층적 이해를 위한 경험적 지표의 단초를 제공함으로써 특히, COVID-19 시대 노인의 생활 현황과 욕구, 변화추이가 주는 의미를 해석하여 노인 가족에게 필요한 국가적, 민간영역, 개인적 차원에서 어떠한 접근이 필요한가? 에 대해 고민해 보는 단초를 마련해주고 있다.

(2) 심층면접조사

COVID-19 시대 발현되는 심리사회적인 영향은 모든 인구층에게 미치고 있지만 그 중 노인은 신체건강, 심리사회적인 건강에 있어 취약한 집단인 점에 대해 꾸준히 연구결과로 나타나고 있으며 사실상 COVID-19 사태 이후 노인 사망자 비율을 보면 가장 취약한 집단임을 단적으로 알 수 있다. 특히, 불안과 공포를 넘어서 패닉 상태의 경험을 하는 노인들에 대한 보고가 여러 채널을 통해 확인할 수 있는바 이러한 부문에 있어 심층 면접조사를 통해 가족 변화가 주는 영향력과

COVID-19 시대 신체적, 사회심리학적으로 부정적인 영향력을 받는 것으로 알려져 있는 사실[2]을 보완하고자 하였다. 총 10명의 노인 가족을 대상으로 하였으며 학력과 소득 수준에서 중층[3] 이상으로 분류될 수 있는 집단을 대상으로 하였다. 다양한 계층을 다루지 못한 점은 표본의 한계점으로 남겨두는 동시에 앞으로의 과제로 남겨 놓는다.

3. 실태조사 연구결과로 보는 노인가족현황

1) 노인의 일반적인 특성

본 연구는 2017 노인실태조사를 토대로 분석하였다.[4] 노인 가족의 일반적인 특성, 노인의 가족관계 및 사회적 관계를 살펴보고 이에 대한 함의를 도출하고자 한다.

〈표 1〉 노인의 일반적인 특성

특성	2017년		2014년	
	비율	명	비율	명
성				
남자	42.5	4375	41.7	4354

---

2) CDC: Center for Disease Control and Prevention. www.cde.gov에서 확인할 수 있다.

3) 표본으로 선정한 집단은 70대 이상 학력은 고등학교 이상으로 연금과 같은 자가 소득이 있는 자를 대상으로 하였다. 표본이 한정된 집단이 된 이유는 COVID-19 이후 노인들이 코로나라는 바이러스에 대한 두려움이 생활을 마비시킬만큼 패닉 상태를 경험하였다. 이에 따라 인터뷰도 쉽게 응하지 않았다. 특히, 모든 기관이 폐쇄된 상태에서 다양한 집단을 만나기란 쉽지 않았기 때문에 노인 가족 3가지 형태에 맞는 대상을 주변인으로부터 눈덩이 표집을 하였다.

4) 보건복지부. 2017. 『2017 노인실태조사』.

특성	2017년		2014년	
	비율	명	비율	명
여자	57.5	5924	58.3	6097
연령				
65~69세	32.4	3332	31.7	3316
70~74세	24.9	2560	27.1	2830
75~79세	21.1	2176	20.6	2151
80~84세	13.2	1356	12.6	1319
85세 이상	8.5	875	8.0	835
평균	74.1	10299	73.9	10451
결혼상태				
배우자 있음	63.4	6525	61.4	6418
배우자 없음	36.6	3774	38.6	4033
가구형태				
노인독거	23.6	2426	23.0	2407
노인부부	48.4	4980	44.5	4655
자녀동거	23.7	2444	28.4	2973
기타	4.4	449	4.0	416

출처: 보건복지부, 『2017 노인실태조사』, 2017.

〈표 1〉 성별 구성은 여자노인이 57.5%, 남자노인이 42.5%이다. 이 수치는 2014년과 유사하며 여자노인이 남자노인보다 약 12% 많다. 연령 구성을 보면 65~69세 집단은 32.4%, 70~74세 집단은 24.9%, 75~79세 집단은 21.1%, 80~84세 집단은 13.2%, 85세 이상 집단은 8.5%이며 평균 연령은 74.1세이다. 2014년에 비해 2017년 수치는 85세 이상 연령군이 0.5% 정도 높고, 70~74세 연령군 비중이 2.2% 정도 낮아졌다. 결혼상태 유무에서는 배우자가 있는 노인이 63.4%로 2014년 수치인 61.4%와 비교했을 때 유사하다고 할 수 있다. 마지막으로 가

구형태 구성은 노인독거가구가 23.6%, 노인부부가구가 48.4%, 자녀동거가구가 23.7%이다. 2014년에 비하여 2017년 노인부부가구의 비중이 3.9% 정도 높아진 반면에 자녀동거가구 비중은 28.4%에서 23.7%로 4.7% 낮아진 수치를 보인다. 다시 말해서, 노인단독가구로 변화는 이제 공고화되었다고 할 수 있다. 그 파생으로 배우자가 있는 경우 부부끼리 생활하는 노인부부가구의 비중이 높아졌고 자녀와의 동거 양상은 줄어들고 있다.

〈표 2〉 성별 일반적 특성 분포

특성	성		전체
	남자	여자	
배우자 있음	85.3	47.2	63.4
배우자 없음	14.7	52.8	36.6
노인독거	10.8	33.0	23.6
노인부부	64.5	36.5	48.4
자녀동거	20.3	26.3	23.7
기타	4.5	4.3	4.4

출처: 보건복지부. 『2017 노인실태조사』. 2017.

〈표 2〉 수치를 보면 남자노인의 경우 64.5%로 노인부부가구가 대표적인 가구형태이다. 여자노인의 경우는 남자노인보다 다양한 가구형태 분포를 보인다. 노인독거가구를 성별로 비교해보자면 남자노인의 독거가구 경우는 10.8%로 일부인 데 비해 여자노인의 경우는 33.0%로 약 3배에 달하는 수준이다. 이는 여자노인에게 독거는 노년기에서 예상해야 하는 가구형태임을 알려주며 덧붙여 결혼상태와도 밀접한 관련성을 보인다. 자녀와 동거하는 가구형태가 더이상 대표적

형태가 아닌 상황에서 남자노인은 배우자와 함께 생활하는 가구형태가 다수인 반면, 여자노인은 배우자 없는 생활이 일반적으로 되어 가고 있다.

2) 가족 구조

(1) 노인 단독가구

노인이 혼자 생활하거나 배우자하고만 생활하고 있는 가구를 노인 단독가구라 정의한다. 노인 단독가구는 성별로는 큰 차이가 없으나 연령 집단별로는 차이가 있다. 65~69세 연령 집단의 경우는 5년 미만이 20.9%로 다른 연령에 비하여 낮은 편이다. 반면 85세 이상인 집단은 20년 이상인 비율이 46.9%로 매우 높은 편이다. 즉 나이가 많아질수록 단독가구로 생활한 기간이 긴 것이다. 노인독거가구와 노인부부가구의 기간을 비교해보면 5년 미만인 경우가 노인독거가구인 경우 22.7%, 노인부부가구인 경우는 13.0%이다. 20년 이상 혼자 생활한 비중을 비교한다면 노인독거가구인 경우는 10.0%로 노인부부가구 수치인 6.1%에 비하여 높다. 노인 단독거주 이유를 자발성 여부로 정리해보면, 자녀가 결혼 후 분가하는 사회문화적 변화에 의한 것이 약 33% 수준이다. 이외 개인부부 생활을 누리고 싶거나, 경제적 능력이나 건강이 허락해서, 기존 거주지에서 생활하고 싶어서라는 개인적 자립성에 기초한 단독거주가 약 30%이다. 자녀가 별거를 희망해서, 자녀의 경제적 형편이 어려워서, 자녀가 타지역에 거주하고 있어서라는 자녀 요인에 의한 단독거주는 29.7%에 달한다. 이처럼 노인 단독가구 생활이 다양한 이유는 사회전반의 변화, 노인의 자발적인 선택, 자녀의 선호와 상황적 요인 등과 같은 복합성을 보여주는 것이다.

<표 3> 노인 단독거주 이유(연령·결혼상태별)

구분	전체	가구형태	
		노인독거	노인부부
경제적 능력	1.8	1.3	2.1
건강	1.1	1.5	0.9
개인(부부)생활 향유	18.8	26.2	15.1
기존 거주지 거주 희망	11.0	18.5	7.3
자녀의 결혼	36.0	20.4	43.7
자녀의 별거 희망	8.7	11.2	7.5
자녀가 타 지역에 있어서	18.8	12.4	21.9
자녀의 경제적 형편이 어려워	2.2	4.7	1.0
기타	1.7	3.9	0.7
계	100.0	100.0	100.0
(명)	(7,324)	(2,416)	(4,908)

출처: 보건복지부. 『2017 노인실태조사』. 2017.

노인이 단독거주를 하게 된 원인으로 '자녀의 결혼'은 전체 36%로 가장 많은 수치를 차지한다. 그중에서 가구형태를 본다면 노인부부가구가 43.7%, 노인독거가구 20.4% 비율이다. 뿐만 아니라 전체에서 두 번째로 많은 수치인 18.8%의 '자녀의 타지역 거주' 요인도 노인부부가구가 21.9%, 노인독거가구가 12.4% 비율이다. 이처럼 상황적 요인이 노인독거가구보다 노인부부가구에게 더 많이 작동하고 있음을 확인할 수 있다. 전체 비율에서 18.8%를 기록한 또 다른 요인 '개인부부생활 향유' 이유에서는 노인독거가구가 26.2%, 노인부부가구가 15.1%이다. 이는 노인독거가구가 노인부부가구에 비해 기존 거주지 거주를 희망하는 요인으로 보이며 노인독거가구가 노인부부가구에서보다 노인의 선호가 큰 원인으로 작동함을 알 수 있다. 마지막으로 '자녀의 경제적 능력 부족' 응답은 노인독거가구가 4.7%로 노인부부가구 수치인 1.0%에 비교했을 때 노인이 단독가구를 형성할 수밖에 없는 한 요인으로 볼 수 있다.

〈표 4〉 단독거주 시 생활상 어려움

특성	없음	아플 때 간호	일상생활 문제처리	경제적 불안감	안전에 대한 불안감	심리적 불안감 외로움	계(명)
성							
남자	54.9	11.8	7.0	17.3	1.3	7.6	100.0 (3,246)
여자	36.4	24.6	7.8	17.2	1.5	12.4	100.0 (4,078)
가구형태							
노인독거	19.6	34.6	9.5	13.4	1.6	21.4	100.0 (2,416)
노인부부	56.9	11.2	6.5	19.2	1.4	4.8	100.0 (4,908)

출처: 보건복지부. 『2017 노인실태조사』. 2017.

단독거주 시 생활에서 경험하는 어려움에 대한 조사결과 약 절반 정도는 '없음'이라고 응답하였다. 다른 응답으로는 '아플 때 간호'라는 이유가 다음으로 많았으며 '경제적 불안감', '심리적·불안감·외로움'이 순서대로 따른다. 결과를 성별로 비교해보면 어려움이 '없음' 답변은 남자노인의 경우 54.9%를 기록한 반면 여자노인은 36.4%로 〈표 4〉 중 가장 큰 차이를 보인다. 이는 남자노인보다 여자노인이 단독가구 거주에 따른 어려움이 있음을 알려준다. 여자노인이 느끼는 가장 큰 어려움은 '아플 때 간호'로 24.6%이다. 다음은 '경제적 불안감'이 17.2%, '심리적·불안감·외로움'이 12.4%를 차지한다. 반면에 남자노인은 '경제적 불안감'을 어려운 점으로 가장 많이 언급했다. 〈표 4〉의 수치는 특히 가구형태에 따라 큰 차이를 보인다. 어려움을 '없음'으로 응답한 비율을 보면 노인독거가구는 19.6%에 불과하지만, 노인부부가구는 56.9%를 기록한다. 부부가 함께 생활하는 경우보다 혼자 생활하는 경우 실질적인 어려움이 더 많음을 보여준다. 노인독거가구가 경험하는 어려움으로는 '아플 때 간호'가 34.6%, '심리적·불안감·외로움'이 21.4%, '경제적 불안감'이 13.4%를 기록했다. 노인부부가구가 경험하는 어려움으로는 '경제적 불안감'이 19.2%로 가장 많이 언급되었고 다음이 '아플 때 간호' 11.2%를 꼽았다.

(2) 기혼자녀 동거

기혼자녀와 동거하는 경우 그 이유는 매우 다양한 양상을 보이고 있다. 과거 규범으로 당연하게 여기던 기혼자녀와 동거가 이제는 선택할 수 있는 문제로 바뀌면서, 기혼자녀와 동거는 노인과 자녀 양측 상황에 따라 다양하게 변하고 있다. 기혼자녀와 동거 시 일상생활 분담 방법 비율을 보면 '부모가 전적으로 담당하는 경우'는 20.7%, '자녀가 전적으로 담당하는 경우'는 28.3%, '공동으로 실시하는 경우'는 44.1%, '각자 따로 수행하는 경우'는 7.0%이다. 결과에 따르면 대략 절반이 일상생활을 자녀와 부모가 공동으로 분담해 수행하고 있다. 자녀가 전적으로 수행하는 경우는 약 1/3에 그쳤다.

4. 가족관계 및 사회적 연결망

1) 가족관계

(1) 자녀와 친지 유무 및 규모

조사결과 노인은 3.1명의 자녀와 4.9명의 손자녀를 두고 있으며 생존한 형제·자매는 3.4명이다. 그러나 노인이 마음을 털어놓을 수 있는 친척은 0.8명이며 친한 친구나 이웃은 1.4명 규모이다.

(2) 배우자와의 관계

본인이 스스로 매우 건강하다고 생각하는 경우 배우자의 건강상태를 좋지 않다고 평가하는 비율은 15.6%이다. 반대로 본인이 스스로 전혀 건강하지 않다고 생각하는 경우 배우자의 건강도 좋지 않다고 평가하는 비율은 72.6%로 높은 수치를 확인할 수 있다. 노인 스스로 기능상태의 한계를 경험하고 있다면, 본인이 평가한 개인 건강상태 응답과 비슷한 결과를 갖는다. 기능상태 한계를 경험하고 있는 노인일 경우에 배우자 건강도 좋지 않다고 응답한 비율은 55.0%로 기능상태 한계가 없는 노인의 37.7%에 비해 높은 수준이다.

(3) 자녀와의 관계

① 비동거 자녀 전체와의 왕래 및 연락빈도

노인 10명 중 3명 정도는 '거의 매일' 자녀와 연락을 주고받는다 응답했다. 왕래보다 비교적 수월히 이룰 수 있는 연락은 4.6% 비율만이 '분기 1~2회 이하' 연락빈도를 기록했다. 적은 비율이지만 일상적 접촉이 이뤄지지 않는 노인에게도 지속적으로 관심을 가져야 한다. 노인

부부가구의 경우 자녀와 동거하지 않아도 왕래나 연락으로 빈번하게 접촉한다. 노인독거가구의 경우 동 비율이 77.7%이지만 '전혀 연락이 없는' 비율도 3.3%이기에 노인독거가구에게 관심을 요구한다. 별거 자녀가 많을수록 연락빈도가 높은 편인데, 이런 경향은 왕래빈도에서 크지 않았던 경향성이다. 별거 자녀가 1명일 경우 65.9%가 '주 1회 이상' 연락하는 것에 대비하여, 자녀가 5명 이상일 경우 '주 1회 이상' 연락하는 비율은 89.4%에 달한다. 연락이 '전혀 없다'는 응답도 자녀 수가 적을수록 높게 나오는데 이는 왕래의 경우와 유사하다고 할 수 있다.

② 접촉이 많은 비동거 자녀와의 왕래 및 연락빈도

노인과 동거하지 않는 자녀 중 접촉이 많은 비동거 자녀는 장남과 장녀가 가장 많았다. 또한, 노인과 동거하지 않아도 '걸어서 10분 이내'에 거주하는 경우가 6.3%이다. '걸어서 30분 이내'에 거주하는 경우는 18.2%로 전체에서 약 20%가 걸어서 이동할 수 있는 거리에 거주하고 있다. 도보가 아니라 '자동차로 1시간 이내'에 거리에 거주하는 경우는 약 63%를 차지한다. 노인의 8.0%가 비동거 자녀와 거의 매일 왕래하고 있으며, 노인의 32.5%는 주 1회 이상 왕래한다고 확인된다. 비동거 자녀와 하는 연락빈도는 21.0%가 거의 매일 연락하고 있으며, 76.1%가 주 1회 이상 연락을 주고받고 있음을 알 수 있다. 이는 노인과 접촉이 많은 비동거 자녀일 경우 전체 노인 중 약 1/3이 주 1회 이상 왕래하며, 나머지 2/3는 주 1회 연락을 주고받고 있음을 말해준다. 가구형태별로 큰 차이는 없지만 노인독거가구에서 연락빈도가 거의 없는 비중이 3.3%로 노인부부가구나 자녀동거가구에 비하여 높은 수치를 보여준다.

③ 자녀와의 갈등

노인의 7.8%가 자녀와 갈등을 경험하고 있다고 응답했다. 갈등 이유의 가장 큰 비율로 33.7%을 차지하는 내용은 '자녀의 장래 문제'이다. 다음으로 '자녀의 경제적 도움 요구'가 20.9%, '노인 생활비 보조'가 14.0%, '수발문제'가 13.6%, '동거 여부 문제'가 9.5%를 차지한다. 대략 갈등 요인 절반은 자녀의 요인이며 노인의 의존으로 발생하는 갈등이 약 1/4 정도이다. 자녀와 갈등 응답을 가구형태별로 비교해보면 자녀동거가구는 갈등을 경험했다는 응답이 높은데 갈등 이유로 '동거 여부'라고 답한 비율도 높다. 덧붙여 '자녀의 장래 문제'라는 갈등 이유도 48.8%로 높게 나타난다. 이는 미혼자녀와 동거하고 있는 비율이 자녀와 동거하고 있는 경우의 약 50%를 차지하고 있기 때문이기도 하다. 노인독거가구인 경우 자녀 요인에 의한 갈등이 37.7%이며 노인의 의존으로 인한 갈등이 41.6%이다. 노인부부가구인 경우는 '자녀의 장래 문제'가 35.2%로 가장 응답률이 높은 갈등 요인이다. 다음으로 '자녀의 경제적 도움 요구'가 23.8%, '수발문제'가 15.8%이다. 가구소득별로 살펴보면 소득수준이 낮을수록 '자녀의 장래문제'와 관련한 갈등을 경험할 확률이 낮은 대신 '수발문제'로 인한 갈등경험률이 높은 경향이 확인할 수 있다.

(4) 손자녀와의 접촉

노인과 비동거 손자녀의 왕래빈도는 '거의 매일'이라는 응답은 4.3%, '일주일에 2~3회'가 3.0%, '일주일 1회'가 7.0%이며 '주 1회 이상' 접촉하는 비율은 14.3%이다. 비동거 손자녀와 노인이 '월 1회 이상' 왕래하는 경우는 34.1%였으며 '연 1~2회' 정도 왕래한다는 응답은 33.5% 정도이다. 노인과 손자녀의 연락빈도는 '거의 매일'이라는 응답이 3.0%, '일주일에 2~3회'가 3.9%, '일주일 1회'가 8.9%를 기록하면서 앞선 왕래빈도와 비슷한 수치이다. 왕래빈도보다 연락을 빈번하게 하는 자녀의 경우와도 별다른 차이가 보이지 않는다. 손자녀와 연락이 전혀 없는 경우도 26.4%를 기록한다. 손자녀와 노인의 연락은 노인의 자녀를 매개로 소식을 주고받는 특징이 있다. 더불어 손자녀의 나이가 적거나 학업 중인 연령대라는 점도 연관되어 있을 것으로 추측할 수 있다.

(5) 친인척과의 접촉

노인과 친인척의 접촉 수준은 자녀나 손자녀에 비해 낮은 수치를 보인다. 친인척과 왕래빈도는 손자녀에 비해서 낮은 수준이지만 연락은 비슷한 수준으로 나타났다. 자녀를 제외한 손자녀, 형제를 포함한 친인척과 왕래는 유사한 수준으로 보인다.

2) 사회적 연결망

친구·이웃·지인은 노인의 선택으로 유지되는 관계이기 때문에 좀 더 자발성이 반영되는 관계이다.

〈표 5〉 친구·이웃·지인과의 왕래 빈도율

특성	거의 매일	일주일 2, 3회	주 1회	월 1회	분기 1~2회	연 1~2회	왕래 없음	계 (명)
전체	48.2	17.5	12.5	13.3	2.3	1.8	4.2	100.0 (10,073)
결혼상태								
배우자 있음	45.5	17.7	12.9	15.3	2.7	1.9	4.0	100.0 (6,416)
배우자 없음	53.0	17.1	11.7	9.8	2.1	1.7	4.5	100.0 (3,657)

특성	거의 매일	일주일 2, 3회	주 1회	월 1회	분기 1~2회	연 1~2회	왕래 없음	계 (명)
가구형태								
노인독거	56.3	16.8	11.1	9.3	1.8	1.3	3.5	100.0 (2,416)
노인부부	47.4	17.5	12.6	14.7	2.2	1.7	4.0	100.0 (4,908)
자녀동거	41.2	18.7	13.2	14.8	3.7	2.7	5.7	100.0 (2,371)
기타	51.4	15.4	15.1	11.6	2.5	2.0	2.1	100.0 (379)

출처: 보건복지부. 『2017 노인실태조사』. 2017.

〈표 6〉 친구·이웃·지인과의 연락빈도

특성	거의 매일	일주일 2, 3회	주 1회	월 1회	분기 1~2회	연 1~2회	없음	계 (명)
전체	20.6	20.8	22.8	16.8	2.2	1.5	15.3	100.0 (10,073)
결혼상태								
배우자 있음	21.2	21.0	23.3	18.3	2.3	1.5	12.4	100.0 (6,416)
배우자 없음	19.6	20.6	21.8	14.3	2.0	1.4	20.3	100.0 (3,657)
가구형태								
노인독거	21.9	21.3	21.3	13.7	1.7	1.5	18.6	100.0 (2,416)
노인부부	21.6	20.9	23.6	17.9	2.3	1.4	12.4	100.0 (4,908)
자녀동거	16.5	20.4	22.5	18.0	2.6	1.8	18.3	100.0 (2,371)
기타	25.2	20.1	24.4	15.7	2.1	0.9	11.7	100.0 (379)

출처: 보건복지부. 『2017 노인실태조사』. 2017.

〈표 5〉, 〈표 6〉의 결과를 보면 노인의 절반 정도가 친구·이웃·지인과 '거의 매일' 왕래하고 있다. '일주일에 2~3회' 빈도는 17.5%, '일주일 1회' 빈도는 12.5%이다. 이와 같은 응답은 전체의 78.2%가 친구·이웃·지인과 일주일에 1회 이상 왕래한다는 의미이다. 왕래빈도를 '없음'으로 응답한 경우는 4.2%이다. 연락빈도의 경우 '거의 매일' 연락을 주고받는다는 응답이 20.6%, '일주일에 2~3회'라는 비율이 20.8%, '일주일에 1회'라는 비율이 22.8%이다. 전체의 약 2/3가 '일주일에 1회 이상' 연락을 주고받고 있다. 왕래빈도와 연락빈도를 비교했을 때, 결혼상태별로 배우자가 있는 경우 매일 연락한다는 응답이 약간 높은 편이다. 왕래의 경우 배우자가 없는 노인에게 거의 매일 왕래한다는 응답이 높은 것과는 다른 경향성을 가진다. 아예 '없음'으로 응답한 경우 배우자가 없는 노인이 20.3%, 배우자가 있는 노인의 12.4%이다. 배우자가 없는 노인의 경우가 응답 비율이 높은데, 이는 왕래의 경우와도 비슷한 결과다. 가구형태별로는 자녀동거가구의 경우 연락빈도가 상대적으로 낮은 편으로 왕래의 경우와 마찬가지로 유사한 경향을 보여준다.

5. COVID-19 시기 노인 가족 심층 면접

2017년도 노인실태조사를 토대로 가족 변화 구조가 주는 함의와 더불어 COVID-19 이후 사회적 단절이 주는 경험지표에 관한 연구를 진행하였다. 연구 대상은 COVID-19 사태로 모든 세대 중에서 위험성이 가장 높다고 분류되어 정신적, 육체적, 경제적으로 어려움이 가중되어 있는 노인 가족을 대상으로 추가 심층 면접을 실시하였다. 심층 면접 결과는 연구자 예상과 달리 노년기에 있어 돌봄 문제나 경제적 문제도 중요하지만 사회적 관계망 중 '사회적 지지'가 가장 유의미한 문제로 결과가 도출되었다. COVID-19 상황이라는 이전에 경험에 보지 못한 세상에서 고립을 경험한 것이 이러한 결과에 영향을 미쳤는지 알기 위해 COVID-19 상황 이전과 비교하여 개방형 질문으로 실시하였다. 노인가족 중 노인 독거 4사례, 부부 노인 3사례, 자녀와 동거 노인 가족 3사례로 진행하였다. 인터뷰 문항은 개방성의 원칙(Rosental, 2018)을 준수하고자 노력하였다. 그동안 예방제인 백신이나 치료제에 대한 불확실한 상황에서 거리두기 제한은 예방적 차원에서 상당한 효과를 거둔 것으로 보인다. 그러나 노인에게 치명적인 결과를 야기하는 결과로 인해 다른 연령층보다 강화된 사회적 고립이 강제되었던 바 외로움에 관한 심각성이 야기된다는(Vahia et al, 2020) 연구와 유사한 결과를 보였다. 특히, 심층 면접 참여자들은 이동과 관련한 지인과 교류 제한, 신체적 구속으로 인하여 고립감, 우울감, 인지적 장애를 경험하였다. 특히 10명의 노인 면접자 중 총 6명이 인지적 장애를 경험하였으며 이중 3명은 초기 치매증세를 보이는 의학적 진단을 받았다. 인시적 장애를 경험하지 못한 노인은 지녀와 사는 가족 3사례와 노인가족 1사례였으며 노인독거 4사례와 노인가족 2사례는 인지적 장애 경험을 가지고 있었다. 더불어 노인 독거의 경우 복지관 등의 운영중단으로 인해 식사의 어려움, 고립감, 공포감에 대한 충격이 다른 노인 가족보다 높게 나타났다. 앞으로도 지속적으로 도래할 가능성이 있는 전염병으로 인한 거리두기는 노인가족들의 심리적, 정서적 문제로 인해 심각한 인지장애를 가져올 수 있음을 확인하였다. 노인들은 심리적으로 무너지면 인지적 장애로 가는 특성이 있다는 것은 알려진 사실이었지만 주변에서 실증적 결과로 나타난 것은 적은 표본이 주는 한계를 노정하더라도 간과할만한 수치는 아니라고 여겨진다. 면접 대상이 호소하는 공통적인 이슈는 전염병에 대한 두려움, 이로 인한 활동의 제약, 사람을 만날 수 없다는 두려움, 그리고 활동을 하지 못함에 따라 생기는 우울감으로 요약할 수 있다. 이러한 결과를 일반화할 수는 없으나 분명한 것은 거리두기 제한이 발생되더라도 그들이 활동할 수 있는 '공간' 확보가 필요하다는 점과 이러한 '공간'에 관한 인식 전환이 이루어져야 한다는 점이다. COVID-19 와 유사한 환경이 지속된다고 가정한다면 개인적 차원에서의 극복 노력도 중요하지만 '사회적지지'를 강화하기 위한 국가적, 사회적 지역적 차원에서 언택트, 온택트 프로그램과 더불어 대면으로 활동할 수 있는 외적, 내적 인프라 구축의 중요성과 이에 대한 인식의 전환 문제가 시급하다고 할 수 있다.

〈표 7〉 심층 면접자의 인구학적 정보[5]

노인가족형태	연령	성별	건강	복지관	운동센터참여	주이용목적	사회적거리두기이후인지장애경험
1. 노인 독거	86	여	일상생활가능	이용	이용	취미/사회적관계	있음
2. 노인 독거	87	여	일상생활가능	이용		취미/사회적관계	있음
3. 노인 독거	80	남	일상생활가능	이용		취미/사회적관계	있음

---

5) 면접 참여자의 인권을 보호하기 위해 여러 가지 사안을 고려하며 연구윤리를 준수하고자 하였다. 연구에 대한 설명과 심층면접시 고령이라 같은 내용을 반복하며 질문을 진행하였다. 면접에 참여한 사람들의 대부분은 사회생활 경험이 있었으며 눈덩이 표집이어서 대체로 중산층 이상의 노인이었음을 밝혀둔다. 고령의 노인들이라 가족 중 한 명이 동행하여 진행하였다.

노인가족형태	연령	성별	건강	복지관	운동센터참여	주이용목적	사회적거리두기이후인지장애경험
4. 노인 독거	79	남	일상생활가능	이용		사회적 관계	있음
5. 노인 부부가족	75	여	일상생활가능	이용		사회적 관계	없음
6. 노인 부부가족	73	여	일상생활가능		이용	사회적 관계	있음
7. 노인 부부가족	75	남	일상생활가능		이용	운동/사회적 관계	있음
8. 자녀동거노인가족	80	여	일상생활가능		이용	운동/사회적 관계	없음
9. 자녀동거노인가족	79	여	일상생활가능	이용		사회적 관계	없음
10. 자녀동거노인가족	78	여	일상생활가능		이용	운동/사회적 관계	있음

　　면접 참여자의 인권을 보호하기 위해 여러 가지 사안을 고려하며 연구윤리를 준수하고자 하였다. 연구에 대한 설명과 심층면접 시 고령이라 같은 내용을 반복하며 질문을 진행하였다. 면접에 참여한 사람들에 대한 권리를 충분히 설명하고 고지된 동의 절차를 거쳤다. 노인실태조사에 따른 보완적 성격의 심층조사로 COVID-19이후 이들이 겪고 있는 일상생활에 대한 고립에 관한 내용을 주를 이루었다. 실제적으로 노인부부와 노인 독거의 경우 일상생활의 고립으로 인한 인지적 어려움을 호소하였고 자녀와 같이 사는 노인가족의 경우 다른 가족에 비해 고립감과 공포를 덜 느꼈으며 인지적 어려움도 노인독거와 부부 노인

가족에 비해 없다고 응답하였다.[6] 이를 통해 더욱 가속화 될 노인 단독가구의 증가와 자녀동거 가구의 감소에 대비하여[7] 심리적, 물리적, 정서적 자원을 제공해 줄 수 있는 방안에 대해 현실적 대응방안에 대해 준비할 필요성이 있음을 알 수 있었다. COVID-19에 대한 두려움이 높은 노인들을 대상으로 면접을 실시해야 했기 때문에 심층면접조사를 진행하는 것이 쉽지 않았다. 따라서 면접대상을 주변에 잘 알고 지내는 어르신들을 대상으로 눈덩이 표집으로 진행하였다. 이에 따라 면접 대상이 중산층의 지식인층 중심으로 이루어졌고 이러한 점은 심층 면접 연구의 한계를 노정하고 있다. 그러나 면접의 목적이 COVID-19이후 노인들이 거리두기 제한으로 노인들이 경험하는 고립감과 가족 구조의 변화의 연계성을 보고자 한 것이었기 때문에 보완자료로써 유의미성이 있다고 판단된다. 이 연구결과는 지역 간 도농 간 격차나 대도시와 중소도시 지역적인 환경을 고려한 맞춤형 플랫폼 개발 필요성에 대한 단초를 제공할 수 있다. 노인실태조사와 심층면접조사를 토대로 다음장에서는 COVID-19인 현 상황에서 노인 가족 문제 해결 과제에 관하여 논의를 해보고자 한다.

6) 건강검진 수진율을 보면 2008년 72.9% → 2017년 82.9% → 2020년 77.7%로 다소 낮아졌으나 치매검진 수진율은 2017년 39.6% → 2020년 42.7% 증가한 것으로 나타났다. COVID-19이후 눈여겨봐야 할 수치 중 하나라고 보여진다.

7) 2020년 노인실태조사결과를 기자들에게 발표한 보도자료에 따르면 노인단독가구(노인독거+노인부부)의 증가가 2008년 66.8%에서 2020년 78.2%)로 증가한 반면 자녀동거가구는 감소세(2008년 27.6% → 2020년 20.1%)를 보였다. 특히 자녀와의 동거를 희망하는 비율도 감소하고 있는데(2008년 32.5% → 2017년 15.2% → 2020년 12.8%) 이는 노인단독가구의 증가추세가 지속될 것임을 말해주고 있다.

6. COVID-19 시기 노인 가족 문제 해결 과제

1) 방향: 사회적 지지의 확장

과거 직장에서 퇴임 이후 새로운 삶을 준비해야 한다는 의미에서 인생 이모작이라는 말이 있긴 했지만 이제는 이 말로는 부족한 듯 싶은 게 현실이다. '오래 산다'라는 것은 단순히 사회적 활동에서 퇴임 후 '잘 살아간다'라는 의미에서 삶에 대한 질과의 상관성 문제로 층위가 바뀌기 시작하였다. 특히, 미래의 잠재적 노인들은 전쟁 이전 세대와 다르게 다양한 관점의 사회문화, 정치, 경제 경험지표를 가지고 있다. 소위 '베이비 부머'라 불리는 세대는 현재의 노인들과 다른 삶의 가치관을 형성되는 시기를 거쳐왔으며 이에 따라 자신의 삶에도, 가족을 위한 삶에도 충실한 동시에 노인 시기 자녀에 대한 부양 기대도 비교적 적은 세대라고 볼 수 있다. 이는 현실적으로 과거 부모 세대가 경험했던 경제적 부흥 시기를 뛰어넘는 후대가 나오기 힘들게 된 환경적인 이유도 그 중 하나일 것이다.

COVID-19 이후 모든 세대의 삶이 큰 변환점을 맞이하였다. 이 중 심각한 피해자 집단이 노년세대였음에 이의를 제기하는 사람은 아마도 거의 없을 것이다. 노년층이 COVID-19 관련하여 가장 치명적인 생명의 위협과 동시에 실제적 피해집단으로 분류되면서 이들의 활동은 거의 중단된 상태나 다름없는 사태를 맞았기 때문이다. 심층 면접 결과에서도 나타나지만 이들의 가장 큰 고통은 집안에 반강제적으로 갇혀 지내는 동시에 코로나 바이러스라는 두려움에서 기인하는 심적 충격과 공포였으며 이로 인한 정신적 고통은 신체적, 정신적 퇴행을 경험하게 했다.[8] 이를 계기로 사회적 지지라는 개념이 노인세대의 사회적 관계망이 단절되면서 재구성과정을 거칠 필요성이 대두되고 있다. 또한 노인에 대한 사회적 지지와 노인의 우울감과의 관계, 여가활동 만족이 이러한 관계와 어떠한 유의미성을 갖는지와 더불어 노인이 우울감을 감소시키기 위해 요구되는 것이 무엇인지에 대한 화두를 던져주었다. 정서적 지지와 평가적 지지, 그리고 여가활동 만족의 경우 각 항목의 수준이 높을수록 노인의 우울이 감소하는 것으로 나타난 연구가 있는 만큼(권영순·오서진·이상주, 2020) 포스트 COVID-19를 대비하여 우울 수준을 낮힐 수 전략적 접근이 필요할 것으로 보인다.

행복에 관한 연구는 마틴 Martin Seligman 이 긍정심리학이라는 분과를 만든 1998년 이후 이에 대하여 과학적으로 연구하는 이들이 많아졌다. 여러 세대 비교연구를 보면 중장년층의 행복은 정서적 삶의 질을

---

8) 노인세대의 심적공포와는 다른 층위의 예일 수 있으나 연구자가 프랑스에 테러가 빈번하게 발생할 당시 파리 현지에서 가족과 함께 살고 있었다. 특히, 바탕클랑 테러의 공포는 연구자가 겪은 인생에서 가장 큰 공포였다. 아이들과 함께 빈번하게 저녁공연을 보러 다니길 좋아했던 연구자는 그 끔찍한 사건현장의 피해자 상태와 동일시 느껴지는 공포를 경험했고 그 이후 밖에 다니는 것이 몹시 어려운 상태인 정신적으로 고통스런 상황이 되었다. 이러한 경험이 수개월 지속되면서 극단적 우울상태에 빠진 경험이 있다. 이때 연구자는 처음으로 일상생활을 하기 어려운 현상을 직접적으로 경험을 하게 되었고 인지능력의 마비로 인해 작은 판단을 내리는 것도 많이 망설였던 기억을 가지고 있다. 당시 40대였던 연구자가 이러한 경험을 한 것과 노인 세대들이 2년 가까이 코비드 사태를 겪으며 사망자 중 높은 비율을 차지하는 층이 노인이며 이들이 집단적으로 사망하는 뉴스를 매일매일 접했을 때 느끼는 공포에 비교가 될 지는 모르겠으나 그 상상이상이었을 것이라는 것만 짐작만 할 수 있을 뿐이다. 실제적으로 10명의 노인가족의 심층 면접 결과 COVID-19에 대한 공포는 삶의 질을 파괴하고 정서적, 정신적으로 퇴행을 경험했다고 토로한 바 있다. 정신적 퇴행 정도는 각기 노인마다 다르지만 병원에 가서 검사를 받고 초기 치매 증세를 진단받은 노인이 10명 중 3명이라는 수치는 간과할 만한 수치가 아니라 여겨진다. 이 부분에 대해 정부, 사회적 차원에서 본격적인 연구가 필요하다고 판단된다.

가장 중요한 행복의 기제라고 여긴다면 노년층의 경우는 건강에 이어 심리적 삶의 질, 정서적 삶에 대한 연구가 많은데 특히 가장 행복했거나 혹은 가장 불행했던 경험에 대한 조사 연구 결과에 의하면 행복이라는 것이 물질적인 것보다는 가족이나 친구와 같은 사회적 관계에서 연동되는 것이었다. 이러한 연구 경향성과 최근 노인 가족의 변화 그리고 심층 면접과 연동해서 본다면 지금의 노인 가족에게 혹은 미래의 노인 가족에게 가장 필요한 것은 무엇일까? 이 지점이 노인 가족 중 노인 단독가구와 노인 부부가구의 지속적인 증가와 더불어 자녀와 같이 지내는 노인가구의 꾸준한 감소라는 현상에 대하여 가족 구조 변화로 인식하고 이에 대한 개인적, 시민적, 국가적 노력에 대해 논의과정을 거쳐야 한다고 여겨지는 이유이다.

2) 방안: 플랫폼 변화

(1) 사회적 지지 그리고 플랫폼 변화에 따른 인식 전환

산업화 이후 사회구조 변화가 대두되었고 가족 구조 변화가 야기되면서 가족의 다양성 증가하는 계기가 되었다. 이로 인해 가족의 기능보다 질의 관심을 두게 되었고 결과적으로 노인 가족 중 자녀와 동거하는 가족에 비해 노인 독거 가족, 노인 부부 가족이 증가하게 된다. 이러한 가족구조의 변화로 인해 여전히 논란 속에 있지만 가족의 정서적, 도구적, 경제적 지지 기반 약화되는 시기가 도래한 것은 아닌가하는 문제의식을 던져주게 되었으며 가족기능을 대체하는 지역사회의 중요성 부각이 되는 계기가 되었다. 이러한 패러다임의 전환 시기에 기존 가족 기능에 대한 여러 가지 대안 모색 중 COVID-19 맞이하게 되었다. 이러한 장기간 전염병이 주는 충격과 공포로 인해 노인 가족의 인지적 장애에 관한 연구의 유의미성이 부각이 되었고 그 과정에서 사회적 지지 개념 확장과 중요성에 대해 재인식하게 되었다. 다시 말해 '공간'의 재구성을 통해 외적 공간, 내적 공간에 관한 인식전환에 대한 중요성과 더불어 이를 정부, 지역사회, 개인의 역할로 어떻게 풀어낼 수 있을지에 관한 고민이 필요한 시점이라고 정리할 수 있다.

① 외적 공간

노인과 사회연결망 연동 과정에서 본다면 여러 의미에서 '공간'은 노인 가족에게 큰 영향을 끼치는 독립변수로 전환이 되고 있다. 대한민국의 근대화 과정을 보면 1970년~1980년대는 그 전 시대의 단순화된 공간구조에서 경제적 부흥기를 맞게 되면서 점차 높은 밀도를 지닌 공간이 나타나기 시작했다. 2000년대 들어서는 인터넷을 기반으로 가상 공간이 창출되어 기반 시장이 생기기 시작했다. 2021년 현재는 현대 기술 혁명에 의해 가상 플랫폼을 기반한 온오프라인이 동시에 가동이 되면서 플랫폼 기반 산업이 크게 성장하고 있다. COVID-19이후 대면 접촉공간이 줄어들면서 물류배송에 있어 시간에 유독 관대했던 유럽국가들도 빠른 물류시스템으로 전환되고 있다는 점은 놀라운 일 중 하나이다.

이러한 산업 성장 플랫폼의 변화는 점차 개별화되는 가족 변동과정을 추동하고 있지만 여기서 간과하면 안되는 지점이 존재한다. 사람들이 개별화된 가상공간에서 지내는 시간이 늘어나고 있는 것은 사실이지만 이들이 지속적으로 온라인 속에서만 지낼수는 없다는 점이다. 2020년 초 세계적으로 창궐한 COVID-19 사태를 2년간에 걸쳐 체험한 바에 따르면 결국 인구밀도가 낮은 공간이 전염병에서 유리한 공간이자, 안전한 공간으로 인식되고 있다는 점이다. '사회적 거리두기'라는 제약으로 사람들의 홈 스테이 비율이 증가하면서 집에 대한 가치를 다시 바라보는 계기가 되었을 뿐만 아니라 인 하우스에서 가족 개개인이 가상공간으로 들어가는 시간이 길어지면서 가족의 개별화가 심화되고 있음을 부인하기는 어렵게 되었다. 여기서 주목해야 할 부분은 자산을 소유한 사람들은 높은 코스트가 발생하더라도 실질적으로 넓은 공간을 소유하려고 하는 욕구가 강해질 수 있다는 점이다. 공간은 유한하기 때문에 상층부의 수요가 늘어나면서 하층부는 분리되는 과정을 맞게 되고 이 층위의 사람들은 점차 공간에 대한 지불 가격이 높아짐에 따라 결과적으로 가격이 낮은 곳으로 자연스럽게 이동할 수 밖에 없다 결국 젊은 층의 경우는 메타버스 metaverse와 같은 곳으로 가서 마음의 안정을 찾는 구조가 될 수 밖에 없다. 결과적으로 이러한 추세가 가속화될 경우 거칠게 표현하면 오프라인은 고소득층이 점유하는 전유물이 되기 용이해질 수 밖에 없다. 이러한 사회·문화·경제적 변동은 삶의 지표 중 가장자리에 있는 노인 가족이 직접적인 충격의 형태로 영향을 받을 수 밖에 없지 않을까?

COVID-19 사태로 젊은 층은 온라인 공간으로 가면서 활동의 플랫폼이 바뀌게 되었지만 노인들은 전염병 취약계층인 특성으로 인하여 그대로 집에 갇히게 되면서 그들의 삶도 정지하게 되는 경험을 하게 되었다. 고립은 곧바로 사회적 관계망의 단절, 그동안 자신을 알게 모르게 지탱해 왔던 사회적 지지도 끊어지면서 '코로나 블루'[9] 현상의 심화는 전 계층 중 특히 노인 층에게 인지적 장애라는 현상을 심화시키

---

9) 코로나 블루'는 정식으로 통용되는 의학적인 용어는 아니다. COVID-19와 우울증을 의미하는 'Blue'가 합성된 사용되고 있는 단어이다.
발병 원인으로는 코로나19 확진자가 늘어나면서 감염될지 모르는 두려움, '사회적 거리 두기', 경기 침체의 지속으로 인한 경제적 손실에 대한 분노감 등과 같은 복합적 원인으로 알려져 있다.

고 있다. COVID-19가 소멸되는 시기가 온다고 하더라도 지구적 환경 오염 등과 같은 요인들로 인해 전염병 창궐이 가속화, 지속화가 예상된다. 따라서 장단기적 전략이 같이 요구되는 바 노인에게 '사회적 거리두기' 실시되는 시기라도 외부 공간이나 내부 공간이라할지라도 소통을 지속적으로 할 수 있는 인프라 구축을 통해 사이버 공간을 확보해서 활용할 수 있는 프로그램을 연동해서 준비한다면 이는 노인층에게 사회적 관계 유지와 사회적 지지를 제공해 주는 가장 유의미한 일이 될 것이며 이것이 공공영역에 준비해야 할 가장 주요한 일 중 하나라고 파악된다.

② 내적 공간

COVID-19로 심화된 사회적 고립감, 소외감으로 인한 리스크를 감소시킬 수 있는 방법으로 정보통신기술 Information and Comminication Technology 을 이용한 다양한 앱 연계성을 실용화시키는 방안을 강화할 필요가 있다. 이동성 향상을 위한 시스템 웨어러블 로봇, 확장형 리빙랩을 토대로 한 노인 맞춤형 주거복지 통합서비스에 관한 실천적인 구체적인 방안에 관한 내용을 현실에 담아내는 문제, 다시 말해 공간의 중요성과 관련하여 주거공간의 중요성 그리고 지역사회 통합적 돌봄 시스템 기반 인프라 필요성 사회참여 리빙 랩을 통해서 복지서비스와 관련된 내용 등과 같은 강화시키는 방안을 모색해야 한다. 또한 한국의 급속한 노령화 속도와 노인 대부분이 만성질환에 시달리는 상황에 초점을 맞춘 치료, 돌봄에 초점을 맞춘 건강 정보소통 도구 도입, 현실적인 문제로 공간으로 이동하거나 사용할 수 없는 계층을 위해 가상현실을 기반으로한 활동 프로그램 개발과 같은 연구가 성과를 내고 있는 중인데 이를 국가적 영역에서 민간영역과 연계하여 실용화하는 방안을 도입하는 것 등이 내적 공간을 활용하는 방안이라고 하겠다. 오래 전부터 미래학자들은 텔레메디신이 바른 속도로 진일보할 것이란 점을 예측해 왔다. 그러나 K-방역, 우수한 의료수준을 보유하고 있는 우리나라는 예상과 달리 의료분야에 있어 미개척 분야에 머물러 있다. 의료원격진료의 경우 세계적인 수준을 보유하고 있음에도 불구하고 인간의 생명문제이기 때문에 보수적인 입장을 견지하는 측면이 존재하는 동시에 다른 분야와 이해 관계 문제가 있기 때문이다. 그러나 COVID-19으로 인해 사회 구조적으로 인프라 환경이 급격하게 변동을 겪고 있으며 온택트 시기에 실효성과 코스트 절감, 여러 취약성을 가지고 있는 계층의 접근 용이성과 같은 공공적인 측면을 간과해서는 안 될 것이다. 온택트시대가 일상화되는 시기에 선차적으로 국가적 영역과 민간적 영역에서 상용화하여 서비스를 구축한다면 장기적으로 결국 노인 복지에 관한 비용도 결과적으로 낮아지게 될 것으로 기대할 수 있다. 국가 성장률이 둔화되고 인구절벽에 다다른 지금 비용적, 효율적 측면에서도 국가가 국민이 요구하는 모든 니즈를 충족시킬 수 없을 뿐만 아니라 사실상 거의 불가능한 일이다. 플랫폼 환경이 바뀜에 따라 정부가 적극직으로 나시 환경, 인식에 대한 변화를 주도해야 하며 어느 나라보다 인터넷 제반 환경 플랫폼 인프라가 고도화, 정밀화된 나라이니만큼 빠른 시일 안에 점차적으로 상용화 할 수 있는 가능성이 높다. 실용화 초기, 정착하는 과정에서 여러 문제들이 노정되겠지만 빠른 시일안에 개선될 것으로 기대할 수 있는 부분이다.[10] 최근

---

10) 노인의 정보화 실태조사에 의하면 노인의 스마톤 보유율 56.4%(2011년 0.4%) 연령이 상대적으로 적은 노인이 정보화 기기를 사용하는 역량이 높다. 노인들은 정보제공서비스는 주로 온라인을 토대로 접근성을 제공하기 때문에 어려움을 경험(74.1%)하고 있다. (2020년 노인실태조사 결과) 참조.

급변하는 사회경제적 환경은 한국을 비롯 세계적 차원에서 우울증의 문제가 이슈화됨에 따라 우울 증상 알고리즘을 개발하여 도시와 농촌을 비롯 지역사회의 고령층 우울 증상 완화, 예방에 관하여 국가적 지역적 개인적 관계를 활용하는 방안에 관한 연구도 활발하게 전개되고 있다. COVID-19 사태로 인해 심화되고 있는 현재 노인 가족에 대한 융합연구의 실용화에 대한 문제는 장기과제로 우리가 수용하고 발전해 나가야 할 문제들이다.

〈그림 1〉 노인 지지를 위한 역할 삼각 구도

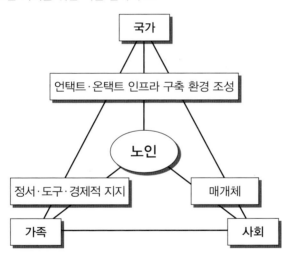

구분	65-69세	65-69세	65-69세	65-69세	65-69세
문자받기	96.2	87.4	71.8	56.1	39.9
문자보내기	92.4	77.0	55.6	37.1	19.9
정보검색	77.5	50.0	29.0	13.2	5.6
사진동영상촬영	74.6	52.3	36.6	21.4	7.6
음악듣기	43.0	26.8	14.4	7.6	3.9
동영상보기	56.4	36.3	18.2	9.8	5.1
SNS이용	40.8	24.1	10.9	6.1	3.1
금융거래	25.2	9.7	4.3	2.0	0.7

그림에서 제시하는 바와 같이는 국가적 차원에서는 온택트 인프라 구축을 위한 지원을 담당하고 가족은 노인 가족의 지지문제를, 사회는 사회적 지지를 중심으로 이들을 연결시키는 매개체 역할을 함으로써 노인 가족 문제를 풀어내는 역할을 해야 할 것이다. 앞서 언급하였듯이 경제적인 어려움으로 정부의 지원 대상이 된 이른바 저소득층 노인 가족의 경우 자발적으로 본인의 사회적 지지 수준을 높게 인식하면, 자기 자신이 평가하는 주관적인 경제 수준이 향상되는 결과를 보이고, 이는 삶의 만족도를 개선시키거나 우울 수준을 낮게 함으로써 긍정적 효과를 보였음을 시사한 연구처럼(박화옥·김민정·임정원, 2020) 결국 사회적 지지라는 것이 각 개인마다의 우울 정도나 상태에 끼치는 영향력의 유의미성은 스스로 인식하고 있는 경제수준에 의해 완전 매개된다는 선행연구(Lee and Kim, 2016; Leonard et al., 2020)의 결과를 뒷받침하고 있다는 점은 사회적 지지에 대한 유의미성에 대해 주목해야 할 근거가 된다. 있다. 사회구조적, 환경적 요인으로 점차 약화되고 있는 가족의 지지를 사회적지지 강화를 통해 보완하고 이는 노인이 지각하는 경제적, 정서적 부담을 덜어주어 결국 노인이 인식하는 우울의 위험을 경감시키는데 있어 유의미하다고 볼 수 있다. 국가는 언택트, 온택트 상황에서 사회와 직접 연결해 줄 수 있는 인프라 환경 구축을 적극 지원하고 이를 지역 매개체를 통해 실용화를 가속화하는 정책을 취하는 것이 장기적으로 노인가족을 지지할 뿐만 아니라 비용도 절감하는 효과를 내게 될 것으로 판단된다.

7. 제언

본 연구를 통해 고령화 사회에 들어선 한국에서 노인가구 문제는 도시와 농촌을 막론하고 노인 단독가구나 노인 부부가구의 형태가 증가하고 자녀와 동거하는 노인 가족의 하락세가 두드러지는 추세임을 알 수 있었다. 정서적, 도구적 지원이 상대적으로 취약한 노인 독거 가구, 노인 부부의 증가가 주는 함의는 무엇인가?

노인실태조사에 의하면 이러한 노인가구의 변화는 노인 돌봄 문제와 동시에 부모 자식간 관계에 관한 문제를 수반하게 된다. 정서적, 도구적, 경제적인 어려움이 있는 노인 가족의 경우 노인 돌봄에 있어서 사회화 과정이 미흡하게 될 경우 노인 가구의 삶을 위협을 추동하는 큰 원인이 될 수 있다는 점은 간과해서는 안될 것이다.

노인실태연구결과를 분석한 결과 가족 관계 변동 속에서도 가족과의 소통은 다양한 양식으로이루어지고 있다는 것을 알 수 있었다. 그러나 노인가족이 1차적인 가족관계안에서만 풀 수 없는 문제점은 분명히 존재한다. 특히, COVID-19 시기 강제적 고립을 경험한 노인 가족의 문제는 심리적인 문제를 야기시키며 이는 사회적 연결망의 단절로 인해 사회적 지지나 사회적 네트워크의 중단이 가장 큰 원인 중 하나임을 심층면접 결과는 보여주고 있고 이는 지속적인 사회적 연결망의 필요성을 역설하고 있다. 다시 말해 환경적, 구조적인 요인 등에 의해 심화되는 노인 가족의 고립 문제는 국가적, 사회적 측면에서 보완되어야 한다는 점이다.

노인 가족 문제는 가족 관계 내에서 가족의 역할이 강조되는 측면이 존재하지만 가족이 이 부분을 충족시키지 못할 경우 그 공백에 대한 불만이 커질 수밖에 없다. 특히, COVID-19 시기에는 노인 가족이 느끼는 고립감에 대한 공포가 확산되는 점을 고려할 때 이 문제를 가족에게만 전가하는 것이 아니라 사회적 지지나 사회적 네트워크로 풀어낼 필요성이 더욱 증대가 되고 있다는 점이다. 이를 정부적, 사회적 가족적 개인측면에서 이 부분을 어떻게 풀어낼 것인가에 대해 고민할 수밖에 없는 지점이다. 결과적으로 사회적 지지의 필요성에 대한 인식의 확대와 더불어 이에 대한 정책 방향성 그리고 새롭게 대두된 '공간'에 대한 재인식이 필요한 시점이다. 이를 토대로 현실적인 플랫폼구축으로 풀어내는 방안에 대하여 고민해야 할 것이다. 즉, 가족 문제를 효율성을 증대시킬 수 있는 방안 중 하나로 플랫폼을 기반으로 한 사회적 지지와 사회적 연결망을 어떻게 재구성하여 풀어 낼 것인가에 관한 문제라고 할 수 있다.

본 연구는 실태조사를 기반으로 가족 변동 구조에 관한 변화를 분석하였으며 COVID-19 시기에 노인들의 니즈를 파악하기 위해 심층면접을 실시하였다. 심층면접조사 대상이 중산층으로 한정되어 연구의 한계를 노정하고 있지만 이 연구결과를 단초로 지역 간 도농간 격차나 대노시와 중소도시 지역적인 환경을 고려힌 맞춤형 플랫폼 개발, 맞춤형 모델에 관한 개발 필요성을 제기할 수 있다는 점에 의미를 부여하고 이를 확장시키는 것이 연구과제이기도 하고 실천과제이기도 할 것이다. 본 장에서 연구자는 '공간'개념의 확장을 주장하며 구체적인 공간의 필요성 뿐만 아니라 새로운 공간개념의 재인식이 필요함을 강조하고자 한다. 이때의 '공간'이라는 것은 접촉과 비접촉의 접점 정도로 해석할 수 있을 것이다. 젊은이들은 플랫폼을 자신의 영역으로 가져올 수 있지만 노인들은 그 부분이 능력과 인프라 접근성 측면에서 용이하지 않기 때문에 밖에 있는 구체적인 공간 실질적인 공간에서 언택트를 확인하는 과정과 동시에 국가적, 사회적 지역네트워크에서 온택트 서비스가 필요하다. 주지하다시피 구체적인 공간이라는 개념은 상층부에 있는 이들에게는 댓가를 지불하더라도 확보하려고 할 것이고 중하층부는 이에 대한 니즈는 있으나 공간확보차원에서 불평등한 상황을 경험할 수 있다는 점을 고려할 때 계층에 따라 공간이 분리되는 현상이 심화될 수 있는 가능성에 대해 국가적, 사회적 차원에서 보완해야 할 필요성이 제기된다. 다시 말해 중하층 노인가족의 문제, 이른바 공간에 대한 필요성은 증대되지만 개인적인 영역에서 이들이 풀어낼 수 없다는 측면은 국가적, 사회적인 실질적인 접근이 필요한 동시에 개인적으로도 새로운 플랫폼에서의 사회적 지지, 사회적 연결망을 지속시키기 위한 노력이 절실하다. 공간이 노인의 정신적, 육체적 안전성을 담보하는 시대에서 계층간의 불평등을 겪지 않게 해야 하는 것이 이 시대 우리의 과제이자 의무일 것이다.

우리 사회는 COVID-19 이후 맞게 된 사회적 관계의 단절로 야기된 문제를 P2P기반 플랫폼 세계의 전환을 통해 빠르게 대응하고 있으며 이를 계기로 전 계층의 라이프가 강제적으로 변곡점을 맞이하고 있다. 팬데믹 사태 이후 강제적 생활 변화를 맞은 노인들이 다중적으로 압박을 받는 부분이 정서적, 도구적 지원이 상대적으로 취약한 노인 독거 가구, 노인 부부에게 강화되었음을 알 수 있었다.[11] 칸토르 (Cantor, 1979)는 자아로부터 거리에 기초해 제시한 사회적 연계망 구성요소 가운데 부모, 자녀, 손자녀, 형제, 자매 등을 포함하는 가족은

---

11) 여기서 다루지는 않지만 노인 가족 중 노인 독거가구 그중에서 여성 독거 가구의 문제는 노인 가족 문제에서 가장 사회적으로 심각하게 다루어져야 하는 부문이다. 빈곤의 문제와 직접적으로 연결이 되어 있으며 비율적으로도 높은 상관성을 보이기 때문이다.

일차적 비공식 관계라고 명명하고 있다. 가족 관계 변화는 심화되고 있지만 일차적 비공식 관계의 중요성은 여전히 주요하며 노인실태조사결과 가족이 떨어져 지내도 가족의 소통은 전보다 높아진 측면이 있음을 알 수 있었다. 그러나 주지하다시피 확대된 공동체에 관한 유의미성에 대해 관심을 확대할 필요가 있다. 거동이 불편해지기 시작하는 고령의 노인들에게 있어 친구나 가족도 중요한 관계지만 실제적으로는 자주 어울리는 사람들이 소중하다는 점도 간과해서는 안될 것이다. 나이가 들어감에 따라 학연, 혈연, 직장 등과 같은 연고 중심의 관계보다 지역 중심이 중요해지는 이유이기도 하다.

한국의 노인들은 스마트폰과 같은 정보통신기술의 지속적인 노출로 인해 기술 활용도가 높은 편이라고 가정할 때 새로운 세상으로의 변환에 대해 COVID-19을 극복하는 방안으로 활용한다면 앞서 이야기했던 문제들이 어느 정도 해소할 수 있는 기반이 될 가능성이 있다. 앞으로 지속적으로 야기될 것으로 예상되는 전염병으로 인한 거리 두기는 사회 전반에 있어 ICT 기술을 활용하여 국가, 지역, 개인이 유기적으로 연동하여 함께 대처방안을 모색하는 계기로 전환되어야 할 것이다.

참고문헌

강종필·윤지영. 2017. "다층모형을 활용한 독거노인의 삶의 만족도에 미치는 영향요인 분석: 생산적 여가참여와 사회적지지의 조절효과를 중심으로."『디지털융복합연구』15(5): 89-98.

김광석. 2008. "사회적 지지가 독거노인의 생활만족도에 미치는 영향 연구-독거노인 생활관리사 파견사업과 방문요양서비스 비교." 목원대학교 석사학위논문.

김두섭·김정석·송유진·최양숙. 2005.『경제, 인문사회연구회 협동연구총서: 가족구조의 관계 변화 및 전망』. 정보통신정책연구원.

김명소·김혜원·차경호·임지영·한영석. 2003. "한국 성인의 행복한 삶의 구성요인 탐색 및 척도개발."『한국심리학회지 건강』8(2): 415-442.

김정은. 2018. "가족을 돌보는 노인의 자기 돌봄 변화과정에 관한 질적 연구."『인문사회 21』9(5): 1279-1294.

김진구. 2011. "가족형태가 노인의 건강행위에 미치는 영향."『노인복지연구』(51): 35-55.

김주연. 2017. "한국 노인의 가구형태와 가구 내 자원분포: 사회적, 정서적, 도구적, 경제적 자원을 중심으로."『한국인구학』40(1): 1-28.

김진훈. 2019. "노인가구 노인의 삶의 만족도 변화에 미치는 영향 요인 -잠재성장모형을 이용한 종단연구."『한국콘텐츠학회논문지』19(1): 339-349.

김혜영. 2008. "한국가족의 다양성 증가와 그 이중적 함의",『아시아여성연구』47(2): 7-37.

권영순·오서진·이상주. 2020. "노인의 사회적 지지가 우울에 미치는 영향: 여가활동만족의 조절효과를 중심으로."『노년교육연구』6(1): 1-20.

남기민·이정은. 2012. "노인의 일상생활 스트레스와 성공적 노화의 관계 -가족탄력성의 매개효과를 중심으로-."『노인복지연구』(57): 85-112.

남순현. 2015. "여성노인의 일과 여가 경험에 대한 생애사 연구."『인간발달연구』22(2): 1-27.

박경숙·김미선. 2016. "노인 가구형태의 변화가 노인 빈곤율 변화에 미친 영향."『한국사회학』50(1): 221-253.

박경희. 2020. "제주지역 독거노인의 사회적 지지가 삶의 질에 미치는 영향: 우울의 매개효과를 중심으로." 제주대학교 석사학위논문.

박민자·손문금. 2005. "고령 여성과 남성의 일상생활: "생활시간조사" 자료를 중심으로." 『사회과학연구』 11: 121-145.

박숙자·손승영·조명덕·조은. 1995. 『가족과 성의 사회학: 고전사회학에서 포스트모던 가족론까지』. 서울: 사회비평사.

박영준·송인욱. 2008. "노인 부양가족의 가족갈등, 부양부담 및 사회적 지지간의 인과관계 연구." 『노인복지연구』 (39): 53-78.

박화옥·김민정·임정원. 2020. "공공실버주택 거주노인의 삶의 만족도와 우울 -사회적 지지와 지각된 경제수준의 경로모형-." 『미래사회복지연구』 11(3): 5-35.

서강훈. 2013. 『사회복지사를 위한 사회복지용어사전』. 경기: 이담북스.

안지연·한은영. 2013. "노인부양가구의 가족갈등에 대한 연구." 『노인복지연구』 (61): 267-290.

오선영. 2008. "노인의 생활만족도에 관련된 노인의 가족기능과 외로움." 『노인복지연구』 (42): 267-290.

윤지영·윤현숙. 2013. "노인이 가족에 대해 지각한 사회적 지원의 변화양상과 예측요인." 『한국가족복지학』 42: 139-167.

이원숙. 1992. "사회적 망, 사회적 지지와 임상적 개입의 이론연구." 이화여자대학교 박사학위논문.

이은주·박경진·권명수·정병일·서종수. 2017. "노인가구의 가정건강성 결정요인에 대한 연구: 노인 1인가구와 가족동거노인가구와의 비교를 중심으로." 2017년도 한국가족자원경영학회 추계학술대회발표논문. 261-274.

장강섭. 1992. "핵가족 이데올로기와 복지국가." 『경제와 사회』 (15): 173-204.

전명숙·태명옥. 2016. "사회경제적 변인이 노인의 삶에 대한 만족도에 미치는 영향 -노인의 여가참여의 매개효과-." 『한국콘텐츠학회논문지』 16(6): 323-333.

정경희. 2018. "노인의 가족 현황과 전망." 『보건복지포럼』 264: 6-18.

정순둘. 2001. "노인의 가족유형과 고독감에 관한 연구." 『한국가족복지학』 (7): 255-274.

_____·이현희. 2012. "가족특성과 노후준비의 관계: 베이비붐 세대와 예비 노

인세대의 비교." 『노인복지연구』 (58): 209-232.

최선하. 2017. "독거노인의 사회적 지지가 심리적 안녕감에 미치는 영향에 관한 연구." 공주대학교 석사학위논문.

최희경·오영진. 2008. "남성노인의 여가와 가족관계에 대한 탐색적 연구 –부산 용두산공원 이용자들을 중심으로–." 『노인복지연구』 (42): 349-378.

보건복지부. 2017. 『2017 노인실태조사』.

Bengtson, Vern L., Rosental, Carolyn, and Burton, Linda. 1995. "The Paradox of families and aging." *Handbook of Aging and the Social Science*. NY: Academic Press.

Engels, Friedrich. 1891(1987). 『가족, 사유재산, 국가의 기원』 김대웅 역. 서울: 아침.

Rosental, Gabriele. 2018. *Interpretive Social Research: An Introduction*. Gottingen: Universitatsverlag Gottingen Press.

Vahia, Ipsit V., Blazer, Dan G., Smith, Gwenn S., Karp, Jordan F., Steffens, David C., Forester, Brent P., Tampi Rajesh, Agronin Marc, Jeste, Dilip V., and Reynolds, Charles F., III. 2020. "COVID-19, mental health and aging: A need for new knowledge to bridge science and service." *The American Journal of Geriatric Psychiatry* 28(7): 695-697.

김정은 시대
'어머니' 위상에 나타난
양성평등정책과 가족보수화정책

박 현 선

(사)한국가족문화원 원장, 이화여자대학교 초빙교수

┃ 요약문

　김정은 시대를 이해하는 키워드를 '안정'과 '변화'로 집약할 수 있다. 본 연구는 정치적 안정과 경제적 개혁이라는 이중적 정책 목표가 여성·가족에게는 어떻게 적용될 것인지에 대한 문제제기에서 출발한다. 여성 및 가족 정책의 지향점을 파악하기 위해 어머니 위상을 분석한다. 어머니가 여성과 가족의 교집합이기 때문이다.

　따라서 본 연구의 목적은 김정은 시대 어머니 위상을 분석함으로써 여성과 가족 정책의 지향점을 안정과 변화라는 키워드로 규명하는 것이다. 여기서 안정은 전통 가부장제 및 보수화와 직결되며, 변화는 양성평등 및 개혁과 연관된다.

　어머니 위상을 파악하기 위해 『로동신문』의 사설·논설·정론의 기사 중 제목에 '어머니'가 들어가는 기사를 내용분석 하였다. 분석시기는 2012년 1월 1일부터 최근 DB 검색이 가능한 2021년 2월 28일까지로 삼았다.

　김정은 시대 여성 및 가족 정책은 투트랙으로 진행된다. 한편으로 여성권리보장법을 개정하여 여성의 권리 보장을 구체화하고, 주요 여성 정치 리더를 전면에 내세우는 등 법제도적 측면에서 양성평등 정책을 지향한다. 다른 한편으로는 여성들에게 자녀 출산과 양육에서의 어머니 역할을 강조함으로써 가부장제적 여성관을 재생산하여 보수화 정책을 펼치고 있다.

이같은 안정과 변화, 보수와 성평등이라는 두 가지의 키워드가 『로동신문』 내용분석에서도 그대로 나타난다. 내용분석 결과는 다음과 같다. 첫째, '어머니'라는 생물학적 어머니가 수식어로 사용되어 당, 조국 등에 확대 적용되고 있다. 둘째, 일반 어머니에 대한 정의를 보면, 어머니를 생을 준 어머니, 생활의 창조자, 훌륭한 교양자, 혁명의 계승자, 애국자 등으로 규정한다. 셋째, 강반석 여사와 김정숙 여사로 대표되는 모범적 여성상은 어머니의 최고 귀감이자 위대한 여성혁명가로 그려진다. 넷째, 일반 어머니의 모범상은 다산의 어머니, 고아의 어머니, 선군의 어머니 등이다. 다섯째, 김정은 시대 일반 어머니의 역할은 안정과 변화라는 두 가지 키워드가 모두 적용된다. 여섯째, 어머니인 동시에 여성으로서 제기되는 역할은 여성혁명가와 전문직업인의 임무이다.

이상의 분석결과는 김정은 체제가 여성 및 가족정책을 통해 안정과 변화라는 키워드를 통합적으로 적용하고 있다는 점을 보여준다. 양성평등정책과 가족보수화정책이 동시에 진행되고 있는 것이다. 그 결과 어머니는 사회의 변화와 안정을 모두 수용하고 가족을 지키고 자녀를 미래세대로 양성하는 주체로서의 위상을 갖는 동시에 자신도 여성으로 역량을 갖춘 혁명가로서의 위상을 갖는다. 이 점이 바로 본 연구의 목적을 달성한 점이기도 하다. 안정과 변화의 키워드가 함축된 어머니의 위상을 규명하였다.

1. 서론

1) 문제제기 및 연구목적

김정은 시대 북한은 김일성 시대나 김정일 시대보다 더 빠르게 더 근본적으로 변화하고 있다. 2016년 조선로동당 제7차 대회가 36년 만에 개최되고, 국방위원회가 국무위원회로 확대 개편되며, 내각이 강화되고 군 또한 국방 본연의 역할을 수행하도록 정상화하는 등 북한 체제가 정비되었다. 원래 5년마다 열리는 규정대로 2021년 1월 제8차 당대회를 개최한다. 이러한 체제공고화는 정치적으로 당 우선의 사회주의 정상국가를 지향하고, 경제적으로 '우리식 경제관리방법'에 의한 자율경영권 전면화로 시장경제개혁을 추진한다. 정치적 안정과 경제적 개혁을 모색하고 있는 것이다. 이같은 맥락에서 김정은 시대를 이해하는 키워드를 '안정'과 '변화'로 집약할 수 있다.

그렇다면 북한의 여성과 가족에게는 안정과 변화라는 키워드 중 어떤 것이 적용될 것인가를 분석할 필요가 있다. 정치적 안정, 경제적 개혁 중 여성·가족에게는 어떤 키워드를 적용할 수 있을까. 바로 이점이 본 연구의 문제제기이자 출발점이다.

바로 여성과 가족 정책의 지향점을 김정은 체제가 만들어가고자 하는 '어머니' 위상에서 찾고자 한다. 여성과 가족의 교집합이 어머니이기 때문이다. 북한에서 여성의 유일한 조직인 '조선사회주의녀성동맹'이 가두여성 가정주부으로 구성된다는 점을 감안하더라도 어머니는 가정의 핵심구성원이자 여성들의 대표로 자리잡고 있다.

따라서 본 연구의 목적은 김정은 시대 '어머니' 위상을 분석함으로써 여성과 가족 정책의 지향점을 안정과 변화라는 키워드로 규명하는 것이다. 여기서 안정은 전통 가부장제 및 보수화와 직결되며, 변화는 양성평등 및 개혁과 연관된다. 보통 이념체계는 보수와 진보로 분류된다. 하지만 개혁사회주의 단계의 북한에서는 이념적 대립관계 보다는 체제 내에서의 안정과 변화, 보수와 개혁이라는 분석개념으로 이해하는 것이 필요하다.

2) 연구내용

본 연구는 김정은 시대 어머니 위상을 파악하기 위해 다음 2장에서는 내용분석 방법을 기술하고, 3장에서는 여성·가족 관련 법제도와 정책 변화를 추적한다. 4장에서는 『로동신문』의 어머니 관련 기사를 내용분석한 결과를 제시한다. 5장에서는 결론으로 내용분석 결과를 토대로 김정은 시대 어머니의 위상과 이로써 파악되는 여성·가족 정책의 함의를 안정과 변화라는 키워드로 규명한다.

2. 연구방법

1) 분석대상

본 연구는 『로동신문』을 대상으로 질적 내용분석 방법을 적용하였다. 김정은 국무위원장은 김정일 국방위원장이 사망한 2011년 12월 17일부터 권력을 승계하였기에, 이 날부터 김정은 시대가 시작된 것이다.

하지만 본 연구는 신년사를 필두로 본격적인 김정은 시대가 시작되는 2012년 1월 1일부터 2021년 2월 28일[1]까지를 분석시기로 삼았다.

『로동신문』에서 '어머니'를 검색어로 찾고, 이 중 사설, 논설, 정론의 기사만 분석하였다. 조선노동당 당보인 『로동신문』은 북한 언론의 '총참모부'에 해당하여 대내외의 정책 방향에 대한 당의 지도노선과 정책적 입장을 제시한다. 이 중 사설은 당의 노선과 정책을 제시하며, 논설은 정치사상적인 내용을 다룬다. 또한 정론은 '시대적 문제'의 정치

---

1) 『로동신문』 2012년 1월 1일자~2021년 2월 28일자.

적 본질 및 현실적 의의를 이론적으로 분석하고 일반화하는 역할을 수행한다. 따라서 사설, 논설, 정론의 기사 분석을 통해 김정은 시대 여성 및 가족 정책의 기조를 이론적으로 파악할 수 있다.

김정은 시대『로동신문』의 사설, 논설, 정론 중 제목에 '어머니'가 들어가는 8개의 기사 내용을 질적으로 분석하였다. 분석대상을 정리하면 다음 〈표 1〉과 같다.

〈표 1〉『로동신문』 내용분석 대상

기사 날짜	기사 제목[1]	분류	비고
2012.6.23.	"어머니들의 생각"	정론	
2012.11.14.	"우리 어머니들을 축복한다"	정론	
2012.11.15.	"제4차 전국어머니대회를 열렬히 축하한다"	사설	
2016.11.16.	"사회주의조선의 미래를 가꾸는 어머니들에게 열렬한 축하를 드린다"	사설	
2017.12.24.	"혁명의 위대한 어머니"	정론	김정숙여사 탄생 100주년 기념
2018.3.17.	"어머니조국을 위하여!"	정론	공화국창건 70돐
2019.10.6.	"당일군들은 인민의 참다운 어머니가 되어야 한다"	론설	로동당
2019.12.9.	"우리 당이 인민에게 안겨주는 어머니 소원이 이루어진 땅: 양덕땅에 새겨진 인민사랑의 서사시를 펼치며"	정론	로동당

출처: 본 연구자가 작성함

분석 대상 기사의 분포가 시기별로 편중되어 있다. 2012년에 정론 2개와 사설 1개로 가장 많은 기사가 게재되었고, 2016년~2018년에는 년도 별로 한 편의 기사가 실렸으며, 2019년에는 2개의 기사가 나온다. 반면 2013년~2015년과 2020년~2021년 2월에는 제목에 어머니가 들어가는 기사가 한 편도 없다.

2012년에 기사가 많은 것은 김정은 체제가 본격적으로 출범하는 정권이양의 시기에 어머니날 제정과 어머니대회 개최 등의 소재가 있었기 때문이다. 어머니 역할을 강조함으로써 가족의 안정 나아가 가족으로 구성되는 사회의 안정을 꾀한 것으로 해석 가능하다.

반면 2013년~2015년에 어머니 제하의 기사가 없는 점은 2016년 5월의 조선로동당 제7차 대회를 앞두고 성과를 내기 위해 핵과 경제를 동시에 발전시킨다는 핵-경제병진노선 추진에 집중하였기 때문이라고 유추할 수 있으나 정확한 이유를 제시하기는 어렵다.

그런데 2018년 1개의 정론과 2019년 각각 1개의 논설과 정론 등 3개의 기사는 어머니 보다는 '어머니 당'과 '어머니 조국'을 의미하고 있다. 즉, 『로동신문』 2018년 3월 17일자 "어머니조국을 위하여!"는 공화국창건 70돐 기념 정론으로 어머니가 아닌 어머니 조국으로 지칭되는 북한체제에 관한 내용이다. 『로동신문』 2019년 10월 6일자 "당일군들은 인민의 참다운 어머니가 되어야 한다"는 논설 또한 노동당원에게 요구하는 사세에 관한 내용이다. 『로동신문』 2019년 12월 9일자 정론 "우리 당이 인민에게 안겨주는 어머니소원이 이루어진 땅: 양덕땅에 새겨진 인민사랑의 서사시를 펼치며"도 노동당에 관한 기사이다.

2020년~2021년 2월말까지 『로동신문』사설, 논설, 정론의 기사가 없는 정확한 이유를 파악하기는 어렵다. 기사가 없다고 하여 어머니에 대한 강조가 줄어든 것은 아니다. 예를 들어 『로동신문』 6월 23일자 2면 상단에 '우리 어머니'와 '그 정을 따르네'라는 신작 노래의 악보를 게재하고 있다. 노래를 통해 어머니 이미지가 지속적으로 상징화되고 있는 것이다. '우리 어머니'의 어머니는 당을 의미하고 '그 정을 따르네'의 그 정은 최고지도자를 상징하고 있다. 이후 후속 보도를 통해 노래 보급사업 전개 모습을 부각시키는 등 대대적으로 두 노래를 띄우고 있다. 사설, 논설, 정론의 기사는 아니지만 '우리 어머니'라는 노래를 통해 감성적인 통치를 강화하고 있음을 유추할 수 있다.

2) 분석방법

『로동신문』 기사에서 '어머니'와 관련한 기사내용을 질적으로 분석하였다. 기사내용을 심층적으로 분석하여 '어머니 용어 활용', '어머니 정의', '모범적 어머니상', '어머니 역할' 등으로 구분하였다. 또한 이러한 주제어를 각각 '안정' 키워드와 '변화' 키워드로 분류하였다. 키워드 분석을 통해 김정은 시대 어머니들에게 어떤 역할을 요구하였는지 파악할 수 있다.

3. 김정은 시대 여성 및 가족 정책

1) 법제도

북한에서 여성 및 가족 관련 법제도는 1946년 7월 30일 공포된 「북조선의 남녀평등권에 대한 법령」에서부터 시작된다. 이 법은 봉건적인 남녀관계를 청산하고, 모든 영역에서의 남녀평등권을 보장하고 있다.

1946년 8월 9일 「공민증에 관한 결정서」가 채택됨으로써 봉건적인 호적 및 호주상속제가 폐지되고 우리의 주민등록증에 해당하는 공민증제도가 실시된다. 18세 이상의 여성도 남성과 동등하게 공민증을 교부받게 됨으로써 남녀 평등한 신분장치가 제도화된다. 1955년 3월 5일

「공민의 신분등록에 관한 규정」에 의해 신분 확인 절차가 강화되는 동시에 혼인등록 절차가 정비된다. 혼인등록은 거주지의 신분등록소에 부부가 출두하여 혼인신고서를 제출하고 공민증에 등록하는 절차로 이뤄진다.

1948년 9월 8일에 제정된 「조선민주주의인민공화국 헌법」과 1972년 12월 27일 제정된 「조선민주주의인민공화국 사회주의헌법」에 의해 기본적인 남녀평등이 보장되고 가족이 보호되었다.

1990년 10월 24일 「조선민주주의인민공화국 가족법」이하 '가족법'이라 약칭이 제정됨으로써 최초의 가족 성문법이 만들어진다. 이후 가족법은 1993년, 2004년, 2007년, 2009년 4차례에 걸쳐 개정된다. 가족법은 가족의 결혼, 가정, 후견, 상속 등의 조항을 통해 가족의 안정화를 모색하고 있다. 2009년 개정법은 특별한 사유가 없는 한 3세 아래 자녀는 어머니가 양육하고, 양육비는 월수입의 10~30% 범위에서 재판소가 정하게 함으로써 어머니의 양육권을 강화하고 있다[2].

2010년 10월 22일 제정된 「조선민주주의인민공화국 녀성권리보장법」이하 '여성권리보장법'이라 약칭은 여성권리 보장을 구체적으로 규정하고 있다. 이후 2011년과 2015년 두 차례 개정된다. 특히 2015년 6월 30일 개정된 여성권리보장법은 김정은 시대에 제·개정된 법 중 유일하게 여성 및 가족 관련 법제도에 해당한다. 2015년 개정법은 임신여성의 야간노동 금지, 남녀 임금차별 금지, 240일의 산전산후휴가 보장, 결혼·임신·산전산후휴가 등의 이유로 해고 금지, 가정폭력 금지, 출산의 자유 등을 규정하고 있다.

이처럼 법제도 측면에서 북한은 여성의 권리증진과 보호 규정을 강

---

2) 박현선(2020), "북한의 여성과 가족 이해", 『기독교와 통일 그리고 북한』(서울: 박영사), p. 151.

화하고 있다. 그중에서도 김정은 시대의 개정 여성권리보장법은 기존 법령의 여성권리 보장을 구체화하며 강화하고 있다. 법제도 자체가 여성권리의 수준을 의미하는 것은 아니다. 법과 현실의 괴리가 있지만, 법제 자체로서 국가적인 문제해결의 의지를 보여준다는 점에서 의의가 있다.

2) 정책

북한이 추진한 여성·가족정책을 시기별로 정리하면 다음과 같다. 해방 직후 반제반봉건민주주의혁명단계 해방~1947.2에는 여성을 법제도적으로 해방시키고 평등권을 보장하며, 가족의 봉건 유습을 청산하는 방향으로 정책을 수행한다. 사회주의혁명단계 1947.2~1958.8에는 여성들의 사회주의 노동자화를 추진하면서 경제적 역할을 확대하고, 재판이혼제 도입 등으로 가족을 안정화시키는 조치를 강화한다.

이후 계속혁명단계 1958.8~는 김일성 시대, 김정일 시대, 김정은 시대로 구분된다. 김일성 시대는 사회의 혁명화와 관련하여 여성과 가족의 혁명화 정책이 추진된다. 김정일 시대는 선군정치와 관련하여 여성에게는 군대를 원호하고 자녀를 군인으로 양성하는 어머니 역할이 강조되고 가족정책도 선군가족 정책으로 추진된다.

김정은 시대는 앞서 살펴본바와 같이 여성권리보장법을 개정하여 여성의 권리를 강화하고, 외교 분야를 중심으로 여성 리더를 양성하고 기용하는 발전을 보이고 있다. 최선희 외무성 제1부상우리의 외교부 차관에 해당, 김여정 노동당 부부장, 현송월 노동당 부부장 등이 대표적 인물이다. 최선희 부상은 외교분야, 김여정 부부장은 대외정책, 현송월 부부장은 애민지도자상 선전분야에서 활약하고 있다.

또한 북한은 국제사회에서 여성리더들의 주요 활동을 보면서 자국의 여성리더를 양성해야 할 필요성을 느끼고 있다. 국제리더를 키우기 위한 여성교육에도 관심을 기울이고 있다.

김정은 시대의 가족정책을 보면 형식적으로는 김정일 시대의 선군 가정 정책을 계속 강조하면서, 가족을 안정화시키는 정책을 강화한다. 이른바 가족 보수화 정책을 추진한다. 구체적으로 세 가지 방향으로 진행된다.

첫째, 아동보호라는 명목으로 이혼을 규제하고, 여성의 가장 큰 덕목은 아이 많이 낳아 잘 키우는 것이라 하며 다산과 자녀양육을 강조한다.

둘째, 이러한 어머니의 역할을 강조하기 위해 2012년 어머니날을 제정한다. 어머니날인 11월 16일은 김일성 주석이 1961년 1차 전국어머니대회에서 '자녀교양에서 어머니들의 임무'를 연설한 날이다. 김일성 주석이 강조했던 어머니들의 임무는 자녀에게 공산주의 교양과 교육을 행하여 공산주의 인간으로 만드는 것이다.

셋째, 2012년 어머니날 하루 전인 11월 15일 '제4차 어머니대회'를 개최한다. 4차 어머니대회는 1961년 1차, 1998년 2차, 2005년 3차 대회가 열린 이후 7년 만에 개최된 것이다. 1998년의 2차 어머니대회는 1998년 9월 28일~29일에 열렸다. 이 시기는 김정일 정권이 김일성 주석 사후 4년여의 유훈통치기간을 끝내고 1998년 9월 5일 헌법개정을 통해 국가제도를 새롭게 정비하고 공식적으로 정권을 출범시킨 때이다. 2012년의 4차 어머니대회도 김정은 정권 출범시기에 개최된 것이다. 이는 북한이 정권이 교체되는 과도기에 가족과 사회에서의 안정적 역할을 바로 어머니가 담당하기를 기대하고 독려한다는 것을 의미한다.

이처럼 김정은 시대 여성 및 가족 정책은 투트랙으로 진행된다. 한편으로 녀성권리보장법을 개정하여 여성권리 보장을 구체화하고, 주요 여성 정치 리더를 전면에 내세우는 등 법제도적 측면에서 양성평등을 지향하는 정책을 추진하면서, 다른 한편으로는 여성들에게 자녀 출산과 양육에서의 어머니 역할을 강조함으로써 가부장제적 여성관을 재생산하고 있다. 이처럼 여성들에게 어머니 역할을 강조하는 정책은 가족 보수화 정책과 직결된다. 어머니의 헌신성을 이끌어내기 위해 어머니날을 제정하고, 어머니대회를 개최하기도 했다. 이러한 가족정책 추진의 주요 매개체는 조선사회주의여성동맹이다. 어머니 역할 강화로 조선사회주의여성동맹의 위상도 높아진다.

북한이 이중적 여성정책을 추진하는 이유는 변화와 안정이라는 상호 모순된 체제 목표와 연관되어 있다. 즉, 변화와 관련하여 양성평등적 법제도적 정비와 여성리더 양성 정책은 국제사회의 양성평등 기준에 맞춰가려는 의지의 표현인 동시에 여성리더가 활약하는 세계적 추세를 감안한 것이라 할 수 있다. 아울러 안정과 관련하여 가족 보수화 정책은 시장경제 개혁 속에서 사회의 세포인 가족이 안정적으로 지켜져야 체제 안정에도 기여할 것이라고 인식했기 때문이다.

4.『로동신문』내용분석

1) 어머니 용어 활용 형태

(1) 어머니 당: '조선로동당'

북한에서는 생물학적 용어인 '어머니'를 협의의 어머니 뿐 아니라 당과 조국을 수식하는 용어로 확대 적용하고 있다. '어머니 당'이라는 표현을 통해 헌신적이고 변함없는 당의 이미지를 각인시키고, '어머니 조국'이라는 용어로 위대하고 귀중한 조국의 이미지를 형상화시킨다.

"《모든 당조직과 당일군들은 세도와 관료주의를 철저히 극복하며 인민들을 따뜻이 보살피고 잘 이끌어주어 그들모두가 <u>우리 당을 어머니로 믿고 의지하며</u> 당과 끝까지 생사운명을 같이해나가도록 하여야 합니다》(김정은 위원장 말씀)(『로동신문』 2019년 10월 6일자 론설 "당일군들은 인민의 참다운 어머니가 되어야 한다")

"《우리 당은 앞으로도 <u>무한한 활력과 왕성한 열정으로 인민을 위해 정성을 다하는 헌신의 당, 변함없는 어머니당</u>으로 자기의 무겁고도 성스러운 사명을 다해나갈것이며 어떤 천지풍파가 닥쳐와도 인민들의 운명을 전적으로 책임지는 자기의 본분에 무한히 충실할것입니다》(김정은 위원장 말씀)(『로동신문』 2019년 12월 9일자 정론 "우리 당이 인민에게 안겨주는 어머니소원이 이루어진 땅: 양덕땅에 새겨진 인민사랑의 서사시를 펼치며")

북한에서 소선노동당은 어머니로 상징되는 반면 최고지도자는 이버지 혹은 어버이로 상징된다. 남한에서 어버이는 아버지와 어머니를 아울러 부모를 일컫지만 북한에서 어버이 용어가 등장했을 때는 어버이가 '김일성 수령'을 의미했지만, 이후 김정일 위원장과 김정은 위원장까지 지칭하게 된다. '어머니 당', '어버이 수령'으로 불린다. 여기서 인민은 자녀가 된다. 즉, 당과 수령과 인민은 삼위일체적 존재로 함께 '사회주의 대가정'이라는 북한의 구성요소가 된다.

(2) 어머니 조국: '조선민주주의인민공화국'

조국을 어머니로 형상화함으로써 가장 크고 소중한 존재로 각인시킨다.

> "조선민주주의인민공화국창건 70돐, 이는 우리에게 있어서 이 세상 제
> 일로 위대하고 귀중한 <u>어머니조국</u>의 생일 70돐이다."(『로동신문』 2018년 3월 17
> 일자 정론 "어머니조국을 위하여!")

(3) 어머니들의 역사: 인류 역사

흥미로운 사실은 조국과 인간 간의 관계를 어머니와 아들의 관계로 인식하고, 인류역사를 '어머니들의 력사'로 규정하는 역사관이다. 역사과정을 어머니의 역할로 재해석하고 있는 것이다. '어머니'에 대한 역할과 위상을 역사관으로까지 확대 강조하고 있음을 알 수 있다.

> "<u>조국과 인간과의 관계는 어머니와 아들과 같다</u>고 말할수 있다"(『로동신
> 문』 2018년 3월 17일자 정론 "어머니조국을 위하여!")

> "<u>인류력사는 어머니들의 력사</u>라고 할수 있다. 수백만년세월 어머니들이
> 자식을 낳아 키워주고 세대와 세대를 바꾸어주며 흘러온것이 인간의 력사
> 이다. 어머니들이 있어 이 세계가 있었다. 선과 악, 전쟁과 평화, 정의와 부
> 정의, 승리와 패배, 유명한 학설과 과학적발명에 대한 이야기들의 뒤에는
> 항상 어머니들이 서있었다"(『로동신문』 2012년 6월 23일자, 정론)

북한에서 사용하는 '어머니 당', '어머니 조국'이라는 용어 외에 생물학적 어머니에 대한 정의, 역할 등을 살펴보면 아래와 같다.

2) 어머니 정의

북한에서 어머니는 생을 준 어머니, 생활의 창조자, 훌륭한 교양자, 혁명의 계승자, 애국자 등으로 규정된다.

"생을 준 어머니, 언제나 안기고 싶은 따뜻한 품에 대하여, 인간이 가장 사랑하고 믿을수 있는 첫 품이자 영원한 품인 어머니의 품에 대하여, 인생 길의 첫 스승이자 영원한 스승, 영원한 길동무인 어머니에 대하여..."(『로동신문』 2012년 6월 23일자, 정론)(※생을 준 어머니, 인간 존재의 첫 스승)

"어머니들은 우리 사회를 화목한 사회주의대가정으로 꾸려가는 아름다운 생활의 창조자이다"(『로동신문』 2012년 11월 15일자 사설 "제4차 전국어머니대회를 열렬히 축하한다")(※사회를 사회주의대가정을 만드는 생활의 창조자)

"우리 어머니들은 화목한 사회주의대가정을 훌륭하게 가꾸어가는 아름다운 생활의 창조자이다"(『로동신문』 2016년 11월 16일자 사설 "사회주의조선의 미래를 가꾸는 어머니들에게 열렬한 축하를 드린다")

"우리 어머니들은 혁명의 계승자, 부강조국건설의 기둥감들을 억세게 키워 내세우는 훌륭한 교양자들이다"(『로동신문』 2016년 11월 16일자 사설 "사회주의조선의 미래를 가꾸는 어머니들에게 열렬한 축하를 드린다")(※혁명의 계승자, 훌륭한 교양자)

"어머니들은 강성국가건설을 위한 투쟁에 한몸바치는 애국자들이다"(『로동신문』 2012년 11월 15일자 사설 "제4차 전국어머니대회를 열렬히 축하한다")(※애국자)

3) 모범적 어머니상

(1) 강반석 여사와 김정숙 여사

김정은 시대에도 여전히 강반석 여사와 김정숙 여사가 여성 및 어머니의 모범상으로 그려지고 있다. 김일성 주석의 어머니인 강반석 여사보다는 김정일 위원장의 어머니인 김정숙 여사에 대한 강조가 더 많다는 것을 알 수 있다. 두 여사 모두 기본적으로 '어머니의 최고 귀감'으로 어머니 역할을 수행한 점을 지적하면서도 혁명투사, 여성 혁명가, 항일 투사 등의 '혁명적' 이미지를 부각하고 있다.

"효성어린 좁쌀 한말 앞에 놓고 혁명의 먼길에 큰걸음을 떼라고 우리 수령님을 떠밀어주시던 강반석어머님의 그 뜨거운 눈빛이 우리 어머니들의 마음속에 깊이 새겨져있다"(『로동신문』 2012년 11월 14일자 정론 "우리 어머니들을 축복한다")

"불요불굴의 혁명투사 강반석녀사와 항일의 녀성영웅 김정숙동지는 어머니의 최고귀감, 위대한 녀성혁명가이시였다"(『로동신문』 2012년 11월 15일자 사설 "제4차 전국어머니대회를 열렬히 축하한다")

"수령렬사옹위에서도 귀감이시고 혁명의 미래를 키우시는데서도 귀감이시며 조국의 번영과 인민의 행복을 위해 바치신 삶에서도 귀감이신 항일의 녀성영웅 김정숙어머님처럼 사는것이 이 나라 어머니들의 한결같은 지향이였다"(『로동신문』 2012년 6월 23일자, 정론)(※김정숙어머님이라는 용어)

"항일의 군복자락에 우리 장군님을 안아키우시며 백두광명성으로 받들어

올리신 백두산녀장군 김정숙동지의 봄빛같은 미소가 어머니들의 혁명의발걸음을 재촉하여준다"『로동신문』 2012년 11월 14일자 정론 "우리 어머니들을 축복한다")

'항일의 녀성영웅 김정숙어머님'" 오중흡7련대의 수령결사옹위정신은 김정숙어머님의 수령결사옹위정신에 뿌리를 두고 있다""새 세대들은 어머님께서 물려주신 결사옹위정신을 피줄처럼, 공기처럼, 량식처럼 받아안으며 김정은결사옹위의 열혈투사들로 자라나고 만리마시대의 억센 힘을 만방에 떨쳐간다"

(2) 다산과 선군의 어머니

일반적인 여성들의 모범상은 특히 전국어머니대회 참가자들 중 귀감이 되는 여성으로 소개되었는데 다산과 헌신적인 양육자로서의 어머니이다. 구체적으로 자식을 10명이나 낳은 어머니, 고아들을 자식으로 키운 어머니, 자녀를 병사로 키운 어머니 등이다.

"위대한 어머니들의 모범이 훌륭한 어머니의 대부대를 키워왔다"(『로동신문』 2012년 6월 23일자, 정론)

"이번 전국어머니대회 참가자들속에는 자식을 9명, 10명 낳은 어머니도 있고 부모없는 아이들을 맡아 친자식처럼 애지중지 키우는 어머니도 있으며 아들딸모두를 총대병사로 내세운 어머니들도 있다"(『로동신문』 2012년 11월 15일자 사설 "제4차 전국어머니대회를 열렬히 축하한다") (※전국어머니대회 참가자: 다산 어머니, 고아의 어머니, 선군의 어머니)

"고난의 길에서 쓰러진 어머니들의 몫까지 합쳐 수십명 지어 백수십명

아이들을 품어안아 자기 집뜨락에서 자래워준 어머니들"(『로동신문』 2012년
6월 23일자, 정론)(※고아의 어머니)

4) 어머니 역할

(1) 어머니로서의 역할

어머니의 역할은 출산, 양육, 교육으로 이어지는 일련의 과정으로
연결된다. 양육자로서의 어머니와 교육자로서의 어머니가 명확히 구
분되지는 않는다. 다만 양육자의 역할은 자녀가 잘 클 수 있도록 식사
와 잠자리 등을 챙겨주는 것이라면, 교육자의 역할은 어머니의 모범으
로 아이들을 과학자, 미래 일군으로 키워내는 것이다.

① 출산, 다산

"핵구름이 몰려오든, 제재의 포위환이 좁혀지든 오직 선군, 하나만을 굳
게 믿고 우리의 어머니들이 낳고 또 낳은 바로 그 아이들이 오늘 세계의
하늘가에 란만한 웃음발을 날리는 붉은넥타이들이며 영웅병사감, 청년박
사감들이다"(『로동신문』 2012년 6월 23일자, 정론)

② 양육자

"매일 아침 씩씩하게 학교길에 나서는 아이들의 밝은 얼굴에도, 어느덧
다 자라 일터로 향하는 자식들의 끌끌한 모습에도 어머니들의 따뜻한 정
성과 살뜰한 손길이 고여있다."(『로동신문』 2012년 11월 14일자 정론 "우리 어머
니들을 축복한다")

"고난의 길에서 허리띠를 조여매고 키워낸 소중한 자식들을 신문과 텔
레비죤에서 보면서 울고웃는 어머니들"(『로동신문』 2012년 6월 23일자, 정론)

"이 세상에 만족을 모르는것은 <u>어머니의 사랑</u>이다. 그래서 어머니는 사랑의 부자라는 말도 있다. 우리 원수님의 사랑은 이 세상 천만 어머니들의 사랑을 다 합친것보다 더 크고 뜨겁다"(『로동신문』 2016년 11월 16일자 사설 "사회주의조선의 미래를 가꾸는 어머니들에게 열렬한 축하를 드린다")

③ 교육자

김정은 시대 교육자로서의 어머니가 자녀를 키우는 이상적 모습은 자녀를 혁명전통과 미래를 아는 ^{창조형 인간} 인간으로 교육하는 것이다. 바로 김정은 시대 전통과 개혁, 안정과 변화의 키워드를 통합적으로 인식하는 관점이 그대로 어머니에게도 적용된 것이다.

"자식의 피줄기를 사회주의조국과 하나로 이어주는 어머니, 그 피줄기를 우리의 운명인 최고사령부와 하나로 이어주는 어머니가 가장 훌륭하다. <u>자식을 당과 수령을 알고 조국과 인민을 알며 우리의 혁명전통과 미래를 아는 참다운 인간으로 키우는 어머니가 가장 아름답다.</u> 훌륭한 어머니는 <u>교육자이며 애국자</u>이다"(『로동신문』 2012년 6월 23일자, 정론)

지식경제시대에 살아갈 아들딸들은 "<u>나라에 이바지할 진짜최우등생은 머릿속의 지식을 응용능력으로 이어놓는 학생, 새것을 지향하고 결과를 만들어내는 창조형의 학생, 외국어와 프로그람은 물론이고 미학적높이와 활동능력에서도 세계와 경쟁할 수 있는 학생</u>"으로 만들어야 함. 이런 자식<u>을 키우기 위해서는 어머니의 훌륭한 모범이 필요함</u>(『로동신문』 2012년 6월 23일자, 정론)(※김정은 시대 어머니의 역할)

"자신을 말없이 바쳐 <u>조국의 미래를 안아키우</u>며 당을 따라 일편단심 신념과 애국의 한길을 걸어온 어머니들을 우리는 소리높이 자랑한다"(『로동신문』 2012년 11월 14일자 정론 "우리 어머니들을 축복한다")

교육자의 역할 중 주목할 것은 자녀, 청소년을 보면 그 부모, 그 중에서도 어머니가 보인다는 것이다.

"《여기에 참가한 소년단원들의 대견한 모습과 정다운 얼굴들을 보니 동무들을 평양으로 뜨겁게 바래워준 소년단원동무들과 선생님들, <u>동무들의 부모형제들을 다 만나보는것만 같습니다</u>》"(김정은 위원장 말씀) (『로동신문』 2012년 6월 23일자, 정론) (※소년단원들을 보면 선생님과 부모들이 보인다는 메시지 전달)

"자식들을 당과 수령께 끝없이 충실하고 조국과 인민을 위하여 물불을 가리지 않는 참된 인간, 혁명가로 키우는데 자기 가정의 행복도, 민족의 앞날도 있다는 것이 우리 어머니들이 지닌 고결한 행복관이며 미래관이다" <u>"훌륭한 자식의 뒤에는 훌륭한 어머니가 있다</u>"(『로동신문』 2016년 11월 16일자 사설 "사회주의조선의 미래를 가꾸는 어머니들에게 열렬한 축하를 드린다")

"어머니의 사상과 정신, 어머니의 말과 행동, <u>어머니의 품성은 그대로 자식에게 비쳐진다. 설사 어머니가 없다 해도</u> 어린시절 흘러든 그 모성의 채취와 넋은 자식의 뜻으로 살아숨쉬는것이다"(『로동신문』 2012년 6월 23일자, 정론)

④ 헌신적으로 가정을 만드는 주체
단란한 가정을 만들기 위해서는 어머니들의 헌신적인 노력이 필요하다는 것을 강조한다.

"단란한 우리 살림의 어느 구석에나 <u>젖은 손 마를새 없는 어머니들의 수고</u>가 비껴있고 불밝은 저녁 가정에 넘치는 웃음소리에도 다정한 어머니들의 향기가 어려있다"(『로동신문』 2012년 11월 14일자 정론 "우리 어머니들을 축복한다")

"누구보다 잠을 적게 자고 누구보다 허리띠를 더 조이면서도 말없이 이악하게 살림을 꾸려나간 우리 어머니들, 자식들의 웃음과 행복을 위하여 <u>궂은일, 마른일 가림없이 헤쳐왔다</u>"(『로동신문』 2012년 11월 14일자 정론 "우리 어머니들을 축복한다")

⑤ 선군의 어머니

선군의 어머니의 모습은 두 가지 형태로 구분된다. 자식을 혁명가·군인으로 키우는 어머니' 역할과 '강성국가건설의 어머니'의 역할이다. 두 역할이 명확히 구분되기 보다는 자식을 혁명가로 키우는 것이 강성국가건설의 어머니라 하여 상호 연관된 역할이다. 단, 분석을 위해 두 역할을 구분하면 자식을 혁명가로 키우는 어머니 역할은 자식 양육에 초점이 맞춰졌다면, 강성국가건설의 어머니 역할은 국가에 대한 역할에 맞춰진다.

먼저 혁명가 자녀, 군인 자녀를 양성하는 어머니 역할은 다음과 같다. 사회 국가의 기둥인 남편을 내조하고, 국가의 미래인 자녀를 극진히 보살피는 창조와 혁신의 노력을 기울이는 어머니의 모습이다. 여기서 남편을 국가의 기둥이라고 표현한 것은 가부장제적 표현이다. 북한이 해방 직후부터 여성을 혁명의 한쪽 수레바퀴를 담당한다고 했던 정책 자체의 변화는 아니나, 여기서는 남편의 뒷바라지를 성실히 해야 한다는 것에 중점을 두고 있는 것이다. 여기서도 북한 여성 및 가족정책의 이중적 성격을 파악할 수 있다.

"나라의 기둥이 흔들릴세라 <u>남편들의 뒤바라지를 이악하게 하고</u> 조국의 래일이 흐려질세라 <u>아이들을 극진히 보살펴주고</u> 혁명의 붉은기만을 바라보며 창조와 혁신의 구슬땀을 깡그리 바친 선군조선의 어머니들이다"(『로동신문』 2012년 6월 23일자, 정론)

"우리 어머니들은 그렇게도 품들여 애지중지 키워온 <u>자식들을 혁명의 군복을 입혀</u> 기꺼이 조국보위초소에 세웠고 돌격대의 제복을 입혀 조국이 부르는 어려운 곳으로 등을 떠밀어보냈다"(『로동신문』 2012년 11월 14일자 정론 "우리 어머니들을 축복한다")

"<u>자식들에게 애국의 숨결을 주고 혁명의 넋을 이어주는 숭고한 사랑, 혈육의 정, 한 울타리의 정을 조국으로 넓힌 크나큰 사랑,</u> 조선의 어머니들의 류다른 모습, 특유한 인격이 여기에 있고 그 가슴에 뜨겁게 끓어넘치는 <u>모성애의 근본도 바로 이것이다</u>"(『로동신문』 2012년 11월 14일자 정론 "우리 어머니들을 축복한다")

다음으로 강성국가건설의 어머니는 다음과 같이 제시된다. 강성국가건설의 어머니는 선군사상을 옹호하고 사회주의강국건설에 기여해야 하는 국가적 과제가 제기된다.

"우리 당의 <u>선군정치와 강성국가건설구상을 한마음한뜻으로 받들어나</u>

가는것은 우리 어머니들의 중요한 혁명임무"(『로동신문』2012년 11월 15일자 사설 "제4차 전국어머니대회를 열렬히 축하한다")

"이 땅에서 우리 당의 선군사상을 제일먼저 리해하고 가장 순결한 량심으로 옹위한 사람들이 우리 어머니들이었다"(『로동신문』2012년 6월 23일자, 정론)

"우리 당의 사회주의강국건설구상을 빛나게 실현하기 위한 전구마다에서 애국의 구슬땀을 바쳐가는 우리 어머니들의 헌신적투쟁에 의하여 선군조선의 비약과 번영의 력사가 줄기차게 이어지고있는것이다"(『로동신문』2016년 11월 16일자 사설 "사회주의조선의 미래를 가꾸는 어머니들에게 열렬한 축하를 드린다")

"오늘 우리 어머니들은 고결한 충정과 불타는 애국심, 흰눈과도 같은 순결하고 자기희생적인 헌신으로 선군시대를 빛내여가고있다"(『로동신문』2012년 11월 15일자 사설 "제4차 전국어머니대회를 열렬히 축하한다")

"모든 어머니들은 위대한 김일성동지와 김정일동지를 주체의 영원한 태양으로 천세만세 높이 받들어모시며 수령님들께서 개척하고 이끌어오신 주체혁명위업을 빛나게 완성하는 길에서 순결한 충정과 도덕의리심을 발휘해나가야 한다"(『로동신문』2016년 11월 16일자 사설 "사회주의조선의 미래를 가꾸는 어머니들에게 열렬한 축하를 드린다")

"새시대의 큰자욱을 내짚으면서 어머니들을 부르는 조국의 목소리를 들었다"(『로동신문』2012년 6월 23일자, 정론)

(2) 여성으로서의 역할

① 여성혁명가

여성들에게 어머니로서의 역할뿐 아니라 여성으로서의 역할을 제시하고 있다. 특히 여성혁명가의 중요성을 '여성혁명화 → 가정혁명화 → 사회발전'으로 연결되는 논리로 강조하고 있다. 이는 북한의 여성혁명화, 가정혁명화, 온사회의 혁명화를 연결하는 기존의 논리를 보여주는 것이다.

"《우리 녀성들은 혁명의 한쪽수레바퀴를 떠밀고나가는 힘있는 력량입니다》"(김정은 위원장 말씀)(『로동신문』 2012년 11월 15일자, 사설 "제4차 전국어머니대회를 열렬히 축하한다")

"우리 어머니들은 고난의 행군의 어려운 시련도 이겨내고 선군혁명의 폭풍우속에서, 새로운 혁명적대고조의 불길속에서 더욱더 억세게 단련된 녀성혁명가들이다" "녀성혁명화는 가정혁명화, 사회의 건전한 발전과 잇닿아있다"(『로동신문』 2012년 11월 15일자, 사설 "제4차 전국어머니대회를 열렬히 축하한다")

"모든 어머니들과 녀성들을 수령결사옹위정신으로 튼튼히 무장시키며 그들속에서 사회주의에 대한 신념교양, 집단주의교양을 짜고들어 온갖 이색적인 생활풍조가 나타나지 않도록 하여야 한다"(『로동신문』 2016년 11월 16일자 사설 "사회주의조선의 미래를 가꾸는 어머니들에게 열렬한 축하를 드린다")

② 직업인

북한은 여성들에게 전문인으로서 노동자로서의 임무를 충실히 수행할 것을 요구하고 있다.

"때없이 매달려 어리광치는 어린것의 맑은 눈동자에 피타는 사색과 열
정을 심어주며 탐구의 길을 걸어온 <u>어머니발명가, 어머니박사, 어머니문필
가</u>는 또 얼마인가"(『로동신문』 2012년 6월 23일자, 정론)

"한 집안의 밥가마는 빌수 있어도 나라의 저탄장이 비여서는 안된다며
석탄증산을 위하여 뛰고 또 뛰던 <u>탄전의 어머니들</u>의 애국절개를 무슨 말
로 다 표현할 수 있으랴"(『로동신문』 2012년 6월 23일자, 정론)

5. 결론: 김정은 시대 어머니 위상

김정은 시대 여성 및 가족 정책은 투트랙으로 진행된다. 법제도적으
로는 여성권리 보장을 강화시키고, 대외분야 여성 정치 리더를 양성하
는 등 양성평등을 지향하는 정책을 추진하고 있다. 그러면서도 다산과
양육의 어머니 역할을 상소함으로써 가부장제적 여성관을 재생산하
고, 가족을 보수화시키는 정책을 추진하고 있다.

북한이 이중적인 여성 및 가족정책을 추진하는 이유는 두 가지로 집
약된다. 하나는 여성들의 역량 강화와 동시에 세계화 추세에 맞춰 국
제사회의 양성평등 기준에 맞춰 가려는 것이다. 다른 하나는 시장경제
개혁 속에서 가족이 보수적으로 지켜져야 체제 안정에도 기여할 것이
라고 인식했기 때문이다.

이처럼 안정과 변화, 전통과 개혁, 보수와 성평등이라는 두 가지의
키워드가 『로동신문』 내용분석에서도 그대로 드러난다. 하지만 일률적

으로 두 가지 키워드가 언제나 같이 나타나는 것은 아니고, 때로는 안정의 키워드가 때로는 변화의 키워드가 강조되고 있다. 어머니에 대한 각각의 강조 키워드를 분석한 결과를 보면 다음과 같다.

첫째, '어머니'라는 생물학적 어머니가 수식어로 사용되어 당, 조국 등에 확대 적용되고 있음을 알 수 있다. 어머니와 당, 조국, 역사를 직결함으로써 헌신적이고 믿을 수 있는 어머니 당, 어머니 조국의 이미지를 내세우고, 인민들은 당연히 자식의 도리로 어머니와 같은 당과 조국을 따라야 함을 강조하고 있다. 특히, 인류역사를 어머니들의 역사로 재해석함으로써 어머니에 대한 위상을 역사관까지 확대할 정도로 강조하고 있다.

둘째, 일반 어머니에 대한 정의를 보면, 어머니를 생을 준 어머니, 생활의 창조자, 훌륭한 교양자, 혁명의 계승자, 애국자 등으로 규정한다. 생물학적 어머니 생을 준 어머니 → 가족 경영자 생활의 창조자 → 혁명 계승자 자녀교양자 및 혁명 계승자 → 애국자 등으로 그 의미가 가족에서 체제까지 확대되고 있다. 여기서 혁명 계승자는 안정의 키워드로 분류 가능한다. 혁명이라는 단어보다 계승자라는 단어에 집중해야 한다. 정확히 혁명전통 계승자라고 할 수 있다. 또한 창조자, 교양자적 측면은 보다 변화의 키워드로 분류 가능하다.

셋째, 강반석 여사와 김정숙 여사로 대표되는 모범적 여성상은 어머니의 최고 귀감이자 위대한 여성혁명가로 그려진다. 그 중에서도 강반석 여사는 어머니의 역할에 집중되어 있고, 김정숙 여사는 부인과 어머니로서 귀감이 되는 동시에 항일의 여성영웅, 여성혁명가로서 귀감이 되는 모습을 강조한다. 특히 김정숙 여사는 김정은 시대에 와서 '김정숙어머님'이라는 호칭으로 불린다. 새세대가 김정숙 어머님의 수령 결사 옹위정신을 이어받아 김정은 결사옹위를 수행해야 한다는 점을 주지시킨다.

넷째, 일반 어머니의 모범상은 어머니대회 참석자에서 찾아 볼 수 있는데 구체적으로 다산의 어머니, 고아의 어머니, 선군의 어머니 등이다. 김정숙 여사에게서 여성혁명가의 면모를 강조했다면, 일반 여성들의 모범상에서는 보다 어머니의 역할에 집중되고 있음을 알 수 있다. 모범적 여성상은 혁명 전통과 어머니의 역할을 하는 모습으로 지속 혁명과 안정의 키워드가 더 우세하다.

다섯째, 김정은 시대 일반 어머니의 역할은 안정과 변화라는 두 가지 키워드가 모두 적용된다. 교육자로서의 어머니가 키워야하는 자녀의 이상적 모습은 '혁명전통'과 '미래를 아는 창조형 인간' 인간이다. 조국과 자녀를, 당과 자녀를 연결하는 매개체가 바로 어머니다. 근로단체가 당과 인민을 연결하는 인전대, 연결고리인 것처럼 어머니도 당과 자녀를 연결하는 인전대인 것이다. 이점이 김정은 시대 어머니 역할의 특이점, 즉, 안정과 변화의 키워드를 통합적으로 어머니 역할에 적용하고 있다는 것이다. 바로 김정은 시대가 요구하는 어머니 역할이자 어머니의 위상이다.

어머니 역할에서 안정의 키워드는 구체적으로 혁명 전통과 선군 어머니로 대표된다. 국가의 기둥인 남편을 잘 내조하고, 국가의 미래인 자녀를 극진히 보살피는 어머니의 모습으로 그려진다. 여기에 덧붙여 어머니 자체도 선군사상을 옹호하고 사회주의강국건설에 기여해야 하는 과제가 제기된다. 이같은 안정적, 보수적 어머니의 모습은 헌신적으로 가정을 만드는 주체의 모습이기도 하다. 반면에 어머니 역할에서 변화의 키워드는 구체적으로 창조형의 국제적 수준의 전문가 자녀를 양성해야 한다는 것으로 강조된다. 결국 김정은 시대 교육자로서의 어머니가 자녀에게 기대하는 이상적 모습은 자녀가 혁명전통과 미래를 여는 참 인간인 것이다.

여섯째, 어머니인 동시에 여성으로서 제기되는 역할은 여성혁명가와 전문직업인의 임무이다. 특히 여성혁명가의 중요성을 '여성혁명화 → 가정혁명화 → 사회발전'으로 연결되는 논리로 강조하고 있다.

이상의 분석결과는 김정은 체제가 여성 및 가족정책을 통해 안정과 변화라는 키워드를 통합적으로 적용하고 있다는 점을 보여준다. 김정은 시대 정치적 안정과 경제적 개혁을 추구하는 속에서 어머니들에게는 안정과 변화, 전통과 개혁이라는 두 개의 상반된 키워드가 함께 적용된다. 양성평등정책과 가족보수화정책이 동시에 진행되고 있는 것이다. 그 결과 어머니는 사회의 변화와 안정을 모두 수용하고 가족을 지키고 자녀를 미래세대로 양성하는 주체로서의 위상을 갖는 동시에 자신도 여성으로 역량을 갖춘 혁명가로서의 위상을 갖는다. 이 점이 바로 본 연구의 목적을 달성한 점이기도 하다. 안정과 변화의 키워드가 함축된 어머니의 위상이 규명된 것이다.

하지만 이러한 김정은 시대 어머니의 사회적 위상이 어머니의 실제 삶이나 역할을 그대로 반영하는 것은 아니다. 어머니의 위상은 국가 정책, 법제도적으로 추구하는 어머니의 이상적 모습에 해당하는 것이다.

▎참고문헌

『로동신문』. 2012년 6월 23일자.
『로동신문』. 2012년 11월 14일자.
『로동신문』. 2012년 11월 15일자.
『로동신문』. 2016년 11월 16일자.
『로동신문』. 2017년 12월 24일자.
『로동신문』. 2018년 3월 17일자.
『로동신문』. 2019년 10월 6일자.
『로동신문』. 2019년 12월 9일자.
『로동신문』. 2021년 6월 23일자.
박현선. 2020. "북한의 여성과 가족 이해." 『기독교와 통일 그리고 북한』. 서울:
　　박영사.

┃ 이효재 선생님 약사 ┃

1924년 11월 14일 경남 마산에서 출생
2020년 10월 4일 소천

1. 학력
1945-47　이화여자대학교 영문과 2년 수료
1948-51　미국 알라바마 주 소재 University of Alabama 졸업(사회학 학사)
1953-54　미국 버지니아주 소재 Presbyterian School for Christian Education 졸업 (기독교교육 석사)
1955-57　미국 뉴욕시 소재 Columbia University, Graduate School for Political Science 졸업 (사회학 석사)

2. 경력
1958-62　이화여대 사회학과 창설, 조교수
1962-67　서울여대 사회학과 부교수
1968-90　이화여대 사회학과 교수
1969-76　이화여대 여성자원개발연구소 설립 및 소장 역임
1970-71　한국사회학회 회장
1974　　미국 테네시주 소재 Fisk 대학(흑인대학) 객원교수
1976　　이화여대 여성학 준비위원회 위원
1978　　한국가족학회 초대회장
1980-84　광주민중항쟁에 연루되어 이화여대 교수 해직
1984　　이화여대 교수 복직
1990　　이화여대 교수 정년퇴임

3. 사회활동
1972　　제1차 UN 인간환경회의(스웨덴 스톡홀롬), 한국여성단체협의회 대표로 참석
1975　　제1차 유엔 세계여성회의(멕시코) 한국 대표단원으로 참석

1982	해직교수협회의 회장
1984-1998	여성한국사회연구회 설립 및 회장
1988	제2차 남북 기독자모임(스위스 글리온)에 참여
1987-90	한국여성민우회 초대 회장
1989-91	여성민우회 생활협동조합 이사장
1988-94	한겨레신문 이사
1990-92	한국여성단체 연합 회장
1991	한국정신대문제대책협의회 공동대표(2015년 현재 명예공동대표)
1991	인도 뉴델리 UNIFEM Expert Meeting on Women and Industry 참석
1991	제1차 '아시아의 평화와 여성의 역할', 동경회의 공동대표(남·북한, 일본 여성조직)
1992	제2차 '아시아의 평화와 여성의 역할' 서울회의 및 제3차 평양회의에 참석
1992	유엔인권소위원회에 참석하여 정신대 문제에 대한 발표 및 토론
1992-1998	사단법인 한국여성사회교육원 창설 및 이사장
1993	국토통일원 고문
1993	북한 정부의 전후보상대책위원회 주최 평양국제토론회 참석
1988-97	한국여성노동자협의회 이사 및 이사장
1997-	진해 경신사회복지재단 부설 사회복지연구소 창설 및 소장
1998-2003	여성한국사회연구소 이사장
2003	진해 기적의도서관(어린이도서관) 설립 및 초대운영위원장
2003-2020	(사)한국가족문화원 명예이사장

4. 수상 경력

1985	제26회 한국출판문화상 (『분단시대의 사회학』)
1990	심산사상연구회 제5회 '심산상'
1993	여성단체협의회 '올해의 여성상'
1994	한국기독교교회협의회 인권위원회 '올해의 인권상'
1997	여성동아 대상
1997	이화여대 제3회 '자랑스런 이화인상'

2001	비추미 여성대상 '해리상'
2002	평화를만드는여성회 '평화공로상'
2005	제4회 '유관순상'
2005	제1회 '허황옥 평등상'
2009	제19회 향기로운 시민불교문화상 특별상
2012	YWCA 제10회 한국여성지도자상 대상
2020	국민훈장 모란장 추서

5. 주요 저술

「가족과 사회」, 민조사, 1968.

「도시인의 친족관계」, 한국연구원, 1971.

「인간과 환경」환경교육시리즈 제1호 이화여대 환경교육연구회, 1973.

「여성은 지역사회 주인이다」여성자원개발연구소 교육자료1호, 이대여성자원개
　　　발연구소, 1973.

「한국 여성의 지위」공저, 이대출판부, 1976.

「한국 YWCA 반백년」, 대한Y연합회, 1976.

「여성의 사회의식」, 평민사, 1978.

「여성해방의 이론과 현실」(편저), 창작과 비평사, 1979.

「여성과 사회」, 정우사, 1979.

「가족과 사회」(증보판), 경문사, 1983.

「제3세계의 도시화와 빈곤」(공편), 한길사, 1983.

「분단시대의 사회학」, 한길사, 1985.

「가족연구의 관점과 쟁점」(편저), 까치사, 1988.

「한국의 여성운동 – 어제와 오늘」, 정우사, 1989.

「한국의 여성운동 – 어제와 오늘」(증보판), 정우사, 1996.

「分斷時代の 韓國女性運動」(李順受외 2명 共譯), 日本, 東京: のお茶 水書房,
　　　1987.

「分斷社會と 女性家族 – 韓國の 社會學的 考察」(金學鉉외 2명 共譯), 日本, 東
　　　京: 社會評論社, 1988.

「조선조 사회와 가족」, 한울아카데미, 2003

「아버지 이약신 목사」, 정우사, 2006

| 저자 약력 |

강득희
(사)삶의예술문화원 전문위원
문화사회학 박사
연세대학교보건대학원 외래부교수(전)
(사)한국가족문화원 이사장(전)

주요저서:『의료인류학으로 접근하는 전통과 현대의학의 만남』

공정자
인하대학교 명예교수
인하대학교 사회교육과 교수(전)
인천지방법원 조정위원(전)
한국여성사회연구회 회장(전)
한국여성사회연구소 소장(전)

주요저서:『구한말 한인 하와이 이민』

김엘렌
이화여대 통일학연구원 객원연구위원
이화여자대하교 북한학 박사
국가인권위원회 북한인권전문위원회 전문위원(현)
서울시 남북교류협력위원회 위원(현)

주요저서:『김정은체제: 변한것과 변하지 않은것』,『북한여성, 변화를 이끌다』

김정수
평화를만드는여성회 상임대표
성공회대학교 박사(신학)
민주평화통일자문회의 20기 국민소통분과위원장(현)

주요저서:『평화교육과 통일교육의 만남』,『평화 지향적 통일교육의 이해』

박민자

덕성여자대학교 명예교수

(사)한국가족문화원 원장, 이사장(전)

한국사회학회 이사(전)

주요저서: 『한국의 혼인, 가족, 젠더-어제와 내일』, 『새로 본 가족과 한국사회』

주요역서: 『여성사회학』, 『성과 사회』 등

박현선

(사)한국가족문화원 원장

이화여자대학교 사회학 박사

이화여자대학교 북한학과 초빙교수(현), 통일부 정책자문위원(현), 겨레말큰사전남북공동편찬사업회 이사(현)

주요저서: 『현대 북한사회와 가족』, 『선군시대 북한여성의 삶』, 『북한이 변하고 있다』

이재경

이화여대 여성학과 명예교수

미국 MIchigan 대학교 사회학 박사

한국여성학회 회장(전), 한국가족학회 회장(전), 한국연구재단 이사(전)

주요저서: 『가족의 이름으로: 한국근대가족과 페미니즘』, 『여성주의 역사쓰기: 구술사 방법』, 『국가와 젠더: 성 주류화의 이론과 실천』, 『여성학』

장의순

숭의여자대학 교수(전)

이화여자대학교총동창회 회장(전)

우월 김활란장학회 감사(전)

(사)한국가족문화원 이사장(전)

주요저서: 『국민윤리』, 『산업사회와 직업윤리』

조성남

이화여대 명예교수(사회학)(현)

오차노미즈대학 특별초빙교수(현)

하와이대학교 사회학 박사

(사)한국가족문화원 이사장(전), 한국사회학회장(전), (법)전국여교수연합회장(전), 평화의료재단 총재(전)

주요저서: 『에이지 붐 시대: 도전과 전망』, 『Koreans in the US』, 『Abortions in Korea』, 『질적연구방법』

함인희

이화여자대학교 사회학과 교수

Emory 대학교 사회학 박사

한국가족학회 이사(현)

한국사회학회 편집위원장(전)

주요저서: 『인간행위와 사회구조』, 『문화로 읽는 페미니즘』

주요역서: 『가족난민』